北京市社会科学基金青年项目"数字经济新业态驱动下
结构优化机制研究"（项目编号：22JJC022）

U0453933

京津冀地区
产业转型升级的
动态评价与对策研究

陆小莉 ◎ 著

知识产权出版社
全国百佳图书出版单位
—北 京—

图书在版编目（CIP）数据

京津冀地区产业转型升级的动态评价与对策研究 /陆小莉著. — 北京：知识产权出版社，
2024.3

ISBN 978-7-5130-9272-2

Ⅰ.①京… Ⅱ.①陆… Ⅲ.①产业结构升级—研究—华北地区 Ⅳ.①F269.272

中国国家版本馆CIP数据核字（2024）第022683号

内容提要

本书以京津冀区域经济发展为研究范畴，以"测度—评价—机制—路径"为核心框架，围绕产业转型升级效果的系统性评价及提升路径的深层次挖掘，进行实证分析。首先，以产业转型升级效果的测度与评价为内容进行方法设计与考量，系统研判京津冀产业转型升级效果的时空演进特征；其次，以经济增长质量和空间联动潜力为研究切入点，深入挖掘产业转型升级对经济发展的多维影响效果和作用机制；最后，提出提升京津冀产业转型升级效果及路径优化的相关建议。

本书适合经济学领域研究者阅读。

责任编辑：李　婧　　　　　　　　　　　　　　　责任印制：孙婷婷

京津冀地区产业转型升级的动态评价与对策研究

JING-JIN-JI DIQU CHANYE ZHUANXING SHENGJI DE DONGTAI PINGJIA
YU DUICE YANJIU

陆小莉　著

出版发行	知识产权出版社有限责任公司	网　　址	http://www.ipph.cn
电　话	010—82004826		http://www.laichushu.com
社　址	北京市海淀区气象路50号院	邮　编	100081
责编电话	010—82000860转8594	责编邮箱	laichushu@cnipr.com
发行电话	010—82000860转8101	发行传真	010—82000893
印　刷	北京中献拓方科技发展有限公司	经　销	新华书店、各大网上书店及相关专业书店
开　本	720mm×1000mm　1/16	印　张	13.75
版　次	2024年3月第1版	印　次	2024年3月第1次印刷
字　数	200千字	定　价	78.00元

ISBN 978-7-5130-9272-2

前　言

京津冀是我国经济最具活力、开放程度最高、创新能力最强的区域之一。推动京津冀协同发展不断迈上新台阶、努力使京津冀成为中国式现代化建设的先行区与示范区，对新时代经济高质量发展具有重要意义。在纵深推进区域协同发展进程中，以多主体、多层次为特征的产业转型升级推动产业对接与协同，带动要素创新合作和轴向集聚、优化生产布局，既是需要率先突破的重点领域之一，也是建设现代化经济体系的重要途径。合理评价产业转型升级效果与探究其提升路径，对中国区域协同发展战略的有序推进及政策的有效实施具有动态反馈的作用。

本书以京津冀为研究范畴，依照"测度—评价—机制—路径"为核心框架，围绕区域产业转型升级效果的系统性动态评价及提升对策的深层次挖掘，开展方法研究和实证分析。首先，以产业转型升级效果的测度与评价为内容进行方法设计与考量，从拟合分布、区域内与跨区域辐射效果等方面，系统地研判了京津冀产业转型升级效果的时空演进特征。其次，以经济增长质量和空间联动潜力为研究切入点，并从"质量效应"和"速度效应"等多重层面，深入挖掘了产业转型升级对经济发展的多维影响效果和作用机制。最后，通过研究内外驱动要素对京津冀产业转型升级的影响机理与异质性特征的实证测度，以及协同发展战略对产业转型升级影响的区域净效应检验，提出了促进京津冀产业转型升级效果的多维路径与对策，并对其进行了量化和比较分析。

本书对2004—2020年北京、天津与河北省11市的面板数据进行分析。由于研究数据涉及细分行业等层面，部分地区数据缺失较多，鉴于数据的可得性与连续性，本书中尚未对北京与天津各区、河北各县级市等层面的产业转型升级展开详尽的测度分析。这也是作者在后续研究中需要进一步探索与完善的环节。

本书的贡献主要体现在以下四个方面：研究内容上，突破传统的产业结构调整范畴，从产业间结构优化和产业内部效率提升两个维度，设计了能够有效全面反映京津冀产业转型升级效果的测度体系。研究视角上,以差异化演进为突破口,分别从三次产业和细分行业演变趋势、协同联动发展特征等视角,对京津冀产业转型升级效果进行了考量和评价;并从宏观到微观、从内在动力到外在约束等方面探讨了产业转型升级效果的提升路径。研究方法上,以京津冀区域实际问题为驱动,设计利用非线性方法的测度模型和测度指标,给出路径优化及策略实施的科学选择。研究结论上,通过应用分析,揭示京津冀各市产业转型升级效果的时空双重维度上的层次差异性,且存在一定的外在环境依赖性和政策导向性,为产业转型升级效果的多维提升路径提供结论支持。

目　　录

主要名称英文缩略表

字母	全称
RIS	产业结构合理化(Rationalization of Industrial Structure)
ITUE	产业转型升级效果(Industry Transformation and Upgrading Effect)
TFP	全要素生产率(Total Factor Productivity)
SITU	行业转型升级(Industry Transformation and Upgrading)
SISA	行业规模优势(Segmental Industrial Scale Advantage)
SGC	空间基尼系数(Spatial Gini Coefficient)
SLE	空间联动效应(Spatial Linkage Effect)
GDP	国内生产总值(Gross Domestic Product)
EGQ	经济增长质量(Economy Growth Quality)
PSTR	面板平滑转换回归模型(Panel Smooth Transition Regression)
ESI	经济空间联动潜力(Economy Spatial Interconnection)
SDM	空间杜宾模型(Spatial Dupin Model)
SEM	空间误差模型(Spatial Error Model)
SAR	空间自回归模型(Spatial Autoregressive Model)
HIL	高技术产业联动(High-tech Industry Linkage)
CDI	数字化产业竞争力(Competitiveness of Digital Industry)
DID	双重差分模型(Difference-in-Differences model)

第1章　绪论

本章系统地介绍了区域协同发展背景下,对京津冀产业转型升级开展效果测度和路径研究的背景和意义,并梳理和评述了国内外相关文献;阐述了研究思路与整体结构,同时对本书的研究方法和创新之处进行了总结。

1.1　选题背景与意义

1.1.1　选题背景

以产业转型升级优化区域经济结构,是新时代背景下激发经济高质高效发展动力的关键所在,也是纵深推进京津冀区域协同发展进程的重要环节。2021年,京津冀以约占中国2.3%的土地面积,GDP贡献率约为10%,逐步成为中国经济发展的核心地带与重要辐射引领区。与此同时,作为我国新时代背景下经济高质量发展及提升国际竞争力的重要增长极,依托其中心腹地优势,京津冀发挥着"承南启北"的辐射引领作用,为我国区域发展及优化布局持续注入新动能。在改革开放40余年的发展历程中,作为继长三角、珠三角之后重要的城市群,京津冀区域一体化问题一直受到广泛关注。2006年"京津冀都市圈"概念的提出,逐步明确了区域一体化的思路;2014年京津冀协同发展上升至国家发展战略,随后2015年审议通过的《京津冀协同发展规划纲要》,标志着京津冀区域协同发展逐步迈入"全面实施"进程,并指出了以产业转型升级作为三大重点领域之一的工作方针。此外,党的二十大报告中,明确指出了以城市群为依托的协调发展格局,并进一步强调了建设现代化产业体系的重要地位。当前,我国区域经济发展模式已表现为由高速增长有序向高质量提升的演进态势,新时代下,统筹推进经济高质量发展的核心是切实转变发展模式,而产业转型升级水平的提高则是优化经济结构、转换发展新旧动能的关键所在。党的十九届四中全会指出了产业基础能力增强、产业链水平提升在发展新动能和建设创新型国家中的重要作用。此外,党的十九届六中全会也明确指出了推动传统产业高端化、促进全产业链优化升级在加快发展现代化体系及优化经济结构的重要动力机制,进一步突显了产业转型升级在提升经济增长质量中的重要支撑作用,这也是京津冀乃至我国各地区提升现代化治理体系和治理能力的重要着力点。以产业转型升级推动城市高效衔接,是促进城市间紧密协作、增强联动潜力的核心动力。一方面,各行业的全面发展及中高端行业的不断壮大,成为产业转型升级的重要环节;另一方面,技术变革、效率提升是实现产业转型升级的核心内容,也是新时代经济质量提升的重要动力,是各地凸显产业结构高层次演进和提升技术效率的关键因素,也是推动区域协调发展的驱动力。

此外,京津冀发展统计数据显示,作为区域中的核心城市,北京以创新成果在津冀转化为契机,创新资源外溢效应增强,有效辐射引领带动区域整体产业转型升级,其中,2019年流向津冀技术合同成交额超210亿元,高新技术企业在津冀设立分支机构累计超8000家,为提升京津冀区域产业价值链及上下游高效衔接注入澎湃动能。2020年3月底,雄安新区正式揭牌新的区块链实验室,进一步标志着推动产业不断向高水平升级是京津城市群共规同建、协作联动的关键。2022年京津冀围绕巩固完善协同推进机制、建立重点产业协作机制等方面,就深化产业协同发展达成新的共识。因此,深入剖析京津冀产业转型升级效果的演进特征及提升路径,是各市完善产业布局、激发经济高质高效发展动力的核心内容和重要支撑,对于推进区域协同发展进程具有重要意义。

然而,基于地理区位、资源结构等层面的差异特征,当前京津冀各省(市)间产业发展及转型升级进程存在显著的地区与产业异质性。因此,站在新时代背景下,基于京津冀区域产业发展的非均衡性,如何建立科学、有效的测度方法,系统地剖析和评价产业转型升级演进态势及时空层次差异特征,考量京津冀产业转型升级效果的提升对城市经济发展的作用机制,并深层次、多视角挖掘及有效识别京津冀各地产业转型升级路径,对于有序促进京津冀区域内"产业—要素—空间"三者动态匹配、引导产业有序转移与承接、实现城市间深化协作分工关系具有重要意义,这也是新时代区域经济高质量发展、优化区域协调发展模式的重要环节。

1.1.2 研究意义

1. 理论意义

本书以实际问题为导向驱动,设计构建满足实际需要的测度体系和统计方法。一方面,与现有研究以三次产业结构调整为主的测度体系不同,在厘清产业转型升级的内涵和概念界定的基础上,以"地区—产业—行业"为研究视角,从产业间结构优化和产业内部效率提升双重维度构建了产业转型升级效果的多维测度体系,并提出了基于分布拟合及联动辐射效果的客观统计评价方法,从理论上丰富和深化了京津冀产业转型升级的相关研究成果。另一方面,本书将产业转型升级效果测度需要与面板平滑转换、非参数等非线性计量分析模型理论相结合,为深入探讨京津冀产业转型升级的经济质量增长和空间联动发展的影响效果提供了理论支撑,是将数理统计理论与经济社会问题进行有机融合的有利探索。此外,通过构建空间计量模型,综合考量协同战略下内外动力对产业转型升级的空间溢出效应及其异质性特征,有效、充分地探究了多视角下的产业转型升级影响机理,并从产业发展、政策驱动及外部环境助推等多维度对产业转型升级路径进行了量化和探讨,是对产业发展研究的有益探索和补充。本书将统计理论方法拓展到应用领域,为统计理论模型研究的进一步推进提供实践需求,具有较强的系统性和科学性。

2. 实践意义

产业转型升级是优化经济结构、促进经济高质量发展的重要抓手,也是推进京津冀区域协同发展战略有效实施的重点领域。站在历史的新起点上,提升京津冀区域产业转型升级效果对于创建我国区域协调一体化示范区、重塑区域经济竞争新优势具有重要驱动价值。当前,京津冀区域内各市产业转型升级水平不断推进,然而受限于自然条件、产业政策及资源禀赋等多方面因素的影响,产业发展表现出较大的地区差异和行业异质性。因而,在纵深推进京津冀协同发展、有序疏解北京非首都功能、加快提升津冀承接效能强的进程中,有效测度京津冀产业转型升级效果,并对其演进特征及地区差异进行客观合理的评价,厘清产业内部的细分行业的差异性及演进特征,有效地明确各城市产业功能定位,进一步量化转型升级动力和多维提升路径,是京津冀经济、社会发展进程中不可或缺的重要环节。这有助于各地厘清产业差异及转型升级重点、把握新一轮的产业经济发展机遇,同时,这也将对探索推动高质量发展、空间优化、持续科学的区域发展模式提供一定的理论参考与研究支持。

1.2 相关研究综述

1.2.1 国内外相关研究

随着产业经济学相关理论的逐步成熟与深化,关于产业转型升级,国内外学者在理论和实证方面均进行了丰富的深入探究,积累了一系列丰富的研究成果,相关研究成果大体可归纳为如下三个方面。

1. 产业转型升级的效果测度

国内外研究者从不同层面对地区产业转型升级效果提升的内涵进行了系统性的理论界定,并提出了相应的测度体系,有效刻画了不同地区产业转型升级的演进态势。

早在20世纪30年代,国外学者以经济发展研究为核心,以产业比例关系为切入点,对产业发展演进规律进行了系统地探讨,研究方法主要包括:工业部门分类法[1]、雁行模式法[2]、三次产业分类法[3]等,产业结构理论初具雏形。此外,随着里昂惕夫的投入产出分析体系、钱纳里的"标准产业结构"模型、刘易斯的二元

[1] 彭宜钟. 产业结构理论综述[J]. 北方经济,2010(24):33-35.

[2] 赤松要. 废金货币与国际经济[M]. 东京:东洋经济新报社,1974:158-159.

[3] Fisher A G B. The Crash of Progress and Security[M]. London:Macnillan,1935:30-31.

经济结构模型、罗斯托经济发展阶段论和主导产业等理论❶的进一步提出,一系列较为成熟的理论逐步形成,使得产业结构发展逐渐成为经济增长中的重要内容,为产业转型升级的研究奠定了理论基础。此外,基于克拉克(Clark)❷提出的配第-克拉克定理和库兹涅茨(Kuznets)❸的国民收入分配理论,进一步探讨和阐释了劳动力与国民收入在三次产业间分布与演变趋势间的关系,有效地揭示了产业结构变动的经济规律,深化了产业结构演化动因等方面的理论研究。此后,欧美等发达国家及其他发展中国家的产业结构演进趋势也进一步验证了该定理的有效性。❹

从现有相关文献来看,对地区产业转型升级效果的测度方法可从两个方面进行概括。一是以产业的结构调整为切入点,多从合理化和高级化两个维度,基于产业比例份额、劳动生产率等不同视角进行量化表征。产业结构合理化侧重于反映三次产业结构发展的协调程度及要素的有效利用状态,相关测度方法多基于对泰勒(Theil)❺提出的相对信息熵概念的应用与改进,以及切纳利(Chenery)等[5]构建的三次产业就业投入与产值结构耦合度的方法,以度量产业结构演

❶ LIU X P, WANG Z, SHANG J W, et al. Services development and comparative advantage in manufacturing [J]. Journal of Development Economics. 2020, 144(5): 123-136; 钱纳里 H, 鲁实逊 S, 赛尔奎因 M. 工业化和经济增长的比较研究[M]. 上海: 上联书店上海分店, 1989; LEWIS W A. Economic Development with unlimited supplies of labour[J]. The Manchester School, 1954, 22(2): 139-191; 罗斯托. 经济增长的阶段: 非共产党宣言[M]. 郭熙保, 王松茂, 译. 北京: 中国社会科学出版社, 2001.

❷ 克拉克. 经济进步的条件[M]. 北京: 商务印书馆, 1940: 57-61.

❸ KUZNETS S. Modern Economic Growth: Findings and Reflections[J]. The American Economic Review. 1973, 63(3): 247-258.

❹ VOIGTLANDER N, VOTH H. Why England? Demographic Factors, Structural Change and Physical Capital Accumulation During the Industrial Revolution[J]. Journal of Economic Growth, 2006, 11(4): 319-361; 闫海洲. 长三角地区产业结构高级化及影响因素[J]. 财经科学, 2010(12): 50-57; EBERHARDT M, TEAL F. Structural Change and Cross-Country Growth Empirics[J]. The World Bank Economic Review, 2013, 27(2): 229-271; 姚战琪. 数字贸易、产业结构升级与出口技术复杂度——基于结构方程模型的多重中介效应[J]. 改革, 2021, (1): 50-64.

❺ THEIL H. Economics and InformtationTheory[M]. Amsterdam: North Holland Publishing Company, 1967.

变的均衡性特征。[1]产业结构高级化多指产业由低层次向高层次的演变,研究者们从产业结构超前系数、产业显性比较优势、就业份额等层面进行了多维动态考量与测度[2],有效研判了不同视角下产业结构呈现出由低附加值向高附加值产业部门转型的态势和规律,进而深化了克拉克和库兹涅茨等研究者的理论。上述方法能够较好地反映产业间的均衡发展状态及刻画产业结构优化调整态势,并被学者广泛应用于相关研究。[3]

随后也有文献从工业或服务业内部结构变迁视角,使用行业集中度指数、工业新产品产值、技术复杂度等指标进行衡量,刻画特定产业或行业的升级演进特征,有效验证了产业结构的优化调整不仅体现在三次产业层面,还反映在产业内部的变动层面。[4]特别是对于工业化较强的国家或地区,工业内部结构演变或生产要素从高能耗业部门向低能耗工业部门的转型,对于经济结构优化调整均具

❶ BRÜLHART M, TRAEGER R. An Account of Geographic Concentration Patterns in Europe[J]. Regional Science & Urban Economics, 2005, 35(6): 597-624; DUARTE M, RESTUCCIA D. The Role of the Structural Transformation in Aggregate Productivity[J]. The Quarterly Journal of Economics, 2010, 125(1): 129-173; 干春晖,郑若谷,余典范. 中国产业结构变迁对经济增长和波动的影响[J]. 经济研究, 2011, 46(05): 4-16, 31; 袁航,朱承亮. 国家高新区推动了中国产业结构转型升级吗[J]. 中国工业经济, 2018(8): 60-77.

❷ NGAI L R, PISSARIDES C A. Structural Change in a Multisector Model of Growth[J]. The American Economic Review, 2007, 97(1): 429-443; 郑万腾,赵红岩,范宏. 数字金融发展对区域创新的激励效应研究[J]. 科研管理, 2021, 42(04): 138-146.

❸ 刘伟,张辉,黄泽华. 中国产业结构高度与工业化进程和地区差异的考察[J]. 经济学动态, 2008 (11): 4-8; ROBERTO M S, JULIANA Y S. Productivity Growth and Structural Transformation[J]. Review of Economic Dynamics, 2013(12): 113-132; HUANG J B, LAI Y L, HU H L. The effect of technological factors and structural change on China's energy intensity: Evidence from dynamic panel models[J]. China Economic Review 2020, 64(10): 156-177.

❹ GALOR O, MOAV O. From Physical to Human Capital Accumulation: Inequality and the Process Of Development[J]. Review of Economic Studies, 2004, 71(4): 1001-1026; ERMAN L, KAAT D L. Inequality and Growth: Industry-Level Evidence[J]. Journal of Economic Growth. 2019, 24(5): 283-308; 张建华,郑冯忆. 服务业结构升级能够推动产业发展吗?——基于有效结构变化指数(ESC)的实证分析,改革 2020, (1): 59-75.

有显著的推动作用,是对产业结调整测度体系的拓展和深化。❶

二是立足产业要素禀赋结构视角,以TFP等指标对不同地区的产业转型升级效果进行表征。❷此类方法强调技术等要素投入在产业转型升级中的基础作用,从产业内部反映了产业升级的演进,是评估产业发展质量的有效指标。如刘强和李泽锦❸使用非参数方法和参数方法综合测算的TFP,比较分析了京津冀与长三角两个城市群的产业质量发展差异。沈宏亮等❹基于OP估计法,使用工业企业数据,从产业内部衡量了转型升级水平。此外,也有学者从细分行业视角探讨产业的转型升级效果❺,研究多基于特定行业(如制造业等),从生产要素配置效率和最优产出结构等方面进行探究,为细分行业转型升级演进特征的量化提供了理论支撑。

2. 产业转型升级的影响机制

关于产业转型升级对于经济社会发展的影响效果也一直为学界关注的重点,国内外研究者从经济增长、就业发展等视角对其进行了一系列探讨和实证分析,验证了产业不断向高层次、高水平演进对国家及区域经济发展表现出显著的影响效应,是优化经济结构、提升经济发展质量的重要环节,为各国或地区的产

---

❶ DRUCKER J, FESER E. Regional Industrial Structure and Agglomeration Economies: An Analysis of Productivity in Three Manufacturing Industries[J]. Regional Science and Urban Economics. 2012, 42(1):1-14;沈琼,王少朋. 技术创新、制度创新与中部地区产业转型升级效率分析[J]. 中国软科学,2019(4):176-183;蒋殿春,王春宇. 外商直接投资与中国制造业产业升级[J]. 南开学报(哲学社会科学版),2020(4):32-43.

❷ 孙早,席建成. 中国式产业政策的实施效果:产业升级还是短期经济增长[J]. 中国工业经济,2015(7):52-67;李永友,严岑. 服务业"营改增"能带动制造业升级吗?[J]. 经济研究,2018,53(4):18-31;王桂军,卢潇潇. "一带一路"倡议与中国企业升级[J]. 中国工业经济,2019(3):43-61;CHEN Y, WANG MY, FENG CP, ZHOU HD, WANG K. Total Factor Energy Efficiency in Chinese Manufacturing Industry Under Industry and Regional Heterogeneities[J]. Resources Conservation and Recycling. 2020(11).

❸ 刘强,李泽锦. 全要素生产率与区域产业发展质量不平衡——基于京津冀和长三角的实证分析[J]. 统计与信息论坛,2019,34(9):70-77.

❹ 沈宏亮,张佳,刘玉伟. 产业集聚、FDI约束与产业升级——基于中国工业企业数据的实证分析[J]. 商业研究,2020(2):83-90.

❺ 童健,刘伟,薛景. 环境规制、要素投入结构与工业行业转型升级[J]. 经济研究,2016,51(7):43-57;武力超,张馨月. 行业结构优化的测度及影响因素分析[J]. 统计研究,2019,36(5):54-68;宋锦,李曦晨. 行业投资、劳动力技能偏好与产业转型升级[J]. 世界经济,2019,42(5):145-167.

业转型提供了强有力的理论研究支撑。[1]还有一些文献进一步从产业内部生产效率提升及产业结构专业化等与经济发展之间的关系等方面,通过经验比较、数量模型等方法进行了深入的探讨。[2]有学者[3]指出,有序推动工业内部高低能耗行业的结构及效率转变,对于实现国家低碳经济转型、实现经济可持续发展具有重要意义。在我国,以产业转型升级促进现代化产业体系建设、优化经济结构,是新时代要求下产业发展的主要目标,也是国民经济和社会发展第十四个五年规划的重要环节和二〇三五远景目标之一。[4]马洪福和郝寿义[5]通过对产业转型升级的分解分析,认为产业内部升级对长江中游城市群的劳动生产率具有显著的促进机制。朱风慧和刘立峰[6]运用中国地级市数据验证了产业结构升级对以绿色全要素生产率刻画的经济发展质量具有显著的促进作用,且表现出一定的空间溢出效应。从多视角、多层面系统地实证考量了产业转型升级的经济影响效果及作用机理。

---

[1] OLIVETTIC. Barbara Petrongolo. Gender Gaps Across Countries and Skills: Demand, Supply and the Industry Structure[J]. Review of Economic Dynamics. 2014, 17(10): 842-859; FRANK M H. Neffke, Anne Otto, César Hidalgo. The Mobility of Displaced Workers: How the Local Industry Mix Affects Job search[J]. Journal of Urban Economics, 2018, 108(11): 124-140; FRANK M H. Neffke, Anne Otto, César Hidalgo. The Mobility of Displaced Workers: How the Local Industry Mix Affects Job search[J]. Journal of Urban Economics, 2018, 108(11): 124-140; 史丹,李鹏. 中国工业70年发展质量演进及其现状评价[J]. 中国工业经济,2019(9): 5-23.

[2] LOREN B. ERIC T. Constructing a Ladder for Growth: Policy, Markets, and Industrial Upgrading in China[J]. World Development, 2016, 80(1): 78-95; WEI W I, ZHANG W L, WEN J, et al. TFP Growth in Chinese Cities: The Role of Factor-Intensity and Industrial Agglomeration[J]. Economic Modelling, 2019(12): doi.org/10.1016/j.econmod.022; ZHOU Y, KONG Y, SHA J. The role of industrial structure upgrades in eco-efficiency evolution: Spatial correlation and spillover effects[J]. Science of The Total Environment. 2019, 687(10): 1327-1336.

[3] DONG B Y, MA X J, ZHANG Z L, et al. Carbon emissions, the Industrial Structure and Economic Growth: Evidence From Heterogeneous Industries in China[J]. Environmental Pollution. 2020(7): 114-122.

[4] 中国社会科学院宏观经济研究中心课题组,李雪松,陆旸,汪红驹,冯明,娄峰,张彬斌,李双双. 未来15年中国经济增长潜力与"十四五"时期经济社会发展主要目标及指标研究[J]. 中国工业经济,2020,(4): 5-22.

[5] 马洪福,郝寿义. 产业转型升级水平测度及其对劳动生产率的影响——以长江中游城市群26个城市为例[J]. 经济地理,2017,37(10): 116-125.

[6] 朱风慧,刘立峰. 我国产业结构升级与经济高质量发展——基于地级及以上城市经验数据[J]. 云南财经大学学报,2020,36(6): 42-53.

与此同时,关于转型升级影响因素的研究,国内外学者们分别从"内部驱动因素""外部环境因素""政策变动因素"等多方面进行了一系列的剖析,探究了各因素对产业转型升级的作用机理。内部驱动因素主要涉及技术创新、要素禀赋等方面[1],此外,宋林和张杨[2]还立足细分行业视角,考察了创新驱动下制造业转型升级影响效应,多层面有效地探究了产业升级的关键。外在环境多集中于经济水平、外商投资、基础设施建设、教育水平等因素[3],从不同视角揭示了城市经济发展的外在特征与产业转型升级的关系,为各地区提升产业转型升级水平明确核心动力;如肖琬君等[4]以产业内部生产结构调整为研究切入点,综合性地考察了外商直接投资对中国产业转型升级的影响效应和作用机制,结果表明,外商直接投资对中国产业转型升级不仅表现出显著的直接影响效应,且具有产能转移和技术驱动两种作用机制。政策变动因素主要从产业政策、环境政策等展开分析,分析了各地政策战略实施对产业发展的影响效应。[5]

---

[1] 丁志国,赵宣凯,苏治.中国经济增长的核心动力——基于资源配置效率的产业升级方向与路径选择[J].中国工业经济,2012(9):18-30;李伟庆,聂献忠.产业升级与自主创新:机理分析与实证研究[J].科学学研究,2015,33(7):1008-1016;CHEN J D,SHEN L Y,SHI Q,et al. Jorge O choa,The effect of Production Structure on the Total CO2 Emissions Intensity in the Chinese Construction Industry[J]. Journal of Cleaner Production. 2019,213(10):1087-1095;孙大明,原毅军.空间外溢视角下的协同创新与区域产业升级[J].统计研究,2019,36(10):100-114;王一乔,赵鑫.金融集聚、技术创新与产业结构升级——基于中介效应模型的实证研究[J].经济问题,2020(5):55-62.

[2] 宋林,张杨.创新驱动下制造业的产业转型升级[J].西安交通大学学报(社会科学版),2020(1):38-47.

[3] 高丽峰,李文芳,于雅倩.美国对外直接投资与产业升级的关系研究[J].经济经纬,2013(6):72-76;张翠菊,张宗益.中国省域产业结构升级影响因素的空间计量分析[J].统计研究,2015,32(10):32-37;徐鹏杰,马中东,王金河.金融去杠杆、污染防治与中国制造业转型升级[J].经济体制改革,2019(6):102-108;郭凯明,潘珊,颜色.新型基础设施投资与产业结构转型升级[J].中国工业经济,2020(3):63-80.

[4] 肖琬君,冼国明,杨芸.外资进入与产业结构升级:来自中国城市层面的经验证据[J].世界经济研究,2020,(3):33-45.

[5] 韩晶,陈超凡,冯科.环境规制促进产业升级了吗?——基于产业技术复杂度的视角[J].北京师范大学学报(社会科学版),2014(1):148-160;王鹏,吴思霖,李彦.国家高新区的设立能否推动城市产业结构优化升级?——基于PSM-DID方法的实证分析[J].经济社会体制比较,2019(4):17-29;唐荣,黄抒田.产业政策、资源配置与制造业升级:基于价值链的视角[J].经济学家,2021,(1):63-72.

3. 产业转型升级的方向和路径

对产业转型升级方向及路径选择的有效探究,是提升产业竞争力及推动产业结构不断向高层次、高水平转型的重要环节。[1]相关研究主要集中于以下两种视角。第一,价值链视角,波特在《国家竞争优势》一书中,提出了价值链升级理论,该理论指出:价值链提供了一个系统的方法,来评价企业的所有行为及关系,能够有效表征产业竞争力水平。[2]首次提出全球价值链理论,将产业转型升级定义为:从全球价值链的低附加值、低技术水平向高附加值、高技术水平转变演进的形态。洪普莱(Humplrey)和施密茨(Schmitz)[3]在全球价值链背景下,构建了"四维"升级框架—技术、产品、功能、产业间四种方式,从产业内部和产业间结构转变两个方面分别进行了分析和探究,并得到了广泛的认可与应用。[4]此外,在国内施振荣于20世纪90年代较早提出了"微笑价值曲线",其研究指出:价值链转型升级体现在以技术升级推动价值曲线"向上跃升"和基于创新研发和全球运筹等路径,实现产业内部质量提升及整体产业结构的有序更迭,推动价值曲线"向前后端延伸"两个方面;其核心内容及实质均为提高各地区产业附加值,是推动产业转型升级的有效途径,也是基于价值链对产业转型升级提升路径的探讨。

基于此,不少国内外研究者以价值链为研究视角,提出了以技术效率和创新

❶ BARRIENTOS S, GEREFFI G, ROSSI A. Economic and Social Upgrading in Global Production Networks: A New Paradigm for a Changing World[J]. International Labour Review. 2011, 150(4):319-340;刘守英,杨继东. 中国产业升级的演进与政策选择——基于产品空间的视角[J]. 管理世界,2019,35(06):81-94, 194-195.

❷ GEREFFI G. International Trade and Industrial Upgrading in the Apparel Commodity Chain[J]. Journal of International Economic. 1999,48(1):37-70.

❸ HUMPHREY J, SCHMITZ H. How Does Insertion in Global Value Chains Affect Upgrading in Industrial Clusters?[J]. Regional Studies. 2002,36(9):1017-1027.

❹ GEREFFI G, LEE J. Economic and Social Upgrading in Global Value Chains and Industrial Clusters: Why Governance Matters[J]. Journal of Business Ethics. 2016,133(01):25-38;Jae-Yong Choung, Hye-Ran Hwang. Institutional Capabilities and Technology Upgrading: The Case of the Nuclear Industry in Korea[J]. Technological Forecasting and Social Change. 2019,145(8):284-294.

能力提升推动产业向价值链高附加值方向演进的路径。[1]例如桑德里娜(Sandrine)[2]通过探究了国家创新政策在全球价值链中定位的基础上,认为政策驱动是提高各国参与度及提升产业升级水平的路径和作用机理。袁嘉琪等[3]运用投入产出表,通过考察行业融入国家价值链的位置和增值能力,对京津冀区域制造业嵌入价值链的分工路径进行了静态和动态的多维探究。

第二,从比较优势及微观产品空间结构视角,探究了要素、产品、产业不同维度的比较优势动态转换方式和升级路径[4],有效探究了不同层面、不同视角下,产业转型升级的模式及提升路径。如邓向荣和曹红[5]以产品空间结构为研究视角,基于产品的异质性,对产业转型升级偏离或遵循比较优势的探讨,认为当前中国的产业转型升级路径应建立有效的进入退出机制,通过集中国家比较优势助推装备制造业等行业突破技术研发等关键技术。此后,胡俊和杜传忠[6]还基于数字技术驱动,提出了以人工智能推动传统产业改造升级,提升比较优势,培育新产业、新模式的产业转型升级路径。

此外,京津冀协同发展战略自2014年正式提出以来,通过优化产业空间布

❶ KHAN M, AFZAL U. The Diversification and Sophistication of Pakistan's Exports: The Need for Structural Transformation[J]. The Lahore Journal of Economics, 2016, 21(9):99-127;简晓彬,仇方道,车冰清. 我国制造业价值链攀升效率的区域分异及空间收敛性[J]. 经济地理, 2016, 36(11):100-108;邵朝对,苏丹妮. 产业集聚与企业出口国内附加值:GVC升级的本地化路径[J]. 管理世界, 2019, 35(8):9-29.

❷ KERGROACH S. National Innovation Policies for Technology Upgrading Through GVCs: A Cross-Country Comparison[J]. Technological Forecasting and Social Change. 2019, 145(8):258-272.

❸ 袁嘉琪,卜伟,杨玉霞. 如何突破京津冀"双重低端锁定"?——基于区域价值链的产业升级和经济增长效应研究[J]. 产业经济研究, 2019, (5):13-26.

❹ HAUSMANN R, KLINGER B. The Structural of the Product Space and the Evolution of Comparative Advantage[R]. CID Working Paper, 2007:142-144;于春晖,余典范. 中国构建动态比较优势的战略研究[J]. 学术月刊, 2013, 45(4):76-85;DESMARCHELIER B, REGIS P J, SALIKE N. Product Space and the Development of Nations: A Model of Product Diversification[J]. Journal of Economic Behavior and Organization. 2018, 145(1):34-51;牛志伟,邹昭晞. 比较优势动态转换与产业升级——基于中国制造业发展指标的国际比较[J]. 改革, 2020(2):71-88.

❺ 邓向荣,曹红. 产业升级路径选择:遵循抑或偏离比较优势——基于产品空间结构的实证分析[J]. 中国工业经济, 2016(2):52-67.

❻ 胡俊,杜传忠. 人工智能推动产业转型升级的机制、路径及对策[J]. 经济纵横, 2020(3):94-101.

局与主辅功能协作,以实现跨行政地市资源整合和联动融合发展的新格局,是区域协同战略的核心目标之一,较多学者对其进行了研究,主要围绕"产业协同"展开分析,从灰色关联、投入产出等视角探讨京津冀一体化背景下产业协同发展的突破点及政策导向路径。❶此后,薄文广和刘阳❷认为以精准对接产业转移和优化承接环境为支撑,三地之间互相带动,促进产业协同发展是京津冀城市群协同发展及优化空间布局的重要抓手。然而,针对京津冀协同发展背景下产业转型升级的研究无论是在地区差异、升级路径等方面❸,还是在产业转型升级效果测度体系、评价方法及细分行业异质性探究方面,现有研究均较少。

1.2.2 综合评述

综合来看,国内外学者从不同领域、多维视角对产业结构调整、价值链演进等,进行了探究和拓展,并对产业转型升级动机与路径、效果测度及经济影响效应机理等一系列问题进行了理论和实证方面的分析,为本书的深入研究提供了丰富的成果参考。虽然国外学者产业转型升级相关理论起步远早于国内,特别是全球价值链理论框架的提出,为产业转型升级方向和路径的研究拓展了思路,但相关研究内容及成果多基于国外产业经济发展特征所形成,描述的多是以西方发达国家为代表的产业演进规律,对京津冀协同发展背景下产业转型升级研究指导意义不足,故不能直接照搬照用,只能结合我国及各区域的产业发展实际情况借鉴使用。

近年来,国内外学者对产业转型升级的研究从理论综述、效果测度、升级路径等方面形成了较多的研究突破,为有效推进各地区的产业转型升级提供了有益的研究助力。现阶段虽然产业转型升级是助推区域协调发展、优化经济结构的重要内容和核心课题,但是关于产业转型升级的内涵理论界定及刻画方法,目前尚未形成统一的认识。一方面,现有的测度方法虽然均在一定程度上反映了产业转型升级的演进特征,但缺乏一定的精准性和全面性,产业转型升级与产业

❶ 刘怡,周凌云,耿纯.京津冀产业协同发展评估:基于区位熵灰色关联度的分析[J].中央财经大学学报,2017(12):119-129.

❷ 薄文广,刘阳.精心打造疏解北京非首都功能的"微中心"[J].前线,2020(4):56-59.

❸ 祝尔娟.推进京津冀区域协同发展的思路与重点[J].经济与管理,2014,28(3):10-12.

结构升级内涵不同,二者相互融合联系,但又存在一定的区别;产业转型升级除反映结构调整优化外,也应注重转型产业的质量提升,并且对基于行业分工深化促进产业转型升级的内在影响机理进行量化分析。此外现有研究多基于三次产业结构进行研究,对细分行业层面的测度体系构建和考量较少,探究细分行业层面演进特征并研判其差异,既是产业内优化升级亟须解决的核心问题,也是优化产业布局的重要环节,对于京津冀区域内各地产业转型升级及高效高质发展具有重要意义。

另一方面,在产业转型升级效果测度的基础上,相关研究主要是根据测度结果进行的描述性评价,多为通过定性方法对变动趋势进行的比较分析,不能客观、有效厘清产业转型升级效果时空演化上的层次差异,鲜有研究给出基于测度结果的客观效果评价方法;应通过科学、合理的统计方法对产业转型升级效果的差异性进行客观评价,有效研判转型升级效果的层次及演进差异特征。此外,产业转型升级的城市间辐射联动机制、跨区域差异与联系也应是京津冀产业转型升级效果评价的内容之一,然而鲜有研究对此进行综合、系统性的分析。

与此同时,在产业升级路径分析方面,由于中国各省(区、市)产业特征及发展阶段不同,转型升级方向和模式必然各异,虽然也有文献对产业转型升级路径从现状特征、产业链攀升等方面进行了定性分析,但多基于特定视角进行的阐述,缺乏对地理区位因素及政策导向异质性的综合考虑,尤其针对新形势下,京津冀产业协同发展战略背景下产业转型升级路径与对策,尚未形成全面、综合性的研究。产业转型升级及路径的演变均是基于从行业→产业→城市→区域的多节点、多维因素综合作用而形成的。在纵深推进京津冀协同发展、有序疏解北京非首都功能、加快提升津冀承接效能强的进程中,以多层次的产业转型升级加快产业对接与协同,并对不同层面产业转型升级路径进行量化分析,既是重点领域,也是关键支撑。

因此,本书以京津冀区域为研究范畴,对产业转型升级内涵进行合理的界定,考察产业内外及不同地市的演进差异特征,发展新的效果测度体系和评价方法,构建合理的计量分析模型对其经济影响效果进行测度,准确客观地探究京津冀三地的产业转型升级路径,并提供相应对策的理论和方法。

1.3 研究内容与方法

1.3.1 研究内容

1. 研究思路与目标

对产业转型升级效果进行评价,首先要明确采取何种标准及方法进行测度的问题,其中对产业转型升级内涵的概念界定是解决问题的关键。并通过对产业转型升级效果演进及影响因素的系统研判,基于对"特征—差异—机制—路径"的精准识别,明晰产业转型升级的路径,这是促进京津冀各地产业转型升级的最终目的和重要环节。产业转型升级效果的提升和路径的探究,旨在稳步优化区域经济结构、推动区域协同发展进程,并有序促进京津冀经济高质高效的提升及打造优势的区域一体化引领区。因而,对京津冀产业转型升级的效果评价和路径研究,本书将从产业转型升级的内涵界定入手,通过多层面衡量,预期达到的研究目的为:在供给侧结构性改革、京津冀协同发展的总体背景下,提出一套科学有效的测度产业转型升级效果的方法体系,多视角评价京津冀产业转型升级的时空演进特征及层次差异;并基于内外驱动多条主线,量化升级动力和升级路径,通过揭示京津冀产业转型升级作用机理与作用效果,为产业政策的进一步制定与实施提供一定的决策依据。本书主要解决几个问题:第一,从产业转型升级效果演变特征的量化分析出发,通过厘清区域产业转型升级的内涵,明确产业转型升级的主体框架,构建能够系统表征产业转型升级效果的测度体系,并进一步提出较为合理的评价方法,多层次、有效探究京津冀产业转型升级的层次差异性和经济效应。第二,从产业转型升级的路径剖析出发,在测度模型提出的基础上,研发有效的模型估计方法,将研究从定性分析延伸至量化探究,多层面考量产业转型升级的提升要素及作用机理,为京津冀区域产业转型升级的实践与实现提供新的思路及优化路径。

2. 主要内容

本书以京津冀城市群协同发展背景下产业转型升级作为研究对象,从产业转型升级效果演进层次差异特征的系统性评价及转型升级路径的深层次挖掘等方面展开方法研究。结合理论与模型,在分析京津冀产业总体概况的基础上,厘清产业转型升级的内涵,构建产业转型升级效果的测度体系,归纳了京津冀区域产业转型升级发展的性质与特征,系统剖析、评价京津冀区域内各城市产业演进及产业内部细分行业的异质性。基于此,进一步测度产业转型升级的经济效应及区域空间联动布局影响效应,探讨京津冀产业转型升级路径和长效机制,力图通过研究内容为推动京津冀区域协同发展提供相关研究支撑。

具体研究内容包含以下三方面:

第一,产业转型升级效果的客观评价。产业是京津冀协同发展的关键领域,本书以2004—2020年京津冀产业发展进程为切入点,突破传统的产业结构调整范畴,在明确产业转型升级的内涵和概念界定的基础上,构建了产业转型升级效果的多维测度体系,对京津冀各市的产业转型升级效果的变动进行了刻画和评价分析,具体由三个部分组成:①京津冀产业转型升级效果的三次产业和细分行业双重视角的演变规律分析;②产业转型升级效果的分布特征及层次演化差异评价;③产业转型升级的区域内与跨地区辐射效应讨论,以及与经济发展的协调性评价。从多方位、多视角有效地阐释和研判京津冀产业转型升级的层次差异及演进特征。

第二,产业转型升级的经济影响效应分析。本书将基于如何科学测度产业转型升级水平提升的社会经济效应,以京津冀协同发展为导向,通过理论和实证量化产业转型升级对经济增长和空间联动布局的影响效应。基于实际问题,设计构建非线性模型的测度方法,深入剖析其作用机理。具体由两个层面的定量分析构成:一是产业转型升级的经济增长质量影响效应;二是产业转型升级的经济联动发展的影响效应。

第三,产业转型升级路径探讨。借助设计的测度方法体系,以"行业→产业→城市→区域"为主体框架,从产业转型升级动力入手,进行影响因素作用机理剖析,综合考虑地理区位、产业转移功能及要素禀赋等相对比较优势及发展差异,探究京津冀协同发展视阈下,联动升级、数字化等多维演进路径,并进行政策导向的实证分析,探究推动区域产业升级的动态优化策略。

3．本书研究框架

本书研究框架如图1-1所示。

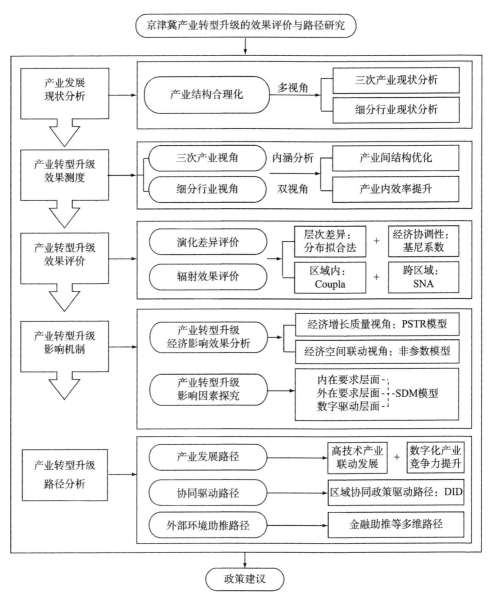

图1-1 研究框架

1.3.2 研究方法

本书基于已有的分析方法和量化框架,结合京津冀产业转型升级的方向和目标,针对各项研究内容,提出符合科学性和有效性的产业转型升级效果评价方法和优化路径。运用的研究方法具体为:

(1)定性分析法。第一,文献分析法。通过对国内外相关文献的整理分析,提炼契合新常态及新时代背景下的产业转型升级概念和内涵,即产业转型升级包含"转型"和"升级"两个层面核心内容,"转型"指产业结构的优化调整,即三次产业及产业内部相对均衡协调发展的合理化、从而逐步实现产业结构层次的高级化的演进;"升级"指产业内部"质量"提升、向产业链高端攀升,即由低技术、低附加值向高技术、高附加值的变动,表现为生产效率的稳步提升,以此作为本书的基础。第二,比较分析法。在探讨产业转型升级效果测度值的地区差异时,运用比较分析法,从静态和动态两个层面对产业转型升级效果进行测度分析,并且在刻画整体产业转型升级效果的基础上,进一步对产业内部细分行业的升级演化进程进行异质性比较分析。此外,在产业转型升级的经济空间联动效应分析中,本书还进一步与产业转型升级速度对经济空间联动潜力作用机制进行了比较分析。

(2)定量分析法。本书在明确研究目的和研究内容的基础上,选取概率分布、Coupla 函数、非线性回归模型、空间计量模型等技术方法,通过京津冀区域面板数据,对相关影响效应及作用机制进行定量及实证分析,以定量估计结果充实研究内容,主要有如下方法:

第一,分布拟合。在产业转型升级的效果评价上,通过构建产业转型升级效果的非参数几何统计测度指标,提出了基于拟合分布的时空演进层次差异的评价方法。与此同时,提出了基于 Coupla 非线性模型和社会网络分析的区域内及跨区域产业转型升级辐射效果评价方法。

第二,非线性模型测度。在产业转型升级的经济影响效应分析上,首先考虑到京津冀市域间产业转型升级的异质性,设计基于固定效应模型的测度方法,对产业转型升级的经济影响效应进行初步测算,然后分别设计利用面板平滑转换模型和非参数模型,从经济增长质量和空间联动潜力两个方面,对产业转型升级在经济发展中的影响效应进行测度分析。

第三,空间计量模型构建。在产业转型升级的提升路径分析中,在验证产业转型升级空间相关性的基础上,设计构建空间计量的分析方法,并通过溢出效应的分解分析,深入剖析多维因素对产业转型升级影响机制,并构建了路径的量化反映指标,有效研判了其提升路径。

第四,双重差分模型分析。在对区域发展政策的产业转型升级影响机制分析上,通过引入双重差分模型,科学评估与检验京津冀协同发展战略对产业转型升级的影响机制。这是有效探究京津冀协同发展政策提出与实施对京津冀区域发展影响效果的重要内容。

1.4 结构安排

围绕京津冀产业转型升级的效果评价与路径研究,以测度—评价—机制—路径为整体框架,首先为问题的提出,主要包括介绍本书的研究背景、研究的理论意义与实践意义,并基于对京津冀产业转型升级研究背景及意义的探讨,通过对国内外已有研究的系统梳理与归纳综述,有效厘清了本书的整体研究思路框架及研究内容、方法、创新之处等。以上内容归纳于第1章绪论中。

接下来对京津冀产业转型升级效果进行了测度和评价研究。具体为,在第2章中,从京津冀产业发展现状分析入手,从三次产业及细分行业差异性视角,在对京津冀区域产业结构层次、合理化及产业就业结构匹配度演进概况进行了分析的基础上,构建了涵盖包含产业结构转型和发展质量提升双重维度的产业转型升级测度体系,以"地域—产业—行业"为研究主线,考量了京津冀产业转型升级效果的时空演进特征。在第3章中,通过获得较为准确的数据分布情况,对测度结果的层次差异进行了剖析,并进一步从产业转型升级与经济发展协调性、区域内与跨区域联动辐射效果等方面,进行了多维评价。

本书进一步对产业转型升级的经济影响效应进行了测度分析,从经济增长质量和经济空间联动潜力不同视角下,系统全面地挖掘产业转型升级对京津冀经济发展的非线性影响效应,并基于"数量""质量"和"速度"多重视角进行了系统的深入探讨分析,该部分内容主要体现在第4章中。

　　然后,为有效探究产业转型升级路径,本书从外在约束、内在要求和数字化三个方面,对产业转型升级的影响因素及空间溢出影响效应进行实证和探讨,并对空间影响关系作了进一步分解分析,更为有效地剖析了各因素对产业转型升级的空间溢出影响关系及其异质性特征,以上内容归纳于第5章中。在此基础上,进一步分别从产业发展层面、政策驱动和外部环境影响层面,以"地区—产业"为切入点,提出及量化分析多维度的产业转型升级效果提升路径,并有效评估京津冀区域协同发展政策对产业转型升级效果提升存在的城市差异性的影响效应,使研究结论更具适用性和精准性。相关内容归纳于第6章。

　　最后,对以上各章研究结论的进一步归纳,总结了研究观点,根据京津冀产业转型升级效果的有效提升态势及层次化差异特征,以及经济影响效应和路径优化的探索,结合京津冀产业发展现状和总体要求,以"地区—产业"为导向,综合性给出提升京津冀产业转型升级效果的政策建议,具体内容在第7章。

第2章 京津冀产业转型升级效果的测度

京津冀产业转型升级效果的提升涉及"行业—产业—城市—区域"多层面、多环节,本章对京津冀产业发展现状及演进特征的多层次探究,在明确产业转型升级内涵和概念界定的基础上,构建了产业转型升级效果的测度方法,量化了京津冀产业转型升级的演变趋势;并进一步从产业联动发展视角,提出了具有非线性特征的区域内与跨区域的产业转型升级联动辐射效果的评价方法。

2.1 本章概述

以多主体、多层次为特征的产业转型升级,在京津冀产业发展及协同进程中扮演着重要角色,也是新时期动能转换、质量提升的强劲动力与核心内容。然而,当前基于地理区位、资源要素等方面的非均衡布局,京津冀区域产业转型升级效果仍存在显著的地市差异化演进特征。[1]鉴于此,立足京津冀区域如何对京津冀区域的产业转型升级效果进行系统、合理地测度,并对影响产业转型升级效果的行业、产业、地区等多维异质性演进特征作全面、客观的梳理,是京津冀协同发展进程中的重要环节,也是本章研究的核心问题。

现有研究关于产业转型升级效果的测度方法设计,多基于产业结构调整等视角进行量化分析,反映的是产业形态由低层次向高层次的动态演进过程,能够有效表征产业结构逐步由一产向二产、三产的层次变动[2],但多为从数量角度对三大产业结构层面进行的考量,未能充分刻画产业内部质量的提升及细分行业的差异化、精细化分工。产业内部质量提升是产业高质高效发展的关键所在,此

---

[1] 袁嘉琪,卜伟,杨玉霞.如何突破京津冀"双重低端锁定"?——基于区域价值链的产业升级和经济增长效应研究[J].产业经济研究,2019,(5):13-26.

[2] 何平,陈丹丹,贾喜越.产业结构优化研究[J].统计研究,2014,31(7):31-37;曹芳芳,程杰,武拉平,李先德.劳动力流动推进了中国产业升级吗?——来自地级市的经验证据[J].产业经济研究,2020(1):57-70,127.

外,细分行业的全面发展与中高端行业有序壮大也是京津冀产业转型升级进程中的重要环节和亟须提升的重要内容。

基于此,本章以科学测度京津冀产业转型升级效果为研究目标,主要贡献体现在以下三个方面:第一,从产业结构层次、合理化和偏离度多视角对京津冀产业发展的历程及现状进行多维度分析,厘清了京津冀产业发展规律及趋势,为有效量化及探究京津冀产业转型升级进程提供基础支撑;第二,基于对产业转型升级内涵的分析,立足三次产业及行业深化分工视角,构建了涵盖细分产业结构转型和发展质量提升双重维度的产业转型升级测度体系,可在刻画整体产业升级水平的基础上,对产业内部细分行业的竞争力及升级演化进程进行量化和异质性分析,并对京津冀产业转型升级的区域内与跨区域联动辐射效果进行了评价分析;第三,在结论发现方面,不仅得出了产业整体转型升级效果在市域上存在显著差异的结论,也得出细分行业之间转型升级效果存在差异的结论,在此基础上,进一步剖析了引起这些差异的原因,为后续产业转型升级方向的探索和量化提供理论依据。

2.2　京津冀产业发展现状分析

对区域产业结构演进规律进行判断是产业转型升级的基础和关键,本节从产业结构演进特征入手,从三次产业与细分行业差异性视角,对产业结构层次、合理化及产业就业结构匹配度演进概况进行了分析。

2.2.1　三次产业发展现状分析

1. 三次产业结构层次演进特征

京津冀是中国经济发展的核心地带与重要辐射引领区,以约中国2.3%的土地面积,实现了约10%的GDP贡献率。然而,就三次产业结构方面,从图2-1中可以看出:整体上,1996—2020年,京津冀三省(市)在三次产业结构层面上,呈现出逐步向"三二一"产业结构演进的趋势,即第三产业比重逐渐增大、第二产业比重波动下降、第一产业比重显著降低的演进特征,产业结构呈现出向第三次产业优化调整的演进态势。但是,京津冀三地间仍存在显著的非均衡性产业布局特征,三次产业结构层次具有一定的"梯度差",且与全国整体产业发展存在较大差异,产业发展各有侧重。

具体地区层面,北京第三产业占主导优势地位,2020年第三产业占比超80%,第一产业占比低于1%,第二产业占比呈现出明显呈下降趋势。天津产业结构表现为由"二三一"向"三二一"演进的特征,但第二产业占比仍较大,50%左右。河北在2014年京津冀协同发展战略正式实施之前,主要以第一产业为基础、第二产业为中心,第三产业发展缓慢且低于全国平均水平;2014年之后产业结构调整显著,第三产业占比持续增大,与京津及全国整体相比,第二产业仍占据一定优势地位,但随着京津产业持续转移及技术的渗透,在产业结构及发展质量双重层面得到有效提升,但2019年第一产业占比约为10%,远超天津和北京。

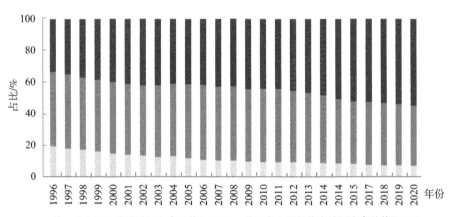

(a)全国三次产业结构情况

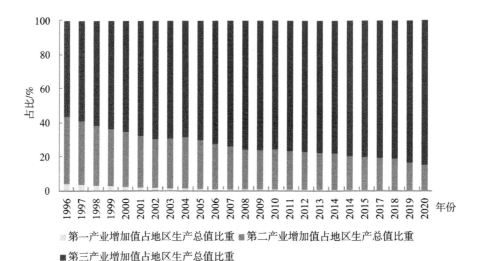

（b）北京市三次产业结构情况

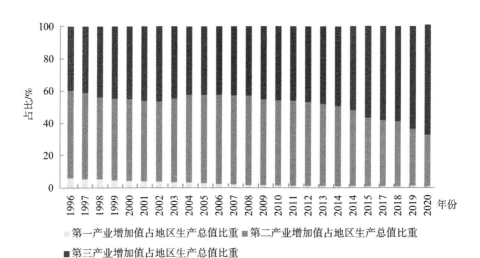

（c）天津市三次产业结构情况

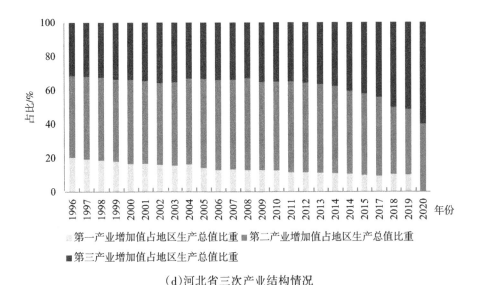

第一产业增加值占地区生产总值比重 ■第二产业增加值占地区生产总值比重
■第三产业增加值占地区生产总值比重

(d)河北省三次产业结构情况

图2-1 全国与京津冀三次产业结构情况

2. 三次产业结构的协调性分析

产业结构的演进不仅指三次产业结构层次上的动态调整,还应反映含各产业之间比例关系和就业份额的协调性。主要包含两部分:第一,区域产业结构合理化。产业之间比例份额的协调发展特征,区域经济体系内产业间的关联程度即耦合质量。从整体层面来看,反映在三次产业间的联系及变化符合经济发展过程的一般规律;第二,产业与就业发展的协调性,指的是三次产业产值占地区生产总值的比重与就业比重存在协调发展的特征。理论上来讲,产值占比与从业人员占比越趋于相同,则该产业越具有一定的协调性,否则,相同份额的就业不能有效匹配相应份额的产值,产业结构具有一定的调整优化空间。当前,对产业结构合理化及产业与就业协调性的测度方法较为统一,首先,本节在干春晖等[1]的测算方法的基础上,根据式(2-1)的方法来测度产业结构合理化(RIS):

$$RIS_{jt} = \sum_i^n \left(\frac{y_{ijt}}{y_{jt}} \right) \times \ln \left(\frac{y_{ijt}/l_{ijt}}{y_{jt}/l_{jt}} \right), \ i = 1,2,\cdots,n; \ j = 1,2,\cdots,J \qquad (2-1)$$

式(2-1)中,RIS_{jt}表征的是在t时期第j个城市或区域产业结构合理化程度,

---

❶ 干春晖,郑若谷,余典范. 中国产业结构变迁对经济增长和波动的影响[J]. 经济研究,2011,46 (5):4-16,31.

y_{ijt} 表示第 j 个城市或区域 i 产业部门在 t 时期的生产总值,l_{ijt} 为 t 时期第 j 个城市或区域第 i 产业部门的年末从业人员数量,n 为产业部门总数。当经济处于均衡状态,即产业结构较为合理时,$\frac{y_{ijt}/l_{ijt}}{y_{jt}/l_{jt}} = 1$ 时,$r_{ij} = 0$,r_{jt} 取值越趋于 0,表示该地区产业结构越趋于合理(RIS$_{jt}$ 在本书中为逆向指标)。

其次,本节使用产业结构偏离度系数❶,对京津冀产业发展的协调性进行了刻画,以进一步探讨区域内三次产业结构与就业结构偏离度的方向和强度,深入考量京津冀产业发展特征。图 2-2 和表 2-1 分别展示了京津冀区域产业结构合理化指数与三次产业偏离度系数在时序上的演变。

从图 2-2 与表 2-1 中可以看出,京津冀区域整体层面,产业结构存在逐年趋于合理化的演变趋势,而在 2015 年之后呈现合理化指数增大的变动,随后,在 2017 年后呈下降趋势。由于该测算指标的逆向性,这表明:自 2014 年区域协同发展战略正式提出之后,京津冀区域产业定位分工有序明确,产业转移与协同发展优化对接,各地产业链向符合各自功能定位的格局动态调整,是导致 2014—2017 年探索期与调整期的产业结构合理化测度值增大(逆向指标)的主要原因。随着京津冀各城市产业精准承接与有序对接的良好格局逐步形成,区域内各地区产业分工格局日益明朗,产业协同程度也逐渐提升,整体产业结构日趋合理。

就三次产业结构偏离度方向与大小而言,第一产业呈现出负向的特征、产值占比小于劳动占比,第二产业、第三产业均为正向,产值占比大于就业占比。这意味着在京津冀区域范围内,第一产业产值结构与就业结构存在不匹配的特征,存在劳动力过剩及劳动生产率较低的问题,而且呈现日益加剧的趋势;第三产业的劳动生产率较高,这进一说明在京津冀产业转型升级的进程中,应逐步推进由第一产业、第二产业向第三产业转型,实现产值与就业的优化匹配与效率提升,并通过产业内部行业动态调整,推动现代化、高技术、数字化等产业水平的提升。

---

❶ 产业结构偏离度系数=产业比重/该产业从业人员比重-1。

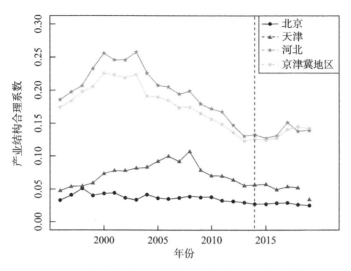

图2-2　京津冀地区三次产业结构合理化演进趋势

此外,具体省(市)层面,北京产业结构合理化水平显著高于天津与河北,表现出较为稳定的演进态势,体现了北京市产业结构调整与经济发展的适应性与协调性,这与北京市发展高新技术产业、大力推进"四个中心"城市定位一致。天津产业结构在2008年后表现出逐步合理化的变动,这与滨海新区的设立时间相契合,作为高技术制造业及研发技术转化落地、国际物流和航运核心区域,滨海新区是天津产业结构合理优化的重要承载地。此外,京津冀协同发展战略的有序推进,也一进步推动了天津产业结构的合理化布局。

相较于京津,河北产业结构合理化水平虽然较低,但也呈现出趋于合理化的转变。然而,在京津冀协同发展战略正式提出之后,其测度值存在增大的现象,表明合理化降低(逆向指标),这与河北2014年前以钢铁等重工业粗放式发展有关,原因在于:该部分传统产业在河北地区生产总值中占有较大比重,其布局调整及优化无法在短时间快速实现,否则容易发生产业"断崖"及失业率升高等问题,这亦表明河北省及省内各城市产业结构亟待调整,产业转型升级的重要性。因此,在协同发展的背景下,京津冀区域应依靠区域内联动性及各省(市)的自身优势,调整产业结构,推动产业结构优化进程,增强区域竞争力。尤其河北在承接北京和天津产业转移的基础上,切实转变发展模型,促进产业转型升级效果的提升。

表2-1 京津冀区域产业结构偏离度(1996—2020年)

年份	第一产业偏离度	第二产业偏离度	第三产业偏离度	年份	第一产业偏离度	第二产业偏离度	第三产业偏离度
1996年	-0.669	0.455	0.437	2009年	-0.775	0.390	0.275
1997年	-0.688	0.458	0.450	2010年	-0.772	0.387	0.245
1998年	-0.707	0.462	0.485	2011年	-0.773	0.368	0.225
1999年	-0.710	0.554	0.417	2012年	-0.764	0.330	0.219
2000年	-0.737	0.601	0.416	2013年	-0.750	0.308	0.200
2001年	-0.738	0.561	0.443	2014年	-0.765	0.287	0.217
2002年	-0.746	0.525	0.444	2015年	-0.771	0.234	0.248
2003年	-0.756	0.588	0.378	2016年	-0.784	0.203	0.266
2004年	-0.725	0.651	0.196	2017年	-0.817	0.185	0.286
2005年	-0.758	0.496	0.310	2018年	-0.812	0.032	0.373
2006年	-0.767	0.491	0.276	2019年	-0.801	-0.029	0.397
2007年	-0.769	0.446	0.263	2020年	-0.800	-0.029	0.400
2008年	-0.773	0.403	0.203				

资料来源:使用京津冀相关年份面板数据整理计算。

2.2.2 细分行业发展现状分析

当前,京津冀区域内各城市产业转型升级水平不断推进,然而,受限于自然条件、产业政策及资源禀赋等地域特征,产业发展不仅表现出较大的地区差异,同时也存在显著的行业异质性。细分行业的精细化和特色化发展是提升产业转型升级效果的核心动力。深入探究各地区细分行业转型升级的空间差异性及演进特征,是加快产业转型升级进程不可忽略的重要因素,对加快经济结构调整、增长动能转换具有重要意义。基于此,探究细分行业层面演进特征并研判其差异,既是产业内分工深化亟须解决的核心问题,也是京津冀区域内各地产业转型升级及高效高质发展的关键所在,同时还是优化产业布局的重要环节。

表2-2中细分行业占地区生产总值比重的变动趋势来看,京津冀区域产业内部细分行业发展差异明显,三地行业优势各异。北京金融业、信息传输、软件

和信息技术服务业、科学研究和技术服务业表现为较高比重与较快的增长态势，体现了北京更加集中于高端服务业及技术密集型产业等现代产业体系的发展。天津以制造业发展为核心，批发零售与交通运输、仓储和邮政服务业等为辅，依托于地理区位优势及相应政策扶持，如自贸新区的建设、天津港航线的有序开通，实现了众多国家级项目的落地与外资的引进，然而这些项目具有产业链单一等特征，对其他细分行业的带动效应有限，尚未有效形成地区内整体产业链的优化布局。与京津两地相比，河北作为京津冀区域的重要地区，发展较为薄弱，工业作为产业重点，基于自身丰富的资源与低成本生产要素，整体上以劳动密集型与资本密集型等传统行业发展为主；其次，其优势还体现在第一产业上，在服务京津的现代农业上较为先进；在京津协同发展的引领下取得了显著成果，但仍存在产业价值链"低端固化"短板。

表2-2　京津冀三省市细分行业比重演进趋势

单位：%

行业	北京			天津			河北		
	2004年	2010年	2020年	2004年	2010年	2020年	2004年	2010年	2020年
农林牧渔业	1.45	0.80	0.35	3.38	1.67	1.01	16.17	10.66	7.78
工业	25.77	23.11	20.57	49.81	56.02	56.78	44.97	48.75	45.11
采矿业	0.35	0.44	0.39	4.55	4.92	4.99	6.91	8.16	7.55
制造业	24.39	21.39	19.04	39.36	44.26	44.86	33.38	35.58	32.92
电力、燃气和水	1.03	1.28	1.14	5.91	6.64	6.73	4.68	5.02	4.64
建筑业	4.95	4.70	4.53	4.38	3.70	2.31	5.77	5.28	4.91
批发和零售业	9.74	10.28	10.65	11.97	10.9	11.32	6.36	6.67	7.90
交通运输仓储和邮政	5.91	6.24	6.47	7.16	6.52	6.78	6.90	7.25	8.58
住宿和餐饮业	2.71	2.86	2.96	1.81	1.65	1.72	1.25	1.31	1.55
信息传输、软件等	7.45	7.86	8.15	0.84	0.39	0.41	0.31	0.32	0.38
金融业	11.83	15.16	24.6	4.40	4.01	4.17	2.47	2.59	3.07

续表

行业	北京			天津			河北		
	2004 年	2010 年	2020 年	2004 年	2010 年	2020 年	2004 年	2010 年	2020 年
房地产业	7.23	7.63	7.91	3.41	3.11	3.23	2.73	2.86	3.39
租赁和商务	4.58	4.84	5.01	0.7	1.04	1.08	0.26	0.27	0.32
科学研究和技术	4.58	4.84	5.01	0.92	1.07	1.11	0.50	0.52	0.61
水利环境和公共设施	0.57	0.61	0.63	0.53	0.82	0.85	0.57	0.58	0.69
居民服务、修理	1.32	1.39	1.44	0.11	0.99	1.03	0.06	0.16	0.18
教育	4.43	4.68	4.85	4.02	3.41	3.54	5.47	5.69	6.74
卫生和社会工作	1.76	1.85	1.92	2.16	1.56	1.62	1.47	1.53	1.82
文化、体育和娱乐	2.37	2.50	2.59	0.26	0.41	0.43	0.32	0.33	0.39
公共管理等	3.34	3.53	3.65	4.11	2.74	2.85	4.43	4.64	5.50

资料来源:使用京津冀相关年份面板数据整理计算。

综合来看,京津区域整体及三省(市),无论从三次产业结构还是产业内部细分行业层面,均呈现出向技术密集型等现代化产业转型的趋势。特别是,自京津冀协同发展提出以来,在中央及三地的共同努力下,京津冀各城市产业转型及协同发展成果显著。然而,无论从现代化还是高技术产业层面,京津冀三省(市)均表现出显著的梯度差异。京津冀内部产业发展不平衡的问题依然较严重,尚处于工业化中期的河北,与已进入后工业时代的北京存在一定的"断层",并且与京津的高精尖产业结构存在不匹配的现象,差距存在"再扩大"的现象。❶因此,在协同发展的背景下,京津冀区域亟须依靠区域内联动性及各省市的自身优势,调整产业结构,推动产业结构优化进程,增强区域竞争力。尤其河北省在承接北京产业转移的基础上,切实转变发展模式,促进产业质量的提升。

---

❶ 陈璐.京津冀协同发展报告[M].北京:社会科学文献出版社,2020.

　　此外,除产业协同发展进程具有显著的提升空间外,当前京津冀空间联动格局在公共服务等方面均存在显著的非均衡特征,协同发展战略核心目标为非首都功能的有序疏解。而在京津冀区域中高端要素,如人力和技术等,"逆疏解和逆转移"的现象仍然存在,河北的高端人才及项目仍倾向转移到京津及其他发达城市。主要原因在于:既有的产业配套条件与公共服务能力无法满足高层次人才及项目的发展需求,在推进高端产业领域合作、深化承接平台改革中基础较弱,导致区域资源协同配置效果较差,在一定程度上抑制了区域协同进程的速度与效率。而以产业转型升级推动城市高效衔接,有序推动产业协同、互补共进,是促进城市间紧密协作、增强联动潜力、扎实推进京津冀协同发展的重要环节。

　　因此,立足京津冀协同发展背景下,基于京津冀区域内各市从细分行业到三次产业的发展特征及差异性,系统地剖析不同视角下产业转型升级进程与方向,并进一步探究对京津冀区域整体经济发展及协同联动进程的影响机制与作用路径,是有效促进区域内"要素—产业—空间"三者动态匹配、引导产业有序转移与承接、实现经济高质高效发展的关键,是优化区域协调发展模式、强化区域联动机制的重要内容,也是本章研究的重点。

2.3　京津冀产业转型升级效果的测度方法

　　在改革开放40余年的发展历程中,产业发展处于持续调整优化的变动过程,区域产业转型升级总是与结构优化调整与产业内部效率提升相结合。作为我国经济高质高效发展的重要"增长极",京津冀区域一体化问题受到广泛关注,而产业转型升级是有序推动协同发展的关键与重要引擎。

2.3.1　产业转型升级内涵分析

1. 相关理论基础

　　伴随着产业分工的有序深化,价值链相关理论指出,产业内外分工与协作有机并存及融合,是明确核心竞争优势的重要理论。基于"微笑价值曲线"(如图2-3所示)及相关理论,产业价值链提升体现在价值趋于向前后或向上移动延伸,以提高产业的附加值。横轴表示产业价值链不同环节中的具体分工,涉及产品研发、生产、销售等多个环节,包含附加值从低到高的多个部门,在多环节分工的共同作用下,逐步实现生产要素的有效配置;纵轴表示不同阶段的附加值。

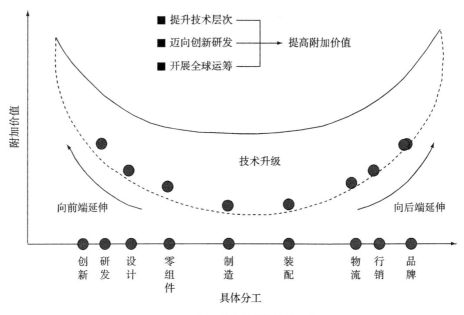

图2-3　产业价值链"微笑曲线"

微笑曲线向上变动主要指的是,以技术升级推动整个内部价值链提升。曲线"向前后端延伸"既表现为以创新研发和全球运筹等途径实现产业内部质量提升及整体产业结构的有序更迭,也包括通过调整传统产业结构、淘汰夕阳产业及培育新兴产业等方式,带动整个产业的新陈代谢。这是反映产业体系相互依赖的有机整体,有利于提升产业竞争力、提高附加值、促进产业不断向高层次发展动态优化,是探究产业转型升级基本理论。基于此,"价值链微笑曲线理论"进一步将价值链分工扩展到不同国家及地区的行业与产业分工层面,反映出产业不仅可以通过促进生产各环节附加值以提升产业竞争,还可以基于要素禀赋特征,实现向技术密集型产业的发展与转型。

此外,产业结构理论也从不同视角阐释了三次产业结构变化规律。钱纳里(Chenery)工业化阶段理论指出,经济发展与工业化阶段是由产业内部结构演进所形成的有序跃进,表现为不发达—初期—中期—后期—后工业化—现代化多个层次阶段,反映了产业结构的多样性变化,为本章对于产业转型升级的内涵界定及构建多维层次测度分析体系提供了基础理论支撑。

2. 产业转型升级的内涵界定

综合来看,产业转型升级包含"转型"和"升级"两个层面核心内容。"转型"指产业结构的优化调整,即三次产业及产业内部相对均衡协调发展逐渐合理化,从而逐步实现产业结构层次高级化的演进;"升级"指产业内部"质量"提升、向产业链高端攀升,即由低技术、低附加值向高技术、高附加值的变动,表现为生产效率的稳步提升。基于上述从"转型"和"升级"两个层面对内涵的剖析,本节对产业转型升级的概念提出如下界定:产业转型升级指产业间结构优化调整及产业内部生产效率持续提升的系统演进过程。

京津冀区域协同发展的核心目标为"非首都功能"的有序疏解,其意义在于转变区域内各地发展模式、推进区域协调发展进程,并提升经济发展质量。产业是京津冀协同发展的关键领域,突破传统的产业结构调整范畴,在明确产业转型升级的内涵和概念界定的基础上,本章从"结构优化"和"效率提升"两个核心维度,构建新的产业转型升级效果的测度体系;与此同时,在刻画整体产业转型升级效果的基础上,立足行业深化分工视角,对产业内部细分行业的升级演化进程进行量化和异质性分析,探究产业内部细分行业转型升级的演变规律,从多方位、多视角阐释京津冀产业转型升级的内涵与地区特征;在此基础上,进一步提出合理、客观的评价方法,有效研判京津冀产业转型升级的层次差异及演进特征。

3. 与产业结构优化的比较

产业转型升级与产业结构优化在概念上既交叉融合,又存在一定的区别,两者均在区域产业发展进程中出现,体现了产业层次提升与价值链的演变,均具有实现资源的合理配置与产业附加值的有效提高的目标。两者的差异主要体现在研究范围上,产业结构优化侧重于反映结构由低层次向高层次、由附加值低的部门向附加值高部门的转型,是产业组织纵向分工所产生的替代关系,以形成产业结构上的演变,产业转型升级除产业结构调整外,还表现为产业横向发展的深化,即产业内部效率及质量的提升。此外,结构优化是产业转型升级的核心与关键,高效率产业占比上升、低效率产业占比下降,资源向高层次部门转移配置,实现产业的结构性效益,并进一步推动产业向高质高效方向发展。

2.3.2 产业转型升级效果测度方法设计

1. 三次产业视角下测度方法的构建

基于上述内涵的分析,本节从产业间结构优化和产业内部效率提升两个维度,在付凌晖[1]和徐秋艳等[2]关于余弦夹角计算产业结构高级化水平思想描述的基础上,提出一种改进的产业转型升级效果测度方法,对京津冀区域各城市产业转型升级效果进行刻画,有效考量各市产业转型升级的演进规律及差异性,以进一步探究各地区产业转型升级的方向和路径。

具体操作如下:

令第 j 个城市的三次产业增加值在该市地区生产总值的占比为空间向量中的初始分量 $X_{j,0} = \left(x_{j,1,0}, x_{j,2,0}, x_{j,3,0} \right)$;不失一般性,将三次产业从低到高排列的向量 $X_{j,1} = (1,0,0)$、$X_{j,2} = (0,1,0)$ 和 $X_{j,3} = (0,0,1)$ 与 $X_{j,0}$ 之间的夹角记为 $\theta_{j,i} (i = 1,2,3)$。即

$$\theta_{j,i} = \arccos\left(\frac{\sum_{p=1}^{3} \left(x_{j,p,i} \cdot x_{j,p,0} \right)}{\left(\sum_{p=1}^{3} x_{j,p,i}^2 \right)^{\frac{1}{2}} \left(\sum_{p=1}^{3} x_{j,p,0}^2 \right)^{\frac{1}{2}}} \right), \left(p,i = 1,2,3 ; j = 1,2,\cdots,J \right) \quad (2\text{-}2)$$

式(2-2)中,$\theta_{j,i}$ 为第 j 个城市第 i 个产业与初始产业增加值占比分量之间的夹角,通过反余弦函数的计算获得。在式(2-2)的基础上,与现有文献中基于余弦夹角表征的产业结构高级化值 W_j 的计算 $W_j = \sum_{k=1}^{3}\sum_{i=1}^{k} \theta_{j,i} (k = 1,2,3)$ 不同,本节进一步综合考虑了各产业效率的提升,基于产业间结构优化和产业内部效率提升两个维度提出的产业转型升级效果(ITUE)测度公式如下:

---

❶ 付凌晖. 我国产业结构高级化与经济增长关系的实证研究[J]. 统计研究,2010,27(8):79-81.

❷ 徐秋艳,房胜飞,马琳琳. 新型城镇化、产业结构升级与中国经济增长——基于空间溢出及门槛效应的实证研究[J]. 系统工程理论与实践,2019,39(6):1407-1418.

$$\text{ITUE}_j = \sum_{i=1}^{3} i\theta_{j,i}^{-1} \times U_{j,i}, \left(j = 1,2,\cdots,J \right) \tag{2-3}$$

式(2-3)中，$U_{i,q}$ 为使用 DEA-Malmquist 方法测算的各产业全要素生产率(TFP)，用以衡量产业转型升级的"效率提升"维度。基于可分解目标，本节选取 DEA-Malmquist 非参数方法，对各产业的 TFP 进行测算，以进行产业内"效率提升"维度的分析，考察产业转型升级的"质量"。该方法借助线性规划思想、基于径向距离函数(D_0)，考虑多个决策单元(DMU)的多投入变量与单产出变量对 DMU 的相对有效性。从 t 到 $t+1$ 期 TFP 的具体计算如下：

$$
\begin{aligned}
&M\left(x^{t+1}, y^{t+1}, x^t, y^t \right) \\
&= \left[\frac{D_0^t\left(x^{t+1}, y^{t+1} \right)}{D_0^t\left(x^t, y^t \right)} \times \frac{D_0^{t+1}\left(x^{t+1}, y^{t+1} \right)}{D_0^{t+1}\left(x^t, y^t \right)} \right]^{1/2}
\end{aligned}
\tag{2-4}
$$

进一步，可将其分解为综合效率(EFFCH)和技术效率(TECH)变化两个部分：

$$
\begin{aligned}
&M\left(x^{t+1}, y^{t+1}, x^t, y^t \right) \\
&= \frac{D_0^{t+1}\left(x^{t+1}, y^{t+1} \right)}{D_0^t\left(x^t, y^t \right)} \times \left[\frac{D_0^t\left(x^{t+1}, y^{t+1} \right)}{D_0^{t+1}\left(x^{t+1}, y^{t+1} \right)} \times \frac{D_0^t\left(x^t, y^t \right)}{D_0^{t+1}\left(x^t, y^t \right)} \right]^{1/2} \\
&= \text{EFFCH} \times \text{TECH}
\end{aligned}
\tag{2-5}
$$

式(2-5)，$\left(x^t, y^t \right)$ 和 $\left(x^{t+1}, y^{t+1} \right)$ 代表各地区分别在第 t 和 $t+1$ 时期的各决策单元(DMU)所对应的投入和产出。

ITUE$_j$是综合三次产业结构层次化演变和效率提升两个层面测度的第 j 个城市的产业转型升级效果，该方法既能够有效揭示了产业结构转型演进的方向与角度，又能客观表征各产业内部生产效率。需要强调的是，做如上处理的原因如下：

令

$$
Z_i = \frac{\sum\limits_{p=1}^{3}\left(x_{p,i} \cdot x_{p,0} \right)}{\left(\sum\limits_{p=1}^{3} x_{p,i}^2 \right)^{\frac{1}{2}} \left(\sum\limits_{p=1}^{3} x_{p,0}^2 \right)^{\frac{1}{2}}}
\tag{2-6}
$$

显然 $Z_i \in [0,1]$，进一步可得 $\theta_i \in \left[0, \dfrac{\pi}{2}\right]$；另一方面，$\theta_i$ 是 Z_i 的减函数（随着 Z_i 取值的增大、θ_i 的取值逐渐减小）。本节的逆向化处理，以反余弦函数的导数为负的设定为前提，进一步深化与加大了第三产业的贡献，并将取值区间控制在 $\theta_{j,i}^{-1} \in \left[\dfrac{2}{\pi}, +\infty\right)$ 之间。也就是说，产业结构高级化水平与产业内生产效率越高、ITUE_j 取值越大，进一步达到从产业"转型"和"升级"双重维度提升产业转型升级效果的目的。

2. 细分行业层面测度方法的构建

随着京津冀产业协同发展及转型升级进程的不断深化，各行业的全面发展、中高端行业的不断壮大及数字化等新兴行业的迅速崛起，成为各城市产业转型升级的重要特征。凸显行业优势和提升技术效率是各地区引导生产、结构调整高质高效运行的双驱主导性力量，也是推动产业升级与区域协调融合发展不断深化、经济发展方式有效转变的核心目标。因此，有效测度细分行业转型升级的效果，厘清产业内部的细分行业的差异性及演进特征、明确各城市产业功能定位，以进一步量化升级动力和升级路径，是协同发展进程中不可或缺的重要环节。

鉴于此，在构建三次产业结构视角下产业转型升级效果测度方法的基础上，考虑到各市产业内部行业布局及发展的精细化与特色化，基于对产业转型升级内涵从结构优化与内部效率提升双重层面的界定，本节进一步以行业竞争力为研究视角，从规模优势及行业内效率提升双重维度，对细分行业产业转型升级效果提升的广度和深度进行刻画，对产业转型升级效果进行多维、动态、系统的分析，阐释细分行业视角升级效果的差异性，以系统地反映通过行业分工深化促进产业转型升级的内在特征。

第一，行业转型升级规模优势维度的表征。规模优势能够较为直观反映产业及细分行业在国民经济发展进程中的重要位置及演化路径。[1]式（2-7），通过衡量各地区细分行业产出份额与该行业占全国产出份额的比值，判断是否具有

---

❶ KNICKREHM M, BERTHON B, DAUGHERTY P. Digital Disruption: The Growth Multiplier[R]. Accenture Strategy Report, 2016.

规模显性比较优势。

$$SISA_{ijt} = \frac{output_{ijt} \Big/ \sum\limits_{i}^{n} output_{ijt}}{\sum\limits_{j}^{J} output_{ijt} \Big/ \sum\limits_{j}^{J} \sum\limits_{i}^{n} output_{ijt}} \qquad (2-7)$$

式（2-7）中，$SISA_{ijt}$ 表示 $j(j = 1,2,\cdots,J)$ 地区行业 $i(i = 1,2,\cdots,n)$ 在第 $t(t = 1,2,\cdots,T)$ 时期的规模优势测度值，用以刻画各细分行业发展的广度，其测算值越大，表明该行业在 j 地区更具有比较优势，根据 Balassa 显性比较优势的定义，当 $SISA_{ijt} \geqslant 1$ 时，表示 t 年行业 i 在 j 地区具有显著规模比较优势，当 $SISA_{ijt} < 1$ 时，则不具有比较优势；$output_{ijt}$ 指 j 地区行业 i 在 t 时期的产值。

第二，细分行业内效率提升维度的衡量。行业竞争力及转型升级不仅表现在规模优势上，还应体现在内部发展质量提升方面。[1]全要素生产率（TFP）是当前衡量产业发展质量的一种相对客观的指标[2]，反映了以产业价值链向前端延伸来实现产业发展的作用路径。基于式（2-4）对各细分行业的 TFP 进行测算，以进行行业发展潜力优势，即产业内部效率提升维度的分析，考察行业竞争力的深度。

第三，行业视角下转型升级效果测度指标的综合构建。基于对规模优势与行业内部生产效率的测算，本节从行业发展的广度和深度双重维度，根据式（2-8）给出了行业视角下转型升级效果（SITU）的测度指标：

$$SITU_{ijt} = SISA_{ijt} \times TFP_{ijt} = \frac{output_{ijt} \Big/ \sum\limits_{i}^{n} output_{ijt}}{\sum\limits_{j}^{J} output_{ijt} \Big/ \sum\limits_{j}^{J} \sum\limits_{i}^{n} output_{ijt}} \qquad (2-8)$$

式（2-8）中，$SITU_{ijt}$ 表示 j 地区行业 i 在 t 时期的竞争力指数测度值，其数值越大，则该行业的转型升级效果越好，即从规模和行业内部生产效率双重层面具有发展优势。综合规模比较优势和 DEA-Malmquist 非参数方法测度结果的数值特性，本书将行业转型升级效果指数根据测度值大小进行如下定义：

---

[1] 吴翌琳. 国家数字竞争力指数构建与国际比较研究[J]. 统计研究, 2019, 36(11): 14-25.

[2] LIU Q, XU S X, LU X L. Imbalance measurement of regional economic quality development: evidence from China[J]. The Annals of Regional Science, 2020, 65(3): 527-556.

当$SITU_{ijt} \geqslant 1$时,表示t年行业i在j地区产业转型升级效果较好,具有较强的竞争力;当$SITU_{ijt} < 1$时,则转型升级效果较差,竞争力较弱。

鉴于数据的可得性,根据国民经济行业分类(2017)标准,确定本书研究的19个细分行业:农林牧渔业,采矿业,制造业,电力、热力、燃气及水生产和供应业,建筑业,交通仓储邮电业,信息传输、计算机服务和软件业,批发和零售业,住宿餐饮业,金融业,房地产业,租赁和商业服务业,科研综合技术服务业,水利、环境和公共设施管理业,居民服务和其他服务业,教育业,卫生、社会保障和社会福利业,文化、体育和娱乐业,公共管理、社会保障和社会组织。

此外,基于京津冀各地区行业资源禀赋结构及发展的异质性特征。一方面,考虑到天津、河北的产业布局,工业为两地行业发展与转型升级的重点,本章进一步将工业根据行业分类,基于式(2-8)测算方法,探究各地区工业内部各细分行业转型升级效果,有利于把握工业发展结构变动方向及生产效率提升水平,反映工业内部结构层次的高级化及产业内部高质化的演变趋势。另一方面,从服务业内部行业结构变动视角,进一步厘清产业转型升级效果在地区和细分行业上的差异性特征,本章将从生产、生活和高技术服务业不同视角进行比较分析。

2.4　京津冀产业转型升级效果演进特征

本节立足京津冀区域,选择以北京、天津及河北省内的11地级市为单元,以地域、产业、行业为研究视角,对产业转型升级效果进行测度分析。基础数据来源于《中国统计年鉴》《中国城市统计年鉴》、京津冀地区统计年鉴或经济统计年鉴及中经网统计数据库。鉴于数据的可得性与连贯性,数据的样本考察期为2004—2020年,个别地区、年份数据缺失,本节通过移动平均进行填补处理。

2.4.1　三次产业转型升级效果时空演进特征

纵观整体,基于式(2-3)的测算结果表明,2004—2020年样本期间内京津冀区域整体的产业转型升级效果呈现出波动递增的态势,从产业结构转型和产业内部质量均有效提升,该双重维度从不同方面刻画了升级的内涵,均是产业转型升级的核心维度。2008—2014年呈现出一定的下降变动,主要由于全球经济危机和低效率重工业等为主导的产业结构的影响。此外,2014年京津冀协同发展战略正式提出之后,区域内合理有序引导产业转移与承接、优化产业布局,区域产业结构分工与定位日益明晰,产业转型升级效果显著,地市间产业融合协同水平稳步提升。然而,区域内产业转型升级效果的演变进程也呈现出显著地域特征,即:京津及河北11市均呈现出波动提升的变动规律,但空间上呈现出中心强、边缘弱的层次特征,且南部区域显著高于北部地区。

1. 京津冀三省市异质性分析

具体省域而言,北京2020年产业转型升级水平最高,其测度值为12.154。该结果为基于三次产业结构视角的测度值,从三次产业结构特征与发展优势来看,北京第一产业、第二产业向第三产业转型效果较好,第三产业已成为经济发展的核心支撑,且主要以现代化及高端服务业为主,且整体产业内部发展质量有效提升。这表明在京津冀产业转型升级的有序推进过程中,北京充分展示了产业的高质量发展进程及引领作用,这与北京“四个中心”中科技中心的定位相一致,并与北京市及周边的重工业、高污染产业在北逐渐被生态产业及旅游业等替代,绿色生态水平不断提高息息相关。在产业联动发展和效率提升的阶段,产业链与创新链融合发展,以技术驱动产业发展是当前北京市产业转型升级的重点,同时也应充分发挥核心区位的引领带动机制,以技术联动和产业升级辐射带动天津和河北产业转型升级。

天津产业转型升级效果在2014年前呈波动演进态势,其中三次产业结构转型层面均呈现较低的变动,主要原因在于:该时期内,产业发展以低效率、低附加值的工业等为基础,产业在结构上虽然表现为由“二三一”向“三二一”的演进特征,但第二产业仍占较大比重,导致向第三产业的转型的速度较低。随着区域协同战略的有序推进,带动了产业结构优化布局,如滨海新区等区域积极汇聚技术与人才等资源,加快发展技术创新产业,涌现出一大批智能科技企业。此外,随着数字化的应用与深化,天津依托其港口等信息技术交流通道,大力推动数字化产业和产业数字化发展进程,持续推动产业向高层次转型,并进一步引领产业高质高效强劲增长。

与京津相比,河北整体产业转型升级效果较低,2020年测度值为8.458。在协同发展战略正式实施之后至2016年,整体呈现出微弱下降趋势,尚未形成区域内产业联动升级的格局。2015年之前,整体上呈现波动演进的态势,河北省重工业相对集中、污染严重,对产业转型升级效果的提升进程具有一定的负向影响机制,进一步反映了产业内部发展质量亦是产业转型升级的重点之一,其效果下降的趋势主要与该阶段河北省减少钢铁等重工业高污染企业的生产、调整产业结构与生态环境保护相关。与北京产业发展形成强烈的反差,且在初期具有协同机制不完善及动力不足等难点,同时省内各城市产业重点各异,该优化调整进程具有一定的周期性特征。2016年之后,依托区域协同发展进程的持续推进与产业发展有序优化调整,河北整体产业转型升级效果稳步提升。这表明河北省内各市产业结构亟须优化调整,质量提升及生态保护、承接北京产业高端制造业转移亦是关键,同时也应立足自身资源禀赋特征,加快生态农业、高端服务业等转型。表2-3列示了2004—2020年京津冀三省(市)层面的产业转型升级水平测度结果。

表2-3　京津冀三省(市)2004—2020年产业转型升级水平演进

年份	京津冀	北京	天津	河北
2004	7.021	9.443	6.973	6.978
2005	6.828	9.970	6.093	7.747
2006	6.504	10.732	7.509	5.854
2007	7.324	10.526	7.313	7.044
2008	7.087	11.005	7.503	6.831
2009	6.742	11.328	6.568	7.512
2010	7.237	10.533	7.505	6.733
2011	7.276	10.793	7.001	6.983
2012	6.988	10.768	7.048	6.637
2013	7.104	10.796	7.160	6.905
2014	7.366	10.969	7.391	6.933
2015	7.312	11.263	7.392	7.263

续表

年份	京津冀	北京	天津	河北
2016	7.795	11.299	7.873	7.205
2017	8.160	11.450	7.960	7.485
2018	8.435	11.602	8.847	8.051
2019	8.568	11.875	8.935	8.252
2020	8.703	12.154	9.023	8.458

资料来源:使用京津冀相关年份面板数据计算。

2. 地级市层面时空演进差异分析

河北作为京津冀区域中面积及人口规模最大的省份,在有序疏解北京非首都功能、高效打造承接平台等领域中具有重要的战略地位。然而,河北省内的11地市,由于资源禀赋、产业定位布局及发展重点等方面的差异性,其产业转型升级效果在协同发展战略正式提出后,虽均呈现出显著的提升态势,但其时空演化进程也存在显著的地区异质性,区位毗邻及地理距离近或者产业结构相似的地市,存在趋同的变动规律(如表2-4所示)。

石家庄、廊坊等地市产业转型升级效果在2014年后表现为逐年递增的演进特征,特别是京津冀协同发展战略正式提出之后,增长变动显著,产业结构层面的优化调整是核心动力。石家庄作为省会省市,在供给侧结构性改革的引领下,现代化产业体系加快构建,并进一步推动"老基地"向"新格局"转型升级,如依托传统工业基地优势,从化学原料生产向生物医药研发集群演变,助推产业结构与质量的双重提升。

表2-4 河北省内11地市产业转型升级效果测度值

年份	保定	沧州	承德	邯郸	衡水	廊坊	秦皇岛	石家庄	唐山	邢台	张家口
2004	6.750	7.033	6.818	6.840	7.096	7.077	7.156	6.849	7.256	8.117	6.806
2005	7.287	7.052	7.398	7.262	6.451	7.274	7.463	7.192	7.648	8.007	7.485
2006	6.269	5.767	7.801	6.715	7.951	7.346	7.010	6.227	7.996	7.647	6.416
2007	7.753	6.988	7.449	7.363	8.156	7.640	8.347	7.305	7.152	7.878	8.009

续表

年份	保定	沧州	承德	邯郸	衡水	廊坊	秦皇岛	石家庄	唐山	邢台	张家口
2008	6.366	7.172	7.778	7.380	6.021	7.601	7.030	7.247	8.024	7.003	6.566
2009	7.751	7.301	6.818	7.135	5.508	7.798	8.107	7.368	6.793	7.243	5.871
2010	6.543	6.890	7.326	7.125	7.694	7.388	7.930	8.226	8.394	7.978	6.818
2011	7.306	6.872	7.403	6.860	5.416	7.360	6.304	8.360	7.341	7.817	7.105
2012	7.233	6.945	7.527	6.892	6.199	6.772	6.865	6.939	6.762	6.197	6.402
2013	7.354	7.096	5.925	6.097	6.881	6.643	7.110	7.309	7.115	7.034	6.954
2014	6.880	6.417	6.884	6.804	7.083	7.122	7.430	6.590	7.207	6.810	6.719
2015	7.539	7.395	6.797	6.781	6.225	7.271	7.428	7.035	7.460	7.292	6.882
2016	7.277	7.197	7.163	7.193	6.467	7.807	7.821	7.766	7.193	7.352	7.541
2017	8.070	7.406	8.100	8.364	7.029	8.664	8.261	8.263	7.956	8.131	8.240
2018	8.948	8.176	8.195	8.725	7.640	8.815	8.326	8.791	8.150	8.341	8.400
2019	9.073	8.965	8.901	8.877	7.854	8.340	8.907	9.120	8.325	8.544	9.042
2020	9.199	9.116	9.218	9.031	8.074	8.534	9.092	9.462	8.502	8.751	9.081

资料来源:使用京津冀相关年份面板数据计算。

与之相比而言,唐山作为钢铁等重工业的集聚地,具有产业链较短、附加值较低的特征,向第三产业转型的动力不足,其产业转型升级效果提升速度较低,且在2014年之前表现为一定的下降趋势,是京津冀产业转型升级亟待突破与完善的难点城市。应依托地区内重点钢铁企业,聚焦重点领域,立足"依托钢、延伸钢、不唯钢"的发展思路,实行整合重组、减量搬迁等措施,延伸钢铁产业链条、加快钢铁产业向装备制造业及数字化制造业升级,一手抓产业结构向高层次优化调整,一手抓传统支柱产业质量提升。2019年《河北省钢铁企业国际产能合作实施方案》的落地,进一步明确了各城市相关产业的发展路径,以高技术装备制造、服务业等为提升方向,提升国际竞争力,促进产业转型升级。

因此,在纵深推进京津冀产业转型升级的进程中,应以区域协同发展战略为依托,充分考虑各城市产业基础及转型升级方向的异质性,立足区域内联动性及各地市的自身优势,调整产业结构,推动产业结构优化进程,并加强产业内部质量的提升,提升区域竞争力。尤其河北各城市在承接北京产业转移的基础上,以

"增质提效"为引擎,大力实施传统制造业创新转型、加大产业技改力度,切实转变发展模型,深化推进产业转型升级效果提升的广度和深度。

3. 与现有方法的比较

关于产业转型升级效果的测度方法,基于钱纳里"标准结构模型"、霍夫曼比率等理论方法的完善和改进,现有研究多基于产业结构升级视角展开测度研究,其方法构建的目标为旨在刻画生产要素从低层次部门向高层次部门的转移,既提升生产效率较高部门的比重,又实现资源要素在该部门的重新配置效率,涉及产值比重的演进和劳动生产率提升双重视角内涵,能够较好反映地区产业转型升级的总体状态。❶

第一,与单维度测度方法相比较。本章从产业间结构优化与产业内部效率提升双重维度构建测度指标。与仅从产业结构层次演进的单维度指标相比而言,是在综合三次产业结构层次化演进的基础上,进一步量化了产业内部的变动特征。该测度方法既能够有效揭示了产业结构转型演进的方向与角度,又能客观表征各产业内部生产效率。也就是说,产业结构高级化水平与产业内生产效率有效提升,进一步达到从产业"转型"和"升级"双重维度提升产业转型升级效果的目的,有效地揭示了产业转型升级的多层次、多目标特征,同时也与新时代背景下产业高质高效发展的客观要求相契合。

第二,与多维测度指标相比较。常用方法为:通过使用三次产业比重对各产业劳动生产率进行加权求和以测度产业结构高度化水平,以进一步表征产业转型升级水平;该测度指标的设定与本章中关于产业转型升级效果提升的内涵与目标较为一致。具体测算方法为

$$\mathrm{ind}_{jt} = \sum_{i=1}^{n} \frac{y_{ijt}}{y_{it}} \times \mathrm{LP}_{ijt} \tag{2-9}$$

式(2-9)中 y_{ijt} 表示为第 j 个城市或区域 i 产业部门在 t 时期的生产总值,LP_{ijt} 为 t 时期第 j 个城市或区域第 i 产业部门的劳动生产率,n 为产业部门总数。此外,为消除劳动生产率量纲的影响,本节参照钱纳里❷等的方法进行无量纲化

❶ 左鹏飞,姜奇平,陈静.互联网发展、城镇化与我国产业结构转型升级[J].数量经济技术经济研究,2020,37(7):71-91;张建华,郑冯忆.服务业结构升级能够推动产业发展吗?——基于有效结构变化指数(ESC)的实证分析[J].改革,2020(1):59-75.

❷ 钱纳里,鲁滨逊,赛尔奎因.工业化和经济增长的比较[M].上海:上海人民出版社,1986.

处理。

基于式(2-9)的测度结果❶,本节进一步以北京为前沿城市,测算北京与其他各城市与产业转型升级效果的偏离度系数❷,与本章提出的产业转型升级效果的测度方法(2-3)进行比较分析。经测算,基于式(2-9)与式(2-3)方法计算的京津冀区位内各城市产业转型升级效果在2020年与"前沿"城市(北京)的偏离度均值分别为1.1373和0.4045,这表明,基于式(2-3)方法测算的各城市产业转型效果逐渐趋于较为合理的差距区间,能够有效刻画结构优化调整与产业质量提升的耦合协调规律,双重驱动产业向高水平转型升级的动力和机理,这也进一步验证了:在区域协同发展背景下,提出的从产业结构转型调整和产业内部质量升级层面构建产业转型升级效果测度方法的适用性。

此外,式(2-9)中现有研究常用的测度方法,仅从单投入(劳动)、单产出(产业生产总值)的视角进行度量,而本章研究中基于DEA-Malmquist非参数方法,使用TFP对产业发展质量维度进行刻画,是在考虑了多个决策单元(DMU)的多投入变量的框架下进行的测算,使得研究结果相对有效。同时,相较于劳动生产率,TFP更能够有效表征产业内部的要素配置效率,也更加符合新常态背景下,在京津冀区域协同发展进程中对于产业高质量发展的客观要求。

2.4.2 细分行业转型升级效果时空演进特征

新时代,如何有效衡量各地区产业内部发展特征,探索制约工业、服务业高质量发展的细分行业及影响因素,最终推动各产业向价值链高端及专业化延伸,以逐渐成为学界关注的重点和热点。在京津冀产业转型升级的进程中,细分行业的有序发展及中高端行业的不断壮大,已逐步成为京津冀区域内各市产业转型升级的核心特征与重要内容。基于此,立足京津冀区域细分行业发展特征及异质性,从工业和服务业内部细分行业层面,进一步探究业内部的细分行业的规模与发展潜力双重优势及演进特征,厘清各城市行业发展重点及升级方向,对产

---

❶ 具体测算结果见附表A-1。

❷ 偏离度 $p_{jt} = \left| I_{jt} - I_t^b \right| / I_{jt}$,其中 I_{jt} 表示根据两种不同方法测算 j 地区在 t 时期产业转型升级效果,I_t^b 表示本节中设定的前沿城市——北京在 t 时期的产业转型升级效果测度值。

业转型升级效果进行多维、动态、系统的分析。

1. 工业层面行业转型升级的演进

在京津冀产业变革进程中,工业是推动第二产业增长的第一动力,特别是津冀两省市,工业在地区生产总值中仍具有显著的规模比较优势。本节基于采矿业、制造业和电力、燃气及水的生产和供应业三个细分行业,对工业内部细分行业产业转型升级效果提升的广度和深度进行考量。表2-5展示了京津冀三省市及河北省内的11地市工业内各行业转型升级效果的演变及均值。

由此可见,整体上,以采矿业、制造业等为核心的工业在京津冀经济发展中仍占有主导地位,特别是在规模维度上具有较显著的比较优势[1],在区域产业转型升级中发挥不可忽视的作用。此外,在津冀两地,采矿业、制造业和电力、热力、燃气及水生产和供应业三个细分行业均具有较强的竞争力。其中,制造业转型升级效果稳步提升,有效推动区域工业高质高效发展,这与各市在推动传统制造业转型升级进程中,加快培育装备制造业等高技术新行业、新动能息息相关,为地区产业转型升级持续注入新动能。这进一步表明,在区域协同发展的背景下,产业转型升级不仅是产业结构向高层次的演变,而且也是产业内部各行业发展质量的有效提升。

表2-5 工业细分行业转型升级效果演进

地区	采矿业			制造业			电力、热力、燃气及水生产和供应业		
	2004年	2020年	均值	2004年	2020年	均值	2004年	2020年	均值
北京	0.083	0.092	0.096	0.778	0.603	0.652	0.282	0.279	0.317
天津	1.071	1.046	1.042	1.255	1.853	1.440	1.620	1.769	1.708
河北	1.627	1.990	1.741	1.065	1.192	1.108	1.283	1.145	1.231
河北省各地工业细分行业转型升级效果演进									
保定	0.415	0.240	0.280	1.106	4.583	1.954	0.835	0.372	0.532
沧州	2.997	1.325	1.691	1.093	1.291	1.126	0.412	0.558	0.438

---

[1] 行业规模优势及产业发展潜力各层面测度值,因涉及时间、行业、地区多维度,篇幅所限未在文中具体展示。

续表

地区	采矿业			制造业			电力、热力、燃气及水生产和供应业		
	2004年	2020年	均值	2004年	2020年	均值	2004年	2020年	均值
承德	3.766	2.853	3.276	0.830	0.448	0.709	0.580	0.726	1.108
邯郸	0.567	1.150	1.119	1.188	1.198	1.188	1.089	1.619	1.035
衡水	0.003	0.002	0.002	1.427	1.413	1.308	0.774	0.684	0.863
廊坊	0.221	0.088	0.257	1.319	0.958	1.239	1.184	3.799	0.892
秦皇岛	3.297	3.724	2.645	0.727	0.363	0.544	0.508	0.772	0.715
石家庄	0.203	0.129	0.276	1.209	0.870	1.182	1.085	3.694	0.905
唐山	2.906	0.212	2.599	1.170	1.774	1.214	0.953	0.518	0.597
邢台	0.751	0.847	1.260	1.574	1.047	1.274	1.443	1.626	1.098
张家口	2.161	1.712	1.636	0.144	0.550	0.553	1.995	1.382	1.917

资料来源:使用京津冀相关年份面板数据计算。

　　具体地市而言,样本期间内,工业内各行业转型升级效果的地域差异性显著存在。保定在交通和区位上具有一定的优势,依托京保石等交通轴线的建设,更加有效助推了资源要素的轴向流动,成为产业转移及"非首都"功能疏解的重要支撑点,基于产业承接及较强的工业基础为契机,有效促进了北京装备等高端制造业向保定的转移。特别是雄安新区的设立,进一步联结了北京与保定,产业承接平台有序搭建,增强地区制造业的承接能力和效率,促进了保定制造业规模优势及行业发展的潜力的双重提升,制造业升级效果提升较为显著,这表明新技术、高端等制造业的高质量发展是保定工业高效转型升级的关键。

　　此外,唐山采矿业变动较为显著,其行业转型升级效果测度值由2004的2.906,降至2020年0.212,究其原因在于:随着低端行业的有序消退与转型,以及新兴行业的涌现,并基于对环境资源的治理保护等举措,各地区采矿业规模逐渐降低;这也与基于三次产业结构视角测算的第二产业向第三产业转型的动力不足,导致整体产业转型升级效果提升速度较低的结论相匹配。这也进一步验证了,厘清产业内部的细分行业演进特征及地区竞争力是产业转型升级进程中的重要环节与核心要素。鉴于此,唐山应充分利用钢铁等去产能腾出的新空间,促进机器人等现代化行业的发展,加快产业转型升级示范区的建设,助推新能源、精品钢业等行业的动能提升,深化产业转型升级的广度和深度。

2. 服务业层面行业转型升级的演进

服务业内部结构升级是推动产业转型升级及经济高质量发展的核心动力[1],特别是现代化及高技术服务业基于技术密集度高、增长速度较快等优势,对区域经济发展具有较强的带动力,已成为提升地区产业价值链的核心驱动力量。[2]根据国民经济行业分类(2017),服务业共可分为批发零售业等14个细分行业,使用式(2-9)对服务业内部各细分行业的转型升级效果进行了测度,测算结果如表2-6[3]和图2-4所示。

纵观整体,京津冀区域内各行业比较优势和发展潜力均存在一定的差异性,从不同方面刻画了升级的内涵,均是产业转型升级的核心维度,且其演变进程也呈现出显著地域特征。

地区差异视阈下,各地区细分的发展质量均得到有效提升,地区间发展差距逐渐缩小,但规模优势层面表现各异。北京各服务细分行业均呈现出较高的转型升级水平,特别是信息传输、计算机服务和软件等行业升级效果显著,在规模和发展潜力双重层面具有较强的竞争力,且增幅最大;然而,北京批发零售业与交通运输业、仓储和邮政业等生产性服务业类表现出行业竞争力趋弱的变动。

究其原因:一方面,北京经济基础、人才等资源配置水平整体较高,集"高精尖"产业为一体,是我国科技研发的高水平集聚地,资源优势显著;另一方面,自京津冀协同发展上升至国家战略层面以来,以北京非首都功能疏解为引领的产业迁移,批发零售业等逐渐向廊坊、保定等地转移,为充分发挥高技术产业优势提供了更高的战略布局,有序推动了数字化等行业的发展及转型升级。与此同时,河北整体上各服务细分行业表现出整体较低的转型升级效果。其中廊坊,位

---

[1] 张建华,郑冯忆.服务业结构升级能够推动产业发展吗?——基于有效结构变化指数(ESC)的实证分析[J].改革,2020(1):59-75.

[2] 辛大楞.我国服务业企业升级的影响因素分析——基于世界银行2012年调研数据的实证研究[J].管理评论,2020,32(3):50-60.

[3] 表2-6展示京津冀各城市年份均值的各细分服务行业转型升级水平的变动,具体行业规模优势和发展潜力两层涉及14个细分行业、地区和时间维度上的差异,具体测算结果,因篇幅原因未详细展示,仅在附表A-2中列示了样本期初(2004年)和期末(2020年)的测度值。

于环京地区,具有地理和交通的双重优势:副中心与雄安新区"新两翼"之间、京津唐与京津雄构成菱形区域的几何中心,以及京沪高铁中京津路段的中心。然而,该城市仅在科学研究和技术服务业与居民服务、修理业具有较强的竞争力,其他12个行业竞争力较弱。石家庄作为河北的省会城市,依托现代物流业优势,充分发挥其核心纽带效应及地区间联动机制,各细分行业转型升级具有稳步提升的趋势。

表2-6 服务业行业视角下转型升级效果(均值)

地区	批发和零售业	交通运输、仓储和邮政业	住宿和餐饮业	信息传输、软件和信息技术服务业	金融业	房地产业	租赁和商务服务业	科学研究和技术服务业	水利、环境和公共设施管理业	居民服务、修理和其他服务业	教育	卫生和社会工作	文化、体育和娱乐业	公共管理、社会保障和社会组织
北京	1.210	0.931	1.527	2.938	2.363	1.784	2.588	2.440	0.954	2.031	1.016	1.128	2.505	0.921
天津	1.327	0.997	0.923	0.167	0.553	0.720	0.573	0.549	1.376	1.352	0.772	1.049	0.461	0.767
河北	0.830	1.155	0.736	0.814	0.357	0.643	0.156	0.263	0.908	3.804	1.220	0.949	0.340	1.222
保定	0.828	0.713	0.983	0.743	0.443	1.047	0.208	1.403	0.409	1.622	0.655	1.222	0.271	0.942
沧州	0.790	1.265	0.955	0.685	0.363	0.898	0.786	0.290	0.289	3.747	0.429	1.235	0.416	0.917
承德	0.623	1.003	1.185	0.737	0.631	0.564	0.427	0.368	0.640	2.547	0.591	0.991	0.466	0.839
邯郸	0.867	1.366	0.722	0.495	0.355	0.633	0.616	0.267	0.645	3.165	0.545	0.956	0.404	1.025
衡水	1.043	0.639	0.780	0.617	0.535	0.824	0.355	0.093	0.131	4.512	0.496	0.635	0.378	1.166
廊坊	0.608	0.424	0.897	1.218	0.678	1.563	0.967	1.850	0.226	2.686	0.462	0.677	0.205	0.698
秦皇岛	0.928	2.032	1.654	0.849	0.555	0.963	0.965	0.354	1.064	4.335	0.654	1.087	0.847	1.649
石家庄	1.060	1.338	0.873	0.654	0.713	0.797	0.886	0.630	0.641	2.281	0.538	1.336	0.904	0.982
唐山	0.922	1.877	0.733	0.387	0.367	0.502	0.398	0.128	0.281	1.901	0.236	0.548	0.120	0.470
邢台	0.818	0.822	0.670	0.482	0.427	0.978	0.299	0.148	0.405	2.099	0.512	0.659	0.266	0.866
张家口	0.973	1.502	1.290	0.704	0.606	0.853	0.342	0.182	0.541	3.068	0.664	1.069	0.372	1.197

资料来源:使用京津冀相关年份面板数据计算。

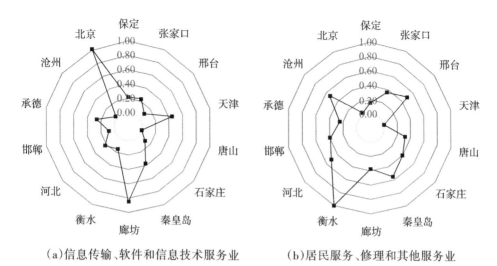

(a)信息传输、软件和信息技术服务业　　(b)居民服务、修理和其他服务业

图2-4 部分服务行业转型升级效果(均值)的可视化展示

　　行业视阈下,随着京津冀产业协同发展的持续推进,各地行业分工与定位日益明晰,必将导致行业升级效果的异质性演进。基于各城市人才、技术等资源基础的非均衡性,各细分服务行业,特别是高技术服务业差异较大。在对服务细分行业进行地区异质性分析的基础上,为进一步考察行业层面上的布局特征,本节以高技术行业中信息传输、软件和信息技术业以及生活性服务业中居民服务、修理和其他服务业为例❶,对京津冀三省(市)及地级市行业竞争力的非均衡演进态势进行可视化展示。如图2-4所示,以射线上点的距离圆心的距离反映各行业竞争力的分布状态,与圆心距离越大的点表示该地区行业转型升级效果越好。

　　具体行业而言,各服务细分行业存在显著的非均衡性发展特征。一方面,生活性服务业,如居民服务、修理和其他服务业等在津冀区域内各城市均表现出较强的竞争力,升级效果均显著。另一方面,高技术服务业,如信息传输、软件和信息技术业,在北京、廊坊转型升级效果较好,而在邯郸、邢台等城市呈现出较弱的竞争力。这进一步意味着:当前京津冀区域内各地的服务业在技术层面仍具有较大的鸿沟,高技术行业竞争力的差异仍呈现出明显的两极分化态势,这也是导致其他细分行业升级质量提升异质性的核心原因,该差异性也反映出了京津冀

---

❶ 其他行业的可视化雷达图因篇幅原因未在文中详尽展示。

区域内信息与技术资源不平等性,"马太效应"仍凸显。

此外,图2-5进一步从工业和服务业综合比较视角下,直观展示了2020年不同区域细分行业转型升级效果的差异化特征(部分区域)。从图2-5中可以看出,同一城市的工业和服务业内细分行业转型升级效果同样存在显著的异质性。因此,在有序推动京津冀区域高技术行业发展的进程中,也应注重技术等要素禀赋的流动性及协同性,发挥北京向津冀的辐射效应,引领工业、服务业各细分行业的协调发展及转型升级,提升区域竞争力。

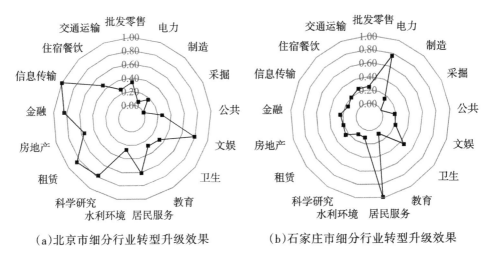

(a)北京市细分行业转型升级效果　　　(b)石家庄市细分行业转型升级效果

图2-5　部分地市细分行业转型升级效果展示

2.4.3　三次产业与细分行业转型升级的联系

综上所述,行业比较优势和效率提升两个维度均是推动行业转型升级效果提升的关键所在,符合本章对于产业转型升级内涵从产业结构优化调整和产业内部质量提升两个层面的设定。纵观整体,本章以三次产业和细分行业为切入点,以"区域→城市→产业→行业"为主体研究框架,综合考虑地理区位、产业、行业基础的差异性特征,更能有效探究京津冀协同发展视阈下,产业转型升级效果演进规律,明确行业深化及提升的方向和路径。

由此可见,在稳步推动京津冀产业转型升级效果提升的进程中,应以城市为节点、以产业为支点,并有序提升细分行业发展质量和比较优势,明确各地的产业转型升级方向,加强产业之间和内部行业的分工合作,既要加强对新兴行业建设和扶持,也要注重传统行业的技术创新和质量提升。京津及环京城市,充分利用区位、资源禀赋优势,依托"双城、多轴"的联动机制,充分发挥高端行业及优势行业的专业化发展和引领效应,促进各行业间高效联动网络的建设,加快培育高质量发展的新兴产业。张家口等北部城市及邢台等南部城市应依托京津冀轨道交通的协同发展战略,以及非首都功能疏解集中承载地雄安新区的设立,强化京津冀区域整体辐射范围与联动潜力,并以经济高质量协同发展战略为导向,加强与先进城市产业及行业的交流建设,吸引优势资源与投资,以摆脱低质低效的发展模式为突破口,在持续提升传统行业发展质量的基础上,打造具有地域优势的专业化、特色化、现代化产业集群体系。

2.5 本章小结

产业转型升级驱动经济高质发展是决定中国综合竞争力的内生动力,也是新形势下推动京津冀区域一体化协同发展进程的关键举措。本章在探讨京津冀产业发展的历史沿革基础上,基于对产业转型升级内涵的界定,从产业及行业双重视角出发,构建了产业转型升级效果的测度体系,系统地对京津冀区域内各城市产业转型升级的演进态势及产业内部细分行业的异质性进行了测度和剖析。

首先,立足产业结构演进视角,从产业结构比重、产业结构合理化指数与三次产业偏离度系数层面进行了动态纵向比较分析。比较发现,京津冀整体产业及行业结构呈现出向合理化、高层次演进的态势,但仍存在显著的地区间非均衡性特征,且产业及行业发展均具有一定的"梯度差",与全国整体发展存在较大的差异。

其次,基于产业转型升级内涵的分析,给出了包含结构优化与效率提升双重维度的产业转型升级的理论界定,并构建了新的测度体系,从产业及行业多方位、多视角对京津冀产业转型升级效果进行量化和异质性分析。研究发现,2014年京津冀协同发展战略正式提出之后,京津冀各城市产业转型升级效果有序提升,但存在显著的地域及行业等多维上的差异性。一方面,三次产业结构层面上,京津冀区域整体的产业转型升级效果呈现出波动递增的态势,从产业结构转型和产业内部质量均有效提升;另一方面,细分行业层面上,各地区细分行业的发展质量均得到有效提升,地区间发展差距逐渐缩小,但规模优势维度上表现各异,是导致京津冀产业升级效果呈非均衡性演进态势的关键所在,北京在高技术服务行业竞争力持续增强,而津冀大部分地区在制造业和生产及生活性服务行业表现出显著比较优势。

归纳上述研究结论,本章为产业转型升级效果的提升,给出两点建议:第一,以细分行业为切入点,立足区域产业结构分工与定位,因地因时制宜;第二,合理有序引导产业转移与承接、优化产业布局,提高产业效率,以提升产业融合协同升级水平,实现功能互补的区域产业转型升级发展。

第3章 京津冀产业转型升级效果的评价

本章基于京津冀地区各市产业转型升级效果在时空双重层面上的非均衡演进特征,使用拟合分布等方法对2004—2020年京津冀区域内各地产业转型升级效果的测度结果进行了系统性的评价和异质性考量。在此基础上,进一步探讨了产业转型升级的区域内及跨区域联动辐射效应,以及与经济发展的耦合协调规律,更为有效、多维度地对京津冀产业转型升级的效果进行了评价。

3.1 本章概述

京津冀作为我国乃至全球经济格局中的重要区域与核心发展引擎,是经济集聚的载体高地,当前京津冀区域内各地产业转型升级水平有序推进,然而受限于资源禀赋、政策差异等因素的影响,产业转型升级方向和演化进程表现出显著的地区异质性。基于此,在以产业转型升级助推产业对接与承接、加快区域协同发展进程中,对京津冀产业转型升级效果进行科学评价,有效识别产业转型升级效果的演进层次差异是推动区域经济高质量及协同发展宏观布局的关键,也是提升区域整体治理效能的重要途径,对于有序提升京津冀产业转型升级效果及政策的制定实施具有一定的理论指导价值。

就评价方法而言,现有研究主要集中于对产业转型升级效果评价指标体系的构建,从产值、技术等视角对产业转型升级的演进态势进行刻画[1],是衡量产业发展差异特征较为可行的框架体系。但相关研究主要是根据测度结果进行描述性评价,多为通过定性方法对变动趋势进行的比较分析,不能客观、有效厘清产业转型升级效果时空演化上的层次差异。产业转型升级效果的测度值具有一定的提升变动趋势及差异化分布特征,如何量化其分布特征是有效研判产业转型

---

[1] GEREFFI G, HUMPHREY J, STURGEON T. The governance of global value chains [J]. Review of International Political Economy, 2005(1):78-104;曹芳芳,程杰,武拉平,李先德. 劳动力流动推进了中国产业升级吗? ——来自地级市的经验证据[J]. 产业经济研究,2020(1):57-70.

升级层次差异的核心问题,也是因地施策明确各地产业转型升级路径的关键。此外,关于产业转型升级与经济发展间关系的评价,现有研究多基于面板模型的分析,能够较为直观反映变量间的影响机制[1],但少有研究从耦合匹配的视角,对产业转型升级与经济发展在空间上协调特征进行表征。

与此同时,相关研究多基于特定地理区位进行测度与比较[2],忽视了城市间与区域间产业相互影响所形成的联动体系,缺少从区域内到跨区域纵向延伸的多层面辐射效应的分析。当前,产业转型升级逐渐趋向于相互渗透和协同发展的态势,已不再是单一的线性替代,对于优化城市产业空间布局更具现实意义[3],既是纵深推动区域内外协调发展进程的重点领域,也是新时代区域经济高质量发展的重要载体及路径。

鉴于此,本章拟从三个方面进行完善:第一,演进特征评价方法方面,通过对产业转型升级效果测度值分布特征的探讨,对测度结果进行了分位数模拟和层次划分,客观地评价京津冀产业转型升级效果演进特征及层次差异性;第二,基于基尼相关系数方法,分析京津冀区域产业转型升级与经济发展的耦合机制,更为有效地识别了两者在空间上的协调匹配规律;第三,联动辐射效应分析方面,立足区域内及跨区域双重视角,在考虑城市间产业的复杂非线性关系基础上,利用可以有效量化变量间相依性的二元 Gumbel Copula 函数和具有"网络连接"特性的社会网络分析(SNA)方法,构建了产业转型升级的区域内及跨区域联动效应的测度方法,从一个全新的视角更为客观地评估协同及协调发展背景下产业转型升级的联动辐射效应。

――――――――――

❶ 陈晓玲,张毅.金融发展、产业升级与经济增长的动态关系研究——基于省际数据的面板 VAR 分析[J].财贸研究,2017,28(10):19-25;李蕾.全球视角下制造业升级对经济增长的影响研究——基于带有交互项的动态面板模型[J].经济经纬,2019,36(5):96-103.

❷ 谭晶荣,颜敏霞,邓强,王健.产业转型升级水平测度及劳动生产效率影响因素估测——以长三角地区16个城市为例[J].商业经济与管理,2012(5):72-81;马洪福,郝寿义.产业转型升级水平测度及其对劳动生产率的影响——以长江中游城市群26个城市为例[J].经济地理,2017,37(10):116-125.

❸ CONNELL J, KRIZ A, THORPE M. Industry clusters: An antidote for knowledge sharing and collaborative innovation?[J]. Journal of knowledge management, 2014,18(3):137-151;王静田,张宝懿,付晓东.产业协同集聚对城市全要素生产率的影响研究[J/OL].科学学研究,(2020-1-21)[2022-10-20].doi.org/10.16192/j.cnki.1003-2053.20201012.001.

3.2 产业转型升级效果的层次差异评价

围绕区域产业转型升级的演进特征,学界展开了大量卓有成效的研究,成果丰硕。然而,针对产业转型升级效果的评价研究,相对较为单薄,主要表现在以下两个方面:一是,研究内容方面,多集中于对变化趋势的分析,缺少对产业转型升级效果层次化差异的识别;二是,研究方法方面,现有文献主要通过对测度结果的比较进行描述性分析,鲜有基于数据分布拟合方法的客观评价研究,难以精确地研判京津冀产业转型升级效果在时空多维度上演化差异及特征,使测度结果具有一定的局限性。因此,基于第2章京津冀产业转型升级效果的测度结果,考虑到地区间非均衡效应及差异性演进态势,如何有效衡量测度结果的层次化演进特征,对京津冀区域产业转型升级效果进行客观评价,是有序推动京津冀各地区产业高质高效发展、加快构筑"齿合型"优势互补协同发展产业体系的关键。

鉴于此,本节在探讨了京津冀产业转型升级效果的分布特征的基础上,进一步利用分布模拟分位数,给出了测度值的4个阶段,获得较为准确的数据分布情况,客观地研判了京津冀产业转型升级效果的层次差异及演进特征,为产业转型升级路径及方向研究提供相应理论依据。

3.2.1 产业转型升级效果的分布特征估算

1. 数据分布拟合

对测度结果具体分布形式的确定,是有效探究产业升级效果变动及差异等问题的关键。本书第2章中根据式(2-3)从产业结构调整和产业内部质量升级双重维度对京津冀各地 $j(j = 1,2,\cdots,J)$ 在时间 $t(t = 1,2,\cdots,T)$ 产业转型升级效果进行测度,可得 $J \times T$ 个样本数,能够直观表征京津冀区域及各市产业转型升级效果的变动特征。基于此,关于概率分布及数字特征,本节利用概率密度分布进行了正态分布拟合[1],刻画了样本期间内京津冀各城市产业转型升级效果的分布

---

[1] 常用连续密度函数有卡方分布 $[\chi^2(n)]$、正态分布 $[N(\mu,\sigma^2)]$、t 分布 $[t(n)]$,本研究通过拟合数据分析与检验,验证了正态分布 $[N(\mu,\sigma^2)]$ 对本节研究的适用性。

特征,如图 3-1 所示,其中横轴表示产业转型升级效果测度结果,纵轴为概率密度。

图 3-1 直观展示了产业转型升级效果真实值的密度分布,图(a)结果显示具有明显的正态分布趋势;基于此,进一步将数据进行了正态分布函数仿真拟合,最终获得数据拟合分布,如图(b)所示,曲线拟合结果表明京津冀产业转型升级效果测度值的分布接近符合正态分布(基于检验分析对分布趋势进行了判断)。

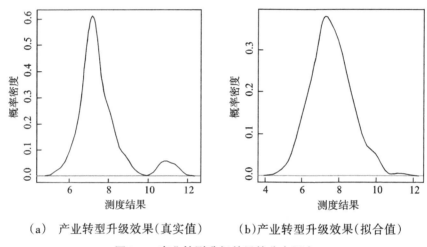

（a） 产业转型升级效果(真实值)　　（b)产业转型升级效果(拟合值)

图 3-1　产业转型升级效果的分布拟合

2. 分位点的测算方法

基于对京津冀产业转型升级效果分布形式的识别,本节通过对测度结果的样本数据进行分组正态分布的模拟,计算频率、确定分位数,并通过单侧检验得到分界点,给出产业转型升级效果值的四个层次阶段。数据在四个阶段的概率分别为 p_1、p_2、p_3、p_4,C_1、C_2、C_3 为对应的阶段的分界点,以直观表征产业转型升级效果的四个层次划分,设定为:

$$P\left[\varPhi_{a/2}(n)\leqslant C_1\right]=p_1$$
$$P\left[C_1<\varPhi_{a/2}(n)\leqslant C_2\right]=p_2$$
$$P\left[C_2<\varPhi_{a/2}(n)\leqslant C_3\right]=p_3 \qquad (3-1)$$
$$P\left[\varPhi_{a/2}(n)>C_3\right]=p_4$$

式(3-1)中,p_1、p_2、p_3、p_4是基于最小平方偏差(SD)思想迭代优化算法的相对最优值,$\Phi(\cdot)$表示正态分布函数,a为显著性水平。具体操作步骤为:

首先,p_1、p_2、p_3、p_4,需满足$p_1 + p_2 + p_3 + p_4 = 1$的条件约束,其中,$p_1$、$p_2$、$p_3$的初始值$p_1^1$、$p_2^1$、$p_3^1$设为0.1,则$p_4 = 0.7$,可以得到相应的临界值$C_1^1$、$C_2^1$、$C_3^1$;其次,基于三个临界点,将产业转型升级效果测度值划分四个区间,基于此可获得四个区间的均值,并计算其加权平均值,记为WA_1;再次,从四个区间期望对总体样本的偏差进一步计算SD,以上为第一次迭代,记SD_1。

然后,本节基于0.01作为迭代变动区别,p变动规律为一个变量,另外两个不变,依次迭代,如第二次迭代可设定为$p_1^2 = 0.11$,$p_2^2 = p_3^2 = 0.1$则$p_4 = 0.69$,可以计算出第二次迭代的SD_2。

此后,将SD_1与SD_2进行比较,选择较小的一个作为p的数值集,用于与下一次迭代的结果进行比较。

3. 分位数确定及层次划分

经多次迭代后,最终确定p_1、p_2、p_3、p_4取值0.11、0.22、0.32、0.34,进一步识别三个临界点分别为$C_1 = 6.84$,$C_2 = 7.19$,$C_3 = 7.78$,如图3-2所示。

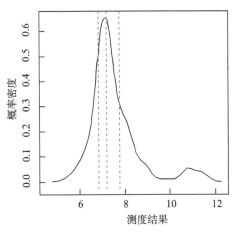

（a）产业转型升级效果（真实值）　（b）产业转型升级效果（拟合值）

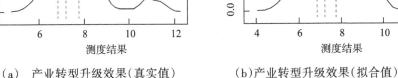

图3-2　正态分布的分位数拟合

基于上述分析,通过计算 C_1、C_2、C_3 的分位数值,可对京津冀产业转型升级效果进行分层,具体层次划分如表3-1所示。

表3-1中,在 I 类中,产业转型升级效果(ITUE)值在5.4163~6.8400范围内,表示京津冀产业转型升级效果低,记为LITUE;在 II 类中,INDU 测度值范围为 [6.8400,7.1941),意味着在阶段内产业升级效果具有一定的提升趋势,但仍处于较低的水平,称之为TITUE;在 III 类中,ITUE值范围为[7.1941,7.7751),该分类内各地的产业升级效果逐步向较层次演进,记为QITUE;IV 类中,测度值范围为 [7.7751,12.1544),该区间内产业转型升级效果较高,主要涉及北京等转型升级水平提升较高等地区,记为HITUE。

表3-1　京津冀产业转型升级效果的层次划分

分类	I	II	III	IV
区间	[5.4163,6.8400)	[6.8400,7.1941)	[7.1941,7.7751)	[7.7751,12.1544)
层级	LITUE	TITUE	QITUE	HITUE

3.2.2　产业转型升级效果的时空差异分析

1. 层次划分结果分析

基于3.2.1节分位点的确定及四个层次的划分,可以发现:京津冀区域整体产业转型升级效果呈现出波动提升的态势,而各城市的产业转型升级效果在时空双重维度上均存在显著的层次差异。

就具体城市而言,层次划分层面,张家口、邯郸等河北省内部分地市在样本期初(2004年起)的产业转型升级效果测度值位于第I层次内,根据第2章测度结果,该阶段各城市产业发展以第一产业、第二产业为主导产业,且产业内部升级质量不高,向第三产业转型的动力不足。而北京作为京津冀核心城市,产业转型升级效果整体较高,样本期间内其测度值均位于第IV区间内,表明在京津冀区域协同发展进程中,以北京引领辐射津冀各地产业协同高质量发展是区域产业有序高效转型升级的重要途径。此外,天津、石家庄等地区在样本期末,特别是区域协同发展战略有效实施以来,产业转型升级效果显著提升,其测度结果同样位于第Ⅳ区间内。

演进差异层面,各城市呈现出异质性的变动特征,但在2014年后具有一定的趋同的演变规律。趋同演变规律方面,主要体现在2014年京津冀区域协同发展战略正式提出后,各城市产业转型升级效果表现为显著的提升趋势,特别是津冀增幅较大;与此同时,随着协同战略的优化布局,产业发展多点突破、协同成果丰硕,在2017年后天津、石家庄、邯郸三地的产业升级效果测度值均迈入第Ⅳ层次,提升显著。异质性变动方面,北京产业转型升级效果测度值均位于第Ⅳ区间,且在2010后,产业结构有序向高层次演变,高技术研发、高端服务业等新业态不断创新,推动产业高质高效发展,产业转型升级效果稳步提升,是京津冀区域产业转型升级的核心城市。

与北京相比,天津产业转型升级效果较低,表现为由第Ⅱ、Ⅲ层次逐步向第Ⅳ层次变动的特征;石家庄呈现出波动的演进态势,在2014年之前均有阶段性的下降趋势。主要原因在于:该时期内,河北省内各城市的产业结构中,低效率的工业占较大比重,在一定程度上抑制了产业转型升级效果的提升,在2014年后,京津冀区域整体在产业层面,着力增强了系统性、协同性的改革,依托产业转移与承接,产业结构和质量等多重维度不断提升,产业转型升级效果得到有效提升。

3.2.3　产业转型升级的经济协调效果评价

自京津冀协同发展战略提出之后,京津冀经济形势稳中向好,北京地区生产总值由2014年21330.83亿元增至2020年35943.30亿元,增幅65%以上,天津和河北地区生产总值同样增长显著。这一定程度上反映出,近年来,京津冀地区的经济增长表现强劲,协同发展逐步纵深推进。产业转型升级作为京津冀协同发展的核心领域与重要内容之一,是推动区域新旧动能变革、实现经济高质量转型进程的重要途径❶,其效果能够在一定程度上折射出经济增长的强劲动力。

---

❶ HORI T, MIZUTANI N, UCHION T. Endogenous Structural Change, Aggregate Balanced Growth, and Optimality[J]. Economic Theory, 2018, 65(1):1-29;邓慧慧,杨露鑫,潘雪婷.高铁开通能否助力产业结构升级:事实与机制[J].财经研究,2020,(6):34-48.

本章3.2.2的评价结果表明,在2014年后,京津冀三省市及地级市产业转型升级效果表现出显著的提升态势,折射出来区域协同发展战略有序构建的显著成果。多层次厘清产业转型升级与经济发展在时空演进上是否匹配,是有效链接"区域—经济—产业"融合发展的重要内容,也是协同联动发展的关键。[1]基于此,本节进一步对两者的协调匹配规律进行系统、有效的评估。

1. 协调性评价方法的构建

现有相关研究中关于变量间关系的研究多使用相关关系指数、空间相关性模型进行探讨[2],旨在表征变量间的相互作用机制,但不能有效刻画产业转型升级与经济发展在时空上协同发展规律。基于此,本节使用"梯形面积法"的基尼系数作为度量方法,测算京津冀各城市产业转型升级与经济发展的耦合匹配关系,阐释两者间协调发展规律,具体测算方法如式(3-2):

$$
\begin{cases}
SGC_{wv} = 1 - \sum_{j=1}^{m}\left(x_j - x_{j-1}\right)\left(z_j + z_{j-1} - 1\right) \\
x_j = x_{j-1} + \dfrac{w_j}{\sum_{j=1}^{m} w_j} \\
z_j = z_{j-1} + \dfrac{v_j}{\sum_{j=1}^{m} v_j}
\end{cases}
\tag{3-2}
$$

式(3-2)中,x_j和z_j分别表示产业转型升级效果与地区经济发展水平的累积百分比,w_j、v_j表示j城市或区域产业转型升级效果的测度值与地区经济发展水平,本节使用人均地区生产总值衡量各地区的经济发展水平[3],m为研究地市的个数,当$j=1$时,x_{j-1}、y_{j-1}可视为$(0,0)$。

---

[1] 刘强,陆小莉,徐生霞. 城市群视角下产业集聚的空间异质性研究[J]. 数理统计与管理,2020(06):1073-1086.

[2] CHEN C F,SUN Y W,QING X L,et al. Impacts of industrial agglomeration on pollution and ecological efficiency-A spatial econometric analysis based on a big panel dataset of China's 259 cities[J]. Journal of Cleaner Production,2020(2):123-132.

[3] 刘运转,宋宇. 不同经济发展水平下城乡劳动力市场扭曲与人力资本积累[J]. 软科学,2018,32(12):11-14.

根据基尼系数与耦合度的相关关系[1]，SGC_j 取值为 0，表示研究区域内产业转型升级与经济发展匹配度最高，为"完全协调"的状态；在 0~0.2 表示"高度协调"；0.2~0.3 表示"相对协调"；0.3~0.4 表示"比较协调"；0.4~0.6 表示"相对不协调"，0.6 以上表示"高度不协调"[2]。

2. 协调性测度结果分析

本节基于式（3-2），从时间维度上，探讨了京津冀区域产业转型升级与经济发展的耦合匹配度的演进特征，进一步分析了两者在区域协同发展进程中的协调性。图 3-3 展示了协调度曲线在时间维度上的演进特征。总体来看，采用"梯形面积法"测算的基尼系数值均在 0~0.5，即根据耦合匹配度的区分层次。除 2005 年与 2006 年外，其他年份均处于相对协调与高度协调的范围内，且协调性曲线呈现波动性递减的变动，即呈现出由相对不协调逐渐转向协调的演化态势，这表明随着产业转型升级的有序推进，与经济发展的协调性逐步提升，对于京津冀区域协同发展进程的推动效应具有一定的匹配性。

具体时间维度上，首先，在 2008 年前，京津冀产业转型升级效果与经济发展的耦合匹配值大于 0.2，且 2005 年与 2006 年匹配值大于 0.4，呈现相对不协调的特征，该阶段整体处于由相对不匹配向相对匹配的变动区间内，但尚未达到高度协调的状态，这主要与该时期内京津冀内产业转型升级效果较低息息相关。其次，2009—2012 年，产业转型升级与经济发展的耦合匹配度呈现波动演进的特征。此外，自 2013 年起，特别是 2015 年京津冀协同发展战略正式实施后，产业转型升级与经济发展的匹配协调度逐年增加，且变动趋势显著，这也进一步反映了京津冀产业转型效果的有效提升，并且以结构优化调整和产业内部质量为双重核心维度，更加符合区域经济发展的客观要求。

---

[1] 当基尼系数取 0，完全匹配；0~0.2，高度匹配；0.2~0.3，相对匹配；0.3~0.4，比较匹配；0.4~0.6，相对不匹配；0.6 以上，高度不匹配。熊鹰，孙维筠，汪敏，彭志龙，崔珍珍. 长株潭城市群水资源与经济发展要素的时空匹配[J]. 经济地理，2019(1):96-102.

[2] 韩雁，贾绍凤，鲁春霞，吕爱锋. 水资源与社会经济发展要素时空匹配特征——以张家口为例[J]. 自然资源学报，2020,35(6):1392-1401.

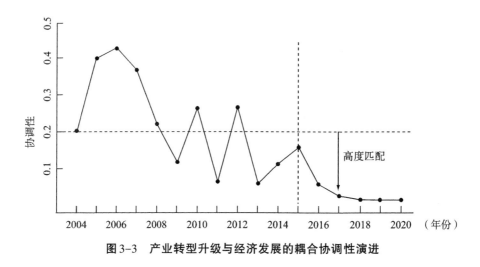

图3-3　产业转型升级与经济发展的耦合协调性演进

　　究其原因,2008年之前,京津冀区域内,尤其是河北省多个地级市,产业结构以重化工业等为主,各地产业融合协同性较低;与此同时,三次产业及产业内部细分行业发展质量相对滞后,导致产业转型升级效果整体较低、协同发展进程缓慢,与区域经济发展的耦合匹配度较低。在2014年之后,《京津冀协同发展规划纲要》科学谋划了区域经济及产业协同发展的蓝图,对产业转型升级明确了更加清晰的战略目标和要求,在区域及地市多层面、多视角上,优化调整生产力布局、创新产业共享机制及合作模式,有序推动产业融合与产业层次化发展,产业逐步向高层次、高质量方向转型升级,更加符合京津冀经济发展新模式的要求。这也进一步反映了在京津冀协同发展进程中,产业转型升级在激发市场活力、增强经济发展新动能中的重要性。因此,在加快京津区域经济增长的同时,应重视产业及行业间转型升级及协同发展的核心推动作用,加强产业转型升级与经济发展融合性与协调性,形成多向互济、内外联动的合作格局,是促进各地区产业链优势互补、经济高质量发展的有效途径,也是协同进程中把握好"联动"与"疏解"的关键。

3.3　产业转型升级联动辐射效果评价

　　以城市群为空间单元的产业联动发展是推动区域内及板块间协调融合发展

的重要支撑和核心途径。党的二十大报告中也明确强调了以城市群为依托构建协调发展格局。而以产业转型升级助推区域内和区域间产业联动发展，增强辐射效应，是提升要素流动效率的重要着力点，在优化资源配置和培育区域经济增长新引擎等方面具有不可忽视的作用。此外，随着信息技术的革新发展与生产要素市场化的不断深入，地区间以产业转型升级推动产业联动发展逐渐成为产业价值链提升的关键内容。❶厚植与巩固既有优势，构建产业联动发展格局，对于区域协调一体化进程具有重要推动作用，这也是中国各地区乃至国际上优化创新体系、推动经济高水平深层次融合发展的核心目标之一。

当前，我国各区域产业转型升级在区域内呈现显著的协同效应，区域间表现为较强的辐射效率，但两者均存在显著的差异性。特别是，京津冀城市群，依托于协同发展战略的有效实施，以核心城市的产业转型升级辐射距离为半径，逐渐形成了有序分工合作、功能互补、联动密切的城市圈层互动关系。在京津冀区域协同发展战略的有效推动下，如何对区域内与区域间产业转型升级效果的空间联动辐射效应进行科学测度，并客观厘清辐射效应的时空差异性，是实现京津冀区域协同发展、建设世界级城市群的重要抓手，也是推动我国区域一体化进程、实现经济高质量发展的原动力，也是本节关注和研究的重点。

3.3.1　区域内联动效应分析

京津冀区域协同发展实施至今，作为核心目标之一的产业协同取得了一系列实质性进展。以三大都市圈❷为载体，资源要素有序流动，生产力结构布局持续优化，逐步推动产业向更高层次转型升级，地市间产业定位与分工日益清晰，不断实现产业及细分行业优势互补。把握好"联动"是突破"疏解"难题的关键。当前，京津冀产业转型升级效果显著提升，但却在时空双重维度上呈现出一定的层次差异。基于此，厘清京津冀各城市产业转型升级的联动效应，对于优化京产业布局，推动区域协同发展具有重要的战略意义。

❶ ZHOU M, WU G AND XU H L, Structure and Formation of Top Networks in International Trade 2001—2010[J]. Social Networks, 2016(44):9-21;姚星,蒲岳,吴钢,王博,王磊. 中国在"一带一路"沿线的产业融合程度及地位：行业比较、地区差异及关联因素[J]. 经济研究,2019,54(9):172-186.

❷ 首都都市圈、天津都市圈、石家庄都市圈。

1. 区域内产业转型升级联动效应评价方法的构建

近年来,关于产业间相关性及辐射效应的探讨,现有研究多基于空间距离约束或地理区位因素等,采用空间相关系数和引力模型等线性方法[1]进行分析,如Pearson积差相关系数[2]等方法,能够较为直观地表征变量间相关关系,但简单的线性关系无法充分捕捉产业联动的复杂性动态关系,且所得结果对于量化产业转型升级的联动及辐射效应存在一定的偏差。而Copula函数方法[3],将多维随机变量的联合分布函数通过使用多种边际分布函数有效连接,是一种能够较好处理及量化统计分析中随机变量复杂相依性关系的方法。在众多Coupla函数中Archimedean Copula函数能够较好地考虑到各种数据不同的相依性结构且函数形式简洁,其中Gumbel Copula函数能够较好地捕捉随机变量的相依性变化规律,能够有效分析随机变量间的非线性相关关系。

基于此,本节采用Gumbel Copula函数,测算京津冀区域内各城市产业转型升级效果的非线性相依关系,并基于两两城市间的相关系数矩阵,进一步测度分析各城市产业转型升级的联动效应及动态差异。将线性相关关系探讨扩展到非线性领域,使测度结果更具有适用性和全面性。本节旨在通过测度两两城市间非线性相依性,分析空间联系效应,选择二元Gumbel Copula函数对非线性关系进行刻画,其分布函数与密度函数分别为

$$C_G(u,v\,;a) = \exp\left\{\left[(-1\mathrm{n}u)^{\frac{1}{a}} + (-1\mathrm{n}v)^{\frac{1}{a}}\right]^a\right\} \tag{3-3}$$

$$C_G(u,v\,;a) = \frac{C_G(u,v\,;a)(1\mathrm{n}u \times 1\mathrm{n}v)^{\frac{1}{a}-1}}{uv\left[(-1\mathrm{n}u)^{\frac{1}{a}} + (-1\mathrm{n}v)^{\frac{1}{a}}\right]^{2-a}}\left\{\left[(-1\mathrm{n}u)^{\frac{1}{a}} + (-1\mathrm{n}v)^{\frac{1}{a}}\right]^a\right\} + \frac{1}{a} - 1$$

$$\tag{3-4}$$

---

[1] 盛广耀. 区域经济增长的多重关联效应及其实证检验[J]. 经济学家,2018(4):34-41;刘华军,贾文星. 中国区域经济增长的空间网络关联及收敛性检验[J]. 地理科学 2019,39(5):726-733.

[2] FISHER R A. Statistical Methods, Experimental Design and Scientific Inference[M]. New York:Oxford University Press,1990.

[3] SKLAR A. Fonctions de Répartition àn Dimensionset Leurs Marges[J]. Publications de l'Institut de Statistique de L'Université de Paris,1959(08):229-231.

式(3-4)中,u、v表示任意两两城市的 ITUE 指数,$a \in [0,1]$,为量化城市间非线性连接关系的待估参数。特别地,当 $a = 1$ 时,随机变量 u、v 独立,即 $C_G(u,v;1) = uv$;即城市间不存在相依性;当 $a \to 0$ 时,随机变量 u、v 趋于完全相关,意味着城市间产业转型升级关联性较强。其中 Coupla 函数上下尾部相关系数为

$$\begin{cases} \lambda_{up} = \lim_{x \to 1^-} P\left[V > F_V^{-1}(x) \middle| U > F_U^{-1}(x)\right] = \lim_{x \to 1^-} \dfrac{1 - 2x + C(x,x)}{x} \\ \lambda_{up} = \lim_{x \to 1^+} P\left[V < F_V^{-1}(x) \middle| U < F_U^{-1}(x)\right] = \lim_{x \to 1^+} \dfrac{C(x,x)}{x} \end{cases} \quad (3-5)$$

式(3-5)中,U 和 V 为随机变量,则进一步计算 Gumbel Copula 相应的上下尾部相关系数为:

$$\begin{cases} \lambda_{low}^G = 2 - 2^a \\ \lambda_{up}^G = 0 \end{cases} \quad (3-6)$$

另外,其生成元为:$\varphi = (-1nt)\dfrac{1}{a}$

在此基础上,若设 $(X,Y)^{\tau}$ 为 Gumbel Copula 函数 C 的一组连续随机变量,则表征变量(城市)间的非线性相依性的 kendall 系数 τ 定义为[1]

$$\tau(X,Y) = 4\int_0^1\int_0^1 C(u,v)\,\mathrm{d}C(u,v) - 1 = 4E\big(C(U,V)\big) - 1 \quad (3-7)$$

基于此,Gumbel Copula 函数的 kendall 系数 τ 与相应参数关系可以表示为 $\tau_G = 1 - a$,记变量之间的非线性相依关系矩阵为 τ,具体形式如下:

$$\tau = \begin{bmatrix} \tau_{11} & \tau_{12} & \tau_{13} & \cdots & \tau_{1p} \\ \tau_{21} & \tau_{22} & \tau_{23} & \cdots & \tau_{2p} \\ \tau_{31} & \tau_{32} & \tau_{33} & \cdots & \tau_{3p} \\ \vdots & \vdots & \vdots & \ddots & \vdots \\ \tau_{p1} & \tau_{p2} & \tau_{p3} & \cdots & \tau_{pp} \end{bmatrix}_{p \times p} \quad (3-8)$$

基于式(3-8)本节采用 Gumbel Copula 方法测算京津冀 13 地市产业转型升级效果的非线性相依性,其中 $\tau_{ij}(i = 1,2,\cdots,p;j = 1,2,\cdots,p)$ 表示某一城市产业转型升级效果与其他 $p - 1$ 各城市的相依关系,行元素求和所得数值则为该城市产业

---

[1] GENEST C, RIVEST L P. Statistical Inference Procedures for Bivariate archimedean copula.Journal of the American Statistical Association[J]. 1993,88(3):1034-1043.

转型升级效果与京津冀各城市非线性相依关系总和,用以表征京津冀区域内各城市产业转型升级的联动效应:

$$\text{SLE}_j = \tau_{j1} + \tau_{j2} + \cdots + \tau_{jp} \qquad (3-9)$$

其中SLE_j表示j城市产业转型升级的区域内空间联动效应,$j(j = 1,2,\cdots,p)$表示本节研究中所涉及的城市个数。

2. 产业转型升级效果的联动效应分析

根据上文中Gumbel Copula函数的分析,表3-2展示了京津冀13个城市产业转型升级的非线性相依关系测算结果,其中(1)至(13)列主对角线上相依系数为0,表示各城市与自身的非线性关系记为0。Gumbel Copula函数相依系数矩阵表明,京津冀区域内各地市产业转型存在一定非线性相依性,且存在显著的空间差异性,如北京与天津的非线性相依系数为0.65,而唐山与衡水的非线相依系数仅为0.03,该差异性反映了各地市间产业转型升级的相互影响效应存在显著的个体异质性。

具体地区差异方面,京津冀区位内各城市产业转型升级表现为以北京为核心的"多节点"非线性相依关系,且存在空间毗邻或区位距离相近地市间相依性较强的特征,呈现出双向连接、多城相依的空间格局。其中,北京作为京津冀区域的核心城市,与其他城市的Gumbel Copula函数非线性相依关系均较为显著,与天津的相依系数最大(0.65),其次是廊坊(0.58),形成了"北京—天津—廊坊"强劲"三角"引力结构,这与北京都市圈卫星城布局相契合,也进一步反映了产业转型升级在京津冀区域协同融合格局形成进程中的重要驱动作用。

同时,北京与保定和石家庄的相依系数分别为0.57和0.43,同样表现出较强的相依性,该两地区依托于区位优势与区域协同发展战略的有效布局实施,特别是京保石等交通干线的完善及雄安新区的建设,助推了技术等资源要素的轴向流动,有效加强了城市间产业转型升级的相依性。天津与北京构成的"双城"发展轴是京津冀区域协同联动发展格局的核心引擎,天津基于其交通运输业、先进制造业的优势,与其他12个城市同样存在一定的相依关系,除与北京外,与唐山、秦皇岛的Gumbel Copula函数非线性相依系数较大,分别为0.54和0.64,形成了与天津紧密相连的产业圈。

表3-2 京津冀产业转型升级的区域内联动效应

城市	Gumbel Copula 相依系数矩阵													联动效应
	(1)	(2)	(3)	(4)	(5)	(6)	(7)	(8)	(9)	(10)	(11)	(12)	(13)	(14)
	保定	北京	沧州	承德	邯郸	衡水	廊坊	秦皇岛	石家庄	唐山	天津	邢台	张家口	
保定	0.00	0.57	0.52	0.32	0.52	0.46	0.40	0.29	0.52	0.31	0.35	0.38	0.47	5.10
北京	0.57	0.00	0.42	0.45	0.39	0.31	0.58	0.40	0.43	0.37	0.65	0.36	0.33	5.26
沧州	0.52	0.42	0.00	0.30	0.31	0.41	0.49	0.27	0.38	0.46	0.41	0.36	0.44	4.77
承德	0.32	0.45	0.30	0.00	0.29	0.15	0.29	0.23	0.39	0.61	0.54	0.46	0.33	4.37
邯郸	0.52	0.39	0.31	0.29	0.03	0.03	0.38	0.45	0.42	0.36	0.37	0.47	0.40	4.40
衡水	0.46	0.31	0.41	0.15	0.03	0.00	0.36	0.31	0.47	0.03	0.25	0.19	0.25	3.22
廊坊	0.40	0.58	0.49	0.29	0.38	0.36	0.00	0.33	0.44	0.42	0.43	0.42	0.28	4.81
秦皇岛	0.29	0.40	0.27	0.23	0.45	0.31	0.33		0.39	0.28	0.30	0.34	0.36	3.96
石家庄	0.52	0.43	0.38	0.39	0.42	0.47	0.44	0.39	0.00	0.48	0.40	0.53	0.40	5.24
唐山	0.31	0.37	0.46	0.61	0.36	0.03	0.42	0.28	0.48	0.00	0.64	0.40	0.43	4.76
天津	0.35	0.65	0.41	0.54	0.37	0.25	0.43	0.30	0.40	0.64	0.00	0.41	0.37	5.14
邢台	0.38	0.36	0.36	0.46	0.47	0.19	0.42	0.34	0.53	0.40	0.41	0.00	0.40	4.70
张家口	0.47	0.33	0.44	0.33	0.40	0.25	0.28	0.36	0.40	0.43	0.37	0.40	0.00	4.44

结果来源：根据各统计年鉴2004—2020年面板数据整理计算。

然而，河北省内各市由于在产业转型升级方向、地理区位等方面存在差距，各城市间相依性的非均衡差异较为显著，如衡水与唐山、邯郸等市存在极弱的联系强度状态，而保定与其他市均呈现出较强的关联性，且与相邻的石家庄、沧州的非线性相依系数较大。主要原因在于：一方面，衡水与唐山等市不仅在空间距离上较远，交通密度较低，而且在产业结构上存在较大差异，衡水以农业及基础制造业为主导产业，而唐山等地逐渐表现为由采矿业等重工业向装备制造业方向转型升级，地区间产业基础和发展方向各异；另一方面，保定作为京保石轴线上的核心城市，且在雄安新区建设中具有优势地位，以轴率点、以点带面，有效联结了北京与空间距离较远的市，更是增强了邢台等地区的承接范围和效率，加强了沿线上城市间产业转型升级的相依关系，在产业协同发展中发挥中重要动力。

联动效应方面，表3-2中（14）列展示了根据行元素求和所得13市产业转升级效果与其他非线性相依关系总和,用以表征京津冀区域内各城市产业转型升级的联动效应。图3-4进一步对联动效应的空间差异特征进行了可视化展示,以射线上点的距离圆心的距离反映各地区联动性的分布状态,与圆心距离越大的点表示该地区联动性越强。总体上,京津冀区域内各城市均具有一定产业转型升级空间联动机制,且呈现出一定的"圈层"阶梯差异特征。

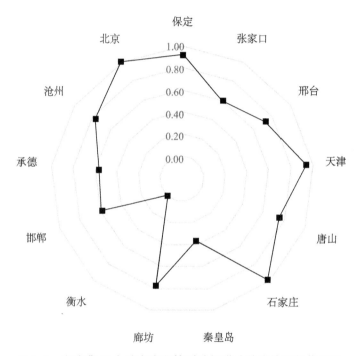

图3-4 京津冀13个城市产业转型升级联动效应的可视化展示

具体差异特征主要体现:第一,北京产业转型升级的联动效应最强,为5.26,其次为石家庄(测度值5.24)和天津(测度值为5.14)。密切的产业联系是区域协同发展有效推进的有力证明,也体现了与其他地市产业对接与承接效能的显著提升,这也与北京、天津、石家庄三大都市圈的战略定位相契合。[●]都市圈的规划既能够较好地缓解北京因过度集聚而带来社会问题及城市问题,也能够有效促进北京首都城市核心功能的提升及优势发挥,有利于增强对毗邻及外围地市的

● 肖金成,李博雅.京津冀协同:聚焦三大都市圈[J].前线,2020(8):59-65.

辐射带动效应,进一步通过产业承接等将产业链有序延伸到廊坊、保定、承德等地区共同发展。石家庄作为河北省会城市,基于区位及行政双重优势,依托综合完善的交通运输体系,与各城市的非线性相依关系均较强,形成了紧密联系的空间联动布局。

第二,廊坊和保定紧邻北京,且作为城市副中心或雄安新区发展轴线上的重要节点城市,联动效应显著强于河北其他市,分别为4.81和5.10,这进一步反映了加快技术、人才的资源的轴向流动,对于推动区域产业转型升级的联动辐射效应具有重要作用,此外两市在京津冀区域协同发展进程中,产业功能定位较为相似,且产业转型升级方向较为接近,高技术等产业承接及发展潜力较大,逐步成为京津冀高质量协同发展的核心地区。

第三,衡水和秦皇岛的产业转型升级联动效应较低,其测度值为3.22和3.96,与京津等联动效应强的地市差异显著,体现了京津冀区域内产业联动协同的非均衡性发展,两市仅与相邻及产业结构相似城市的相依性较强,对区域内其他市带动及承接动力不足。

综上所述,当前京津冀产业转型升级呈现较强的区域内联动辐射效应,但地市间仍存在一定的非线性相依关系差异特征,是导致各地存在联动辐射效应圈层异质性格局的核心因素。同时由于空间距离的差异,如邯郸距北京公路距离超400公里,距北部张家口约为700公里,也在一定程度上抑制了生产要素的流动与互联互通,削弱了地市的辐射联动强度。因此,完善地区间产业的合作联系机制,是增强产业联动辐射效应的关键。在协同发展战略的带动下,京津冀在技术、交通、产业等方面的良性互动稳步增强,一体化产业协调发展的空间布局有序推进。北京以数字化等高精尖产业研发为核心,天津是我国北方较大的综合性港口城市和经济中心,河北各城市装备制造业等新兴产业不断涌现。

基于此,各城市应依托于各自产业及区位优势,强化产业对接与创新驱动,通过加强相邻城市间的相关关系,增强与其他圈层城市的产业互融,如唐山应一方面加强与天津的港口物流业联系,另一方面推动对秦皇岛、承德等地的辐射,增强地市间产业的融合发展水平,加快创新示范区及开发区的建设布局,提升区域北部的产业转型升级协同联动水平。与此同时,邯郸、衡水、邢台等市应基于自身产业基础与资源优势,注重技术效率的提升,转变钢铁、纺织等传统行业的发展方式,增强优势产业的核心竞争力,并发展培育新材料、医药生物等高技术产业。此外,北京作为区域核心城市,应充分发挥的中心引力作用,通过疏解部分首都功能及产业转移,加强技术输出,增强对津冀各城市产业的对接,辐射带动区域产业协同发展。

3.3.2 跨区域辐射效应分析

跨区域产业协同联动是生产要素有效流动和配置、产业链实现空间纵向整合的核心内容,也是推动区域一体化进程的重要途径与内在要求。[1]本节以我国最具产业竞争力的城市群之一的长三角为例,进一步探讨了京津冀产业转型升级的跨区域辐射效应。

1. 跨区域辐射效应的测度方法

产业转型升级的跨区域联动效应要从"跨区域"和"联动"两个方面来把握,应内在表征区域间的产业升级的联动关系,外在有效地反映区域产业升级的差异性。考虑到社会网络分析(SNA)具有"网络连接"的特性,本节在已有研究的基础上[2],提出了一种基于SNA方法测度跨区域产业转型升级联动辐射效应的指标,具体计算如下:

$$w_t = \frac{\sum_{j=1}^{N} \text{Cind}_{ij}}{\sum_{i=1}^{N} \sum_{j=1}^{N} \text{Cind}_{ij}} = \frac{\sum_{j=1}^{N} k \dfrac{\text{ITUE}_i \times \text{ITUE}_j}{D_{ij}^b}}{\sum_{i=1}^{N} \sum_{j=1}^{N} k \dfrac{\text{ITUE}_i \times \text{ITUE}_j}{D_{ij}^b}}, \left(i,j = 1,2,\cdots,N\right) \quad (3-9)$$

式(3-9)中,w_i为基于产业转型升级的引力指数为基础测算的、用于表征城市i跨区域辐射效应强度,$\text{Cind}_{ij} = k \dfrac{\text{ITUE}_i \times \text{ITUE}_j}{D_{ij}^b}, \left(i,j = 1,2,\cdots,N\right)$是基于空间引力模型测度的城市$i$与$j$间产业转型升级联系度。

---

[1] 张志强,鲁达非. 前沿技术、吸收能力与中国区域产业的协同发展[J]. 经济理论与经济管理,2015(07):74-86.

[2] LIU Q, XU S X, LU X L. Imbalance measurement of regional economic quality development:evidence from China[J]. The Annals of Regional Science,2020,65(3):527-556.

特别地,当 $i = j$ 时,$\mathrm{Cind}_{ij} = 0$,即在本节研究中各城市与自身的联系强度记为 0;k 为空间引力系数,考虑到地区间联系强度的非对称性及方向性,使用 $\mathrm{gdp}_i/\left(\mathrm{gdp}_i + \mathrm{gdp}_j\right)$ 表示地区生产总值 GDP 的比重,D_{ij}^b 指第 i 个城市与第 j 个城市之间的距离,本节使用两地区路网密度之和表征,b 是距离参数,参照塔夫(Taaffe)的证明与结论,令 $b = 2$。

2. 跨区域辐射效应结果分析

基于对京津冀与长三角区域共 38 个[1]城市间跨区域 w_i 测算,以 2020 年为例,图 3-5 展示跨区域产业转型升级的辐射效应。图 3-5 中结果表明,京津冀与长三角各城市的辐射效应存在显著的区域差异性,即长三角表现为较强的产业转型升级联动能力,而京津冀整体辐射效应较弱。对于产业转型升级联系辐射较强的上海、南京、无锡、北京等城市,在跨区域联动发展中存在一定的"外部扩散性"效应,对于其他城市产业发展具有显著的引领带动作用。

显然,联动辐射效应较强的城市多集中于江苏省内,为长三角城市群重要地区,地处"一带一路"与长江经济流域交汇区域,均是近年来高技术、数字化等新兴产业迅速发展的城市,在经济环境、资源禀赋、技术创新等多方面成果显著,形成了大量的高技术产业集聚辐射园区,依托于便捷的交通物流与信息网络,有效促进了生产要素的交流与互通,是推动跨区域产业转型升级联动协同发展机制形成的重要增长极。此外,在 38 个城市中,上海表现出最显著的辐射效应,作为我国经济高质量发展的重要增长极,既为我国的经济、科技和金融中心,又是国际交流的核心地区,凭借其地理区位及资源优势,不断推动产业向更高级方向转型,并在推动跨区域产业联动发展格局中具有重要地位。

---

[1] 本节研究中涉及的 38 个城市依次为(按拼音首字母排列):保定、北京、沧州、常州、承德、邯郸、杭州、衡水、湖州、淮安、嘉兴、金华、廊坊、丽水、连云港、南京、南通、宁波、秦皇岛、衢州、上海、绍兴、石家庄、苏州、台州、泰州、唐山、天津、温州、无锡、苏州、宿迁、徐州、盐城、扬州、张家口、镇江、舟山。

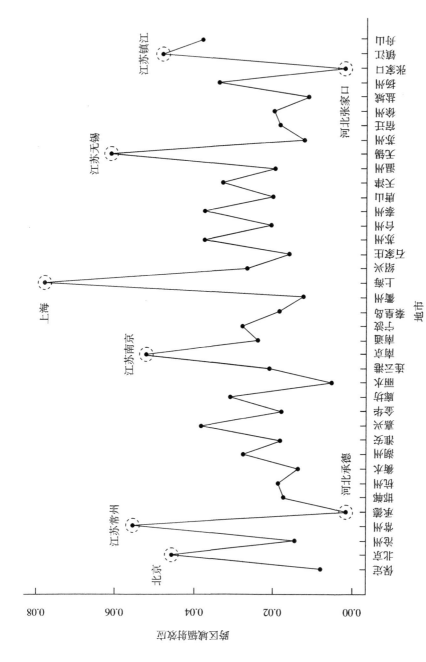

图3-5 京津冀与长三角38个城市跨区域产业转型升级辐射效应

对于京津冀城市群而言,仅北京表现出较强的跨区域辐射效应,表明在产业转型升级的进程中,北京存在显著的区域内联动、区域外辐射的多方位关联机制,即在带动引领京津冀各城市产业转型升级的同时,对跨区域长三角城市群内各城市均有一定的带动作用,这主要与其首都功能定位密切相关,对于区域协调一体化进程具有重要的推动力。然而,跨区域辐射效应最低的两个城市均位于京津冀区域,分别为承德和张家口,这两地区在前文分析中,同样呈现较低的区域内联动效应。主要原因在于:首先,在地理区位方面,均位于京津冀区域的北部,空间距离及运输成本等因素在一定程度上制约了跨区域对长三角及其他地区的辐射效应;其次,在产业转型升级方面,该两地产业转型升级效果提升水平低于北京等地区,仍处于自身结构优化调整及质量提升阶段,且技术等资源有限,在联动辐射效应层面,多依托于北京等城市产业转移及承接推动区域产业协同发展,尚未形成显著的对外辐射作用机制。

因此,对于京津冀地区各城市,应在区域协同发展国家战略中,不断探索产业转型升级联动提升的优势和路径,加快调整各城市的产业结构和布局,增强产业对接与衔接,并以此为契机,加快产业向区域外的延伸。同时,在以信息、数字媒介为载体,加强区域内与区域间资源互通共享,推动产业链、人才链、创新链的有效联结,搭建区域间的"产联体",推动产业的区域内联动及跨区域协同发展的纵深发展。

3.5　本章小结

本章根据京津冀产业转型升级效果的测度结果,在探讨了测度值分布特征的基础上,首先,利用数据分布模拟分位数及分位点,给出了产业转型升级效果的 4 个阶段,对京津冀产业转型升级效果的层次差异及演进特征进行了评价。其次,使用"梯形面积法"的基尼相关系数作为度量方法,测算京津冀各市产业转型升级与经济发展的协调耦合性。此外,基于二元 Gumbel Copula 函数,构建了产业转型升级效果的区域内联动效应的测度方法,考量了京津冀区域内城市间产业转型升级效果的非线性相依关系及联动机制,并以长三角城市群 25 个城市为研究范畴,进一步引入社会网络分析方法,对京津冀产业转型升级的跨区域辐射效应进行了探讨,多视角评价了产业转型升级的联动效应及动态差异特征。

研究发现:(1)演进差异特征方面,样本期间内,京津冀区域各市的产业转型升级效果在时空双重维度上均存在显著的层次差异,其中北京的产业转型升级效果较好,测度值均位于第IV区间内,天津表现为由第二、第三层次逐步向第四层次的变动特征,河北省内各城市呈现出显著的异质性演进态势,如石家庄等市的产业升级效果测度值自2017年起迈入第四层次,提升显著,而衡水产业转型升级效果在2019年达到第四阶段水平。

(2)辐射效果方面,区域内,京津冀区域内各市产业转型升级存在一定非线性相依性,表现为以北京为核心的"多节点"联结关系,呈现出双向连接、多城相依的空间格局;辐射效应具有一定的"圈层"阶梯差异特征,三大都市圈的产业联动效应最强,而衡水的联动强度最低,体现了京津冀区域内产业联动协同的非均衡性。跨区域层面上,京津冀表现为较弱的辐射效应,而长三角城市群,特别是上海及江苏省内城市的辐射效应显著强于京津冀地区。

(3)与经济发展协调性方面,京津冀产业转型升级与经济发展呈现出由相对不协调逐渐转向协调的演化态势,2008年前,京津冀产业转型升级效果与经济发展的耦合匹配值大于0.2,处于相对不协调的阶段,2015年京津冀协同发展战略正式实施后,产业转型升级与经济发展的匹配协调度逐年提升,且变动趋势显著,这进一步反映出在区域协同发展背景下,产业转型升级在推动经济发展进程中的重要性。

根据上述研究结论发现,产业转型升级效果与联动效应的双重提升,均是京津冀产业发展的重要环节,鉴于此,本节提出如下政策建议:

第一,重视产业转型升级的层次差异性。明确各地产业转型升级的方向及发展战略方针,以区域为核心,城市为节点、行业为支点,认清各地的产业发展差距;充分发挥协同发展的战略机制,以摆脱低质低效的发展模式为突破口,在持续提升传统行业发展质量的基础上,打造具有地域优势的专业化、特色化、现代化产业体系,逐步推动各城市产业向高层次演进,有序缩小城市间差距。

第二,增强产业转型升级的联动辐射效应。一方面,加强区域内的联动关系,北京以科技创新为产业转型升级联动的核心引擎,推动科技成果转化效率落地,并以"疏"字当头,持续与其他城市深化产业对接协作,天津和河北各城市以加快建设生态城、产城融合示范区为支撑,吸纳人才、技术等资源要素的流入,加强与先进城市的联系,同时以数字驱动为新引擎,促进产业数字化和数字化产业建设,加强前沿技术与产业转型升级的有机融合,打造经济增长与区域协同发展的新动能。另一方面,完善跨区域联动辐射提升的长效机制,在注重城市间产业发展差距及基础上,同时应兼顾对跨区域产业转型升级辐射层面的重视,强化区域间交流互通,特别是天津作为京津冀区域"双核"之一,应充分发挥其衔接及物流功能,构建全方位合作的大通道,在吸纳长三角等发达地区先进行业及经验基础上,加强区域行业优势互补,加快协调建设发展的步伐,充分发挥跨区域联动辐射效应。

第4章　京津冀产业转型升级的经济影响效应

在纵深推进京津冀协同发展的进程中,加快产业转型升级与协同,既是新时代区域经济高质量发展的重要环节,也是提升区域协同战略中强化城市联动潜力的关键。基于此,本章以京津冀区域协同发展为研究背景,提出了经济增长质量和城市经济空间联动潜力的测度方法,通过引入面板平滑转换模型(PSTR)和非参数模型,并以转型升级的"质量"和"速度"为切入点,多层面探讨了京津冀产业转型升级的经济影响效应。

4.1　本章概述

京津冀城市群作为我国新时代背景下经济高质量发展及提升国际竞争力的重要增长极。十九届五中全会中指出,新时代下,统筹推进经济高质量发展的核心是切实转变发展模式,而产业基础高级化、产业链水平提高是优化经济结构的关键。党的二十大报告中指出,高质量发展是全面建设社会主义现代化国家的首要任务。实施产业基础再造工程和重大技术装备攻关工程,支持专精特新企业发展,推动制造业高端化、智能化、绿色化发展。进一步突显了产业转型升级在提升经济增长质量中的重要支撑作用,也是提升现代化治理体系和治理能力的重要着力点。[1]与此同时,以"一核、双城、三轴、四区、多节点"为主体框架京津冀城市群,稳步推进以轴带点、以点连面的空间联动布局优化,城市群体系正由层次化逐步走向网络化,形成了联系密切、协作对接的网络体系[2],也是当前京津冀区域整体及各市全面实现深化改革和协同发展的重要环节。

纵观现有研究,产业转型升级与经济发展间关系的探讨近年来逐步成为学

———————————

[1] 朱紫雯,徐梦雨.中国经济结构变迁与高质量发展——首届中国发展经济学学者论坛综述[J].经济研究,2019,54(3):194-198.

[2] 姚常成,吴康.多中心空间结构促进了城市群协调发展吗?——基于形态与知识多中心视角的再审视[J].经济地理,2020,40(3):63-74.

界关注的重点,研究者从不同视角验证了产业转型升级在经济发展进程中的重要作用。[1]就经济增长质量的测度方法,现有研究从单维度到多维度进行了大量研究,从经济效率[2]、创新驱动[3]等层面进行了测度,有效地刻画了经济增长质量的演进特征;也有不少学者基于"创新、协调、绿色、开放、共享"新发展理念视角构建经济增长质量的评价体系,系统表征了新时代下经济高质量发展的客观要求。[4]然而随着数字经济的有序深化及持续渗透,数字技术红利大规模释放,新发展方向不断形成,数字经济逐步成为优化经济结构和提升经济增长质量的新引擎和重要内容[5],鲜有研究综合考虑纳入数字化发展维度对经济增长质量进行系统评价。因此,本章以新发展理念为基础,引入数字经济赋能维度,对京津冀区域经济增长质量的演变进行刻画。

与此同时,随着京津冀区域一体化进程的不断深入,城市间经济发展也逐步形成了多中心、多方向的空间引力效应,这既是京津冀城市群协同发展的基础,也是中国优化区域协调发展体系、推动经济高水平深层次融合发展的核心目标之一。[6]自美国地理学家乌尔曼首次提出空间交互作用理论至今,学者们从不同视角对国内外城市体系的经济空间结构特征进行了考察,探讨了城市间空间联

---

[1] TIMMER P M, SZIRMAI A. Productivity Growth in Asian Manufacturing: the Structural Bonus Hypothesis Examined[J]. Structural Change and Economic Dynamics, 2000, (11): 371-392; 范庆泉, 储成君, 高佳宁. 环境规制、产业结构升级对经济高质量发展的影响[J]. 中国人口·资源与环境, 2020, (6): 84-94.

[2] MEI L, CHEN Z. The Convergence Analysis of Regional Growth Difference in China: The Perspectiva of the Quality of Economic Growth[J]. Journal of Service Science and Management, 2016(9): 453-476.

[3] 方慧, 封起扬帆, 周亚如. 生产要素国际流动与经济增长质量: 基于社会资源禀赋的调节效应[J]. 世界经济研究, 2020, (7): 17-32, 135.

[4] 刘亚雪, 田成诗, 程立燕. 世界经济高质量发展水平的测度及比较[J]. 经济学家, 2020(5): 69-78.

[5] 焦勇. 数字经济赋能制造业转型: 从价值重塑到价值创造[J]. 经济学家, 2020(6): 87-94.

[6] TIAN Y, SUN C W. A spatial differentiation study on comprehensive carrying capacity of the urban agglomeration in the Yangtze River Economic Belt[J]. Regional Science and Urban Economics, 2018, 68(1): 11-22; 郑玉雯, 薛伟贤. 丝绸之路经济带沿线国家协同发展的驱动因素——基于哈肯模型的分阶段研究[J]. 中国软科学, 2019(2): 78-92; SHI T, YANG S Y, ZHANG W, et al. Coupling coordination degree measurement and spatiotemporal heterogeneity between economic development and ecological environment—Empirical evidence from tropical and subtropical regions of China[J]. Journal of Cleaner Production, 2020: (4).

动结构在区域一体化进程中核心动力作用。❶

综合来看,现有研究关于城市经济空间联动格局的表征方法主要集中于以下两类:一是空间关性指数法❷,该类方法在一定程度上能够较好地揭示地区间的关联性特征,但多为依赖于单一经济要素进行的探究,且未考虑空间节点的地理属性,难以全面、系统地对城市空间联动效应进行测度;二是空间引力模型❸,既能有效反映经济要素在区域内不同城市之间的动态流动所产生的空间上的网络联结关系及引力强度。但是,模型中地理距离的测度方面,多数研究使用"静态距离"进行衡量,如地区间地理距离、经济地理距离❹等,忽略了交通一体化发展规模和速度等"动态距离"在空间引力关系中的重要作用,难以全面表征城市间时空距离的演变趋势。也有部分研究基于铁路的迅速发展,使用最短通行时间刻画空间距离的演变❺,但该方法多适用于对省际间或空间范围较大地区的研究,而京津冀区域内部分城市间至今尚未开通高铁,仅根据时间距离进行分析,

❶ ZHANGN W, DERUDDER B, WANG J, et al. Regionalization in the Yangtze River Delta, China, from the perspective of intercity daily mobility [J]. Regional Studies, 2018, 52(4): 528-541; LI X F, SUN M H, BOERSMA K. Policy spillover and regional linkage characteristics of the real estate market in China's urban agglomerations[J]. Journal of Management Science and Engineering, 2019, 4(9): 189-210;唐锦玥,张维阳,王逸飞. 长三角城际日常人口移动网络的格局与影响机制[J]. 地理研究, 2020, 39(5): 1166-1181;王必达,苏婧. 要素自由流动能实现区域协调发展吗——基于"协调性集聚"的理论假说与实证检验[J]. 财贸经济, 2020, 41(4): 129-143.

❷ 刘瑞翔,颜银根,范金. 全球空间关联视角下的中国经济增长[J]. 经济研究, 2017, 52(5): 89-102;周慧玲,王甫园. 基于修正引力模型的中国省际旅游者流空间网络结构特征[J]. 地理研究, 2020, 39(3): 669- 681.

❸ THOMPSON C A, SAXBERG K, LEGGAD J, et al,. A cumulative gravity model for inter-urban spatial interaction at different scales[J]. Journal of Transport Geography, 2019, 79(6): 102-114;黄志华,何毅. 基于引力模型的中国与34个"一带一路"沿线国家的本地市场效应研究[J]. 中国软科学, 2020(3): 100-109;张曦,郭淑芬. 中国工业技术创新效率空间关联及其影响因素[J]. 科学学研究, 2020, 38(3): 525-535.

❹ 王俊,夏杰长. 中国省域旅游经济空间网络结构及其影响因素研究——基于QAP方法的考察[J]. 旅游学刊, 2018, 33(9): 13-25.

❺ 丁如曦,倪鹏飞. 中国经济空间的新格局:基于城市房地产视角[J]. 中国工业经济, 2017(5): 94-112;CHATNOZ P, LELARGE C, TREVIEN C. Communication Costs and the Internal Organisation of Multi-Plant Businesses: Evidence from the Impact of the French High-Speed Rail[J]. The Economic Journal, 2018, 128(10): 949-994.

仍无法客观地对基于京津冀区域设定的空间引力模型中的距离指标进行有效测度。

此外,产业转型升级与城市间经济增长质量及空间联动发展的影响机制,既不是单一的线性作用,同时也存在显著的空间异质性特征。就研究方法方面而言,多基于线性建模进行考量,尚未考虑变量间的空间异质性分布特征及非线性传导机制,研究结论有待商榷❶,更不能有效研判其影响效应的真实机理与作用路径。

对比已有研究,本章的主要有以下三点贡献:一是研究视角方面,从经济增长质量和经济空间联动双重视角,考量了产业转型升级对经济发展的影响效应;二是研究方法方面,基于新发展理念和数字经济发展构建了京津冀经济增长质量的评价体系;并从动态距离和引力要素两个层面改进了城市空间引力模型,且综合考虑联动作用的方向性和非对称性特征,提出了测度京津冀城市空间联动发展潜力的测度方法;三是研究内容方面,引入面板平滑转换模型(PSTR)和非参数模型,深入剖析了产业转型升级对经济增长质量和空间联动潜力的非线性作用机制。此外,本章还立足"经济增长数量"和"转型升级速度"层面,进一步多视角地探讨了产业转型升级对经济影响效应及作用机制的异质性特征。

4.2　产业转型升级的经济增长质量影响效应

当前,我国经济发展已逐步迈入新时代,推动经济增长质量提升,既是保持经济可持续发展、巩固壮大经济根基的必要途径,也是统筹推进深化改革战略布局的必然要求。❷党的二十大报告中明确指出,实现高质量发展是中国式现代化的本质要求,我们要坚持推动经济实现质的有效提升和量的合理增长。这也是"十四五"时期经济社会发展的核心目标和总体布局之一。京津冀作为具有国际竞争力的核心经济圈,逐步成为我国区域一体化发展的重要载体,其经济增长质量的提升,对于更高水平现代化经济体系的建设具有重要意义。因此,本章以经

❶ 田雅娟,刘强,冯亮. 中国居民家庭的主观贫困感受研究[J]. 统计研究,2019,36(1):92-103.

❷ 郎丽华,周明生. 迈向高质量发展与国家治理现代化——第十二届中国经济增长与周期高峰论坛综述[J]. 经济研究,2018,53(9):204-208.

济增长质量为研究切入点,探究产业转型升级的经济影响效应,更加符合新时代背景下对区域经济高质高效发展的客观要求。此外,本节还以经济增长"数量"的影响效应作为对比分析,进一步考量产业转型升级效果提升在京津冀经济发展中的作用机理。

4.2.1　京津冀经济增长质量的测算分析

1. 京津冀经济增长质量指标体系的构建

基于现有研究,本节在梳理经济增长质量测度体系及内涵的基础上,立足新发展理念——"创新、协调、绿色、开放、共享",综合考虑了数字经济的发展趋势及对京津冀经济增长质量的驱动效应,从增长模式转型、数字经济赋能、绿色生态建设、协调开放发展、经济成果共享5大维度构建京津冀经济增长质量的评价指标体系,并进而分解为11个指标。

由于各维度下各具体指标的数值差距较大及单位无法统一,因此无法直接对数据进行计算和分析,为保证测度结果的合理性及可靠性,需要对原始指标结果进行标准化处理,计算公式为:

正向指标为

$$\tilde{X}_{jk} = \frac{X_{ij} - \min\left(X_{jk}\right)}{\max\left(X_{ij}\right) - \min\left(X_{jk}\right)} \tag{4-1}$$

负向指标为

$$\tilde{X}_{jk} = \frac{\max\left(X_{jk}\right) - X_{ij}}{\max\left(X_{ij}\right) - \min\left(X_{jk}\right)} \tag{4-2}$$

式(4-1)和式(4-2)中,j表示省份,k表示第k个指标,$\tilde{X}_{jk}$代表标准化后的指标数值,X_{jk}代表原始指标数值,$\max\left(X_{jk}\right)$和$\min\left(X_{jk}\right)$指标数值分别指X_{jk}的最大值和最小值。将指标数值标准化可有效消除各项指标量纲上的不一致,并将各指标数值区间控制在$[0,1]$。

首先,综合考虑到各维度层下具体指标,在实际刻画不同维度时作用系数所表现的影响力大小不具有显著性差异,因此本节选择可操作、计算简单、结果客观的等权重赋权方法。

其次,维度层使用以信息熵为基础计算的较为客观的赋权方法——熵权法,确定权重。

第一步:计算维度层 m 下第 k 个指标值的比重 p_{mk}:

$$p_{mk} = \tilde{X}_{jk} \bigg/ \sum_{k=1}^{n_k} \tilde{X}_{jk} \tag{4-3}$$

第二步:计算维度层 m 的信息熵 e_m:

$$e_m = -q \times \sum_{m=1}^{n_m} p_{mk} \cdot \ln p_{mk}, \text{其中 } q = 1/\ln n_m \tag{4-4}$$

第三步:计算各维度层的熵权 w_m:

$$w_m = \left(1 - e_m\right) \bigg/ \sum_{m=1}^{n_m} \left(1 - e_m\right) \tag{4-5}$$

最后,根据各维度层的权重计算,表4-1列了表征京津冀各地区经济增长质量的指标体系,用以综合刻画京津冀各城市经济增长质量。

表4-1 经济增长质量指标测算说明

维度层	权重	指标层	指标计算方法	方向
增长模式转型	0.244	要素效率	劳动生产率:地区生产总值/从业人员数量	+
		创新激励	创新产出水平:专利申请授权量	+
数字经济赋能	0.189	互联网发展	互联网用户数占比	+
		信息化基础	电信业务总量/地区生产总值	+
绿色生态建设	0.181	污染减排	单位GDP工业三废排放量	−
		绿化环保	人均绿地面积	+
协调开放发展	0.238	城乡协调	城乡差距:城乡居民人均消费水平比	−
		对外开放	外贸依存度:实际利用外商投资/地区生产总值	+
经济成果共享	0.148	文化建设	人均公共图书馆藏量	+
		医疗公服	万人医疗机构床位数	+
		教育水平	普通高中以上学历人数占比	+

资料来源:使用京津冀相关年份面板数据整理计算。

由维度层权重的计算结果可以看出,在整个指标评价体系中,增长模式转型的权重最大(0.244),协调开放发展第二(0.238),表明该两个维度为京津冀经济增长质量提升的核心。同时,该测算结果与现阶段京津冀区域发展的重点与目标较为一致。增长模式的转型及协调开放为区域经济质量提升的基础,对于明确发展方向、构建新发展格局具有重要推动作用。各地应立足经济结空间布局,切实转型发展模式,注重要素效率和创新激励的双重驱动机制,推动动力变革、效率变革、质量变革,并坚持深化协调开放发展。数字经济赋能和绿色生态建设的权重较为接近,分别为0.189和0.181,经济成果共享的权重为0.148,均为经济增长质量提升的重要维度,符合京津冀协同发展及五大新理念背景下对区域经济高质量发展的客观要求和战略布局。

2. 京津冀经济增长质量的测度结果分析

基于增长模式转型、数字经济赋能、绿色生态建设、协调开放发展、经济成果共享5个维度的刻画,表4-2综合展示了京津冀各市经济增长质量的测度值。从测算结果上看,整体上,2004—2020京津冀13个城市经济增长质量显著提升,但存在一定的地区差异特征,呈现出"北京领先、津冀分化"的非均衡性格局。

表4-2　京津冀经济增长质量的时空演变态势

年份	保定	北京	沧州	承德	邯郸	衡水	廊坊	秦皇岛	石家庄	唐山	天津	邢台	张家口
2004	0.213	0.470	0.205	0.164	0.262	0.215	0.216	0.277	0.266	0.274	0.391	0.233	0.222
2005	0.218	0.476	0.156	0.207	0.251	0.227	0.216	0.285	0.279	0.283	0.394	0.209	0.230
2006	0.223	0.495	0.166	0.213	0.254	0.216	0.251	0.292	0.292	0.294	0.386	0.209	0.229
2007	0.238	0.516	0.182	0.228	0.265	0.231	0.265	0.301	0.312	0.312	0.437	0.210	0.254
2008	0.256	0.535	0.197	0.252	0.280	0.230	0.272	0.317	0.315	0.324	0.467	0.214	0.262
2009	0.213	0.559	0.201	0.264	0.290	0.240	0.278	0.328	0.304	0.339	0.486	0.226	0.258
2010	0.264	0.587	0.237	0.272	0.299	0.253	0.292	0.342	0.333	0.350	0.467	0.229	0.276
2011	0.274	0.55	0.224	0.292	0.308	0.268	0.299	0.349	0.343	0.356	0.455	0.241	0.285
2012	0.214	0.575	0.226	0.304	0.315	0.213	0.306	0.352	0.345	0.364	0.474	0.248	0.284
2013	0.276	0.603	0.242	0.302	0.312	0.306	0.292	0.373	0.359	0.394	0.490	0.257	0.303
2014	0.282	0.630	0.255	0.304	0.317	0.295	0.319	0.420	0.372	0.382	0.559	0.261	0.308

续表

年份	保定	北京	沧州	承德	邯郸	衡水	廊坊	秦皇岛	石家庄	唐山	天津	邢台	张家口
2015	0.308	0.659	0.274	0.300	0.317	0.291	0.320	0.360	0.365	0.378	0.601	0.259	0.316
2016	0.321	0.718	0.285	0.310	0.343	0.308	0.327	0.376	0.383	0.375	0.575	0.280	0.333
2017	0.338	0.729	0.298	0.311	0.345	0.325	0.339	0.379	0.391	0.392	0.586	0.303	0.337
2018	0.360	0.757	0.329	0.312	0.351	0.347	0.350	0.381	0.400	0.415	0.618	0.342	0.343
2019	0.381	0.777	0.354	0.313	0.355	0.369	0.369	0.384	0.384	0.409	0.437	0.641	0.378
2020	0.396	0.801	0.367	0.315	0.362	0.371	0.378	0.390	0.390	0.413	0.439	0.656	0.398

资料来源:使用京津冀相关年份面板数据整理计算。

时间演进层面上,样本期间内,京津冀经济增长质量保持一定增长态势,其增速呈现为一定增减交替的演变特征,与2004年相比,2020年各地增幅达50%以上,如北京的增幅在60%以上,展现了北京在区域高质量发展进程中的引领地位。作为京津冀区域的核心城市,北京在增长模式转型、数字化赋能等5个经济增长质量维度的均具有较好的表现。特别是指标层中创新激励、信息化基础等层面均处于领先水平,这与当前我国展望"2035年远景目标"密切契合,以提升创新能力强化科技力量均是推动经济体系高质量优化发展的关键,与此同时,在缩小城乡差距、绿色环保、公服建设等方面,均表现为显著的增长态势。

此外,津冀各城市的经济增长质量增幅同样显著,各市的增长模式转型、数字经济赋能、绿色生态建设、协调开放发展、经济成果共享5个维度均显著提升,表明在区域协同发展的有序推进中,各地有序推进智能化、绿色化等转型,多渠道、多层面完善经济增长机制,构建发展新格局,有序拓宽了高质量发展路径。

空间差异视角下,与北京相比,天津经济增长质量的测度值由2004年的0.391增至2020年的0.439,且显著高于河北大部分城市,处于高质量发展的领先地位,主要原因在于:天津在增长模式转型和协调开放发展维度表现出显著的增长优势,是推动经济高质量增长的主引擎,这与天津高技术制造业的优化调整及先进港口的持续发展密不可分。

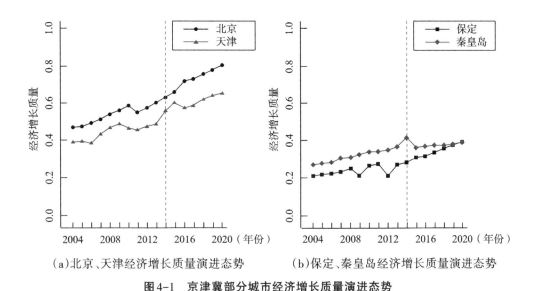

（a）北京、天津经济增长质量演进态势　（b）保定、秦皇岛经济增长质量演进态势

图4-1　京津冀部分城市经济增长质量演进态势

此外,由于地区间经济模式、技术水平和资源禀赋等方面基础与进程不同,河北省内各城市经济增长质量的提升能力和速度也存在地区差异。保定在2014年起京津冀协同发展战略的有效实施以来,呈现逐年增长的态势,其持续增长主要依托于优势的地理区位和共享成果机制。秦皇岛在数字经济赋能各指标层面增长较弱,且创新激励水平较低,在一定程度上揭示了经济质量提升动力不足的现状,其经济增长主要依赖于传统产业,尚未形成京津冀高技术产业承接的优势布局,创新发展的核心动能作用未能充分发挥,城市协同发展水平较低也阻碍了该市经济高质量增长的效率,进一步反映了经济增长质量的空间非均衡性发展特征。总体而言,各城市基于资源禀赋、地区发展进程等方面的差异性,是京津冀经济增长质量呈非均衡性演进特征的关键。

4.2.2　经济增长质量影响效应的测度设计

1. 模型的构建

首先,为了实证产业转型升级对京津冀经济增长质量的影响效果,本节构建考虑截面异质性的个体固定效应面板模型作为基准模型,并通过 Hausman 与 F 检验进行验证分析;另一方面,在实际数据分析时,个体固定效应模型符合研究

的基本设定,模型如下:

$$EGQ_{jt} = \gamma_j + \beta \cdot ITUE_{jt} + \delta Z_{jt} + \varepsilon_{jt} \tag{4-6}$$

式(4-6)中,EGQ_{jt}表示为京津冀区域内$j(j = 1,2,\cdots,J)$市在$t(t = 1,2,\cdots,T)$时期的经济增长质量;$ITUE_{jt}$则为该地区相应时期的产业转型升级效果,β为其待估参数;γ_j表示个体效应,控制了未观测到的潜在变量对京津冀经济增长质量截面异质性效应(如自然因素、地理区位等城市层面特征影响);Z_{jt}表示一系列控制变量组成的向量集,δ表示控制变量回归系数的集。ε_{jt}为随机扰动项。

考虑到具有层次化演进特征的产业转型升级效果对经济增长质量可能存在异质性影响效应,为进一步探究其影响效应可能存在的非线性特征,本节在对变量进行非线关系检验的基础上,引入面板平滑转换模型(PSTR),考量高、低不同区制下产业转型升级对经济增长质量的作用关系,以及相应的平滑转换机制。该模型是对面板门槛回归模型[1]的拓展,能够有效解决在门槛值前后跳跃性变化问题,通过使用连续转换函数替代面板门槛模型中离散的示性函数,更能充分识别变量的动态特性,以及模型估计参数随转换变量的平滑过渡机制,对分析变量间的非线性联系具有更强的解释力。借鉴冈萨雷斯(Gonzalez)[2]对PSTR模型的设定,建立产业转型升级影响效应的面板平滑转换模型如下:

$$EGQ_{jt} = a_j + \beta_0 ITUE_{jt} + \beta_1 ITUE_{jt} \times g(q_{jt}; \gamma, c) + \delta z_{jt} + \varepsilon_{jt} \tag{4-7}$$

式(4-7)中,a_j为个体效应,β_0为产业转型升级线性部分的估计系数,β_1为非线性部分的回归系数;$g(q_{jt}; \gamma, c)$为转换函数,满足Logistic函数形式,是取值介于[0,1],关于转换变量q_{jt}的连续平滑有界函数,即

$$g(q_{jt}; \gamma, c) = \left\{ 1 + \exp\left[-\gamma \prod_{k=1}^{m} (q_{jk} - c_k) \right] \right\}^{-1} \tag{4-8}$$

$$\gamma > 0, \quad c_1 \leqslant c_2 \leqslant \cdots \leqslant c_m$$

式(4-8)中,q_{jk}为转换变量,本节研究中指的是产业转型升级效果;γ为平滑

---

[1] HANSEN B E. Threshold Effects in Non-Dynamic Panels:Estimation,Testing and Inference[J]. Journal of Econometrics,1999,93(2):345-368.

[2] GONZALEZ A,TERASVIRTA T,DIJK D V. Panel smooth transition regression models[R]. Quantitative Finance Research Centre,2005.

参数,表示转换函数的斜率,决定不同区制的转换速度,取值越大则转换速度越快;c_k 表示转换机制位置参数,m 为位置参数的个数。

2. 影响效应测度模型的变量说明及数据来源

经济增长质量与产业转型升级的基础数据涉及多层面指标,本节实证分析使用样本覆盖 2004—2020 年京津冀 13 个城市,基础数据主要来源于京津冀 13 个城市统计年鉴或经济统计年鉴及中经网数据库等。此外,为剔除价格波动,以 2003 年为基期,对相关数据进行了平减处理,具体描述见表 4-3。关于变量的设定作如下说明。

解释变量:经济增长质量(EGQ)。经济增长质量的有效提升,是当前京津冀区域深化贯彻协同发展战略背景下经济发展的核心目标,也是加快构建国内国际双循环互促发展新格局的主体内容。本节基于增长模式转型、数字经济赋能、绿色生态建设、协调开放发展、经济成果共享 5 大维度对京津冀经济增长质量进行测度分析,以进一步探究产业转型升级对其影响机制。

核心解释变量:产业转型升级效果(ITUE)。经济结构调整是区域经济高质量发展的关键,而产业转型升级是优化经济结构、提升经济发展质量的主旨框架和重要内容。产业转型升级既包括产业间及产业内部相对均衡协调发展的合理化,进而逐步实现产业结构层次的高级化的演进,也表现为向产业链高端变动,生产效率的稳步提升;本节根据第 2 章 2.3 节中,从结构优化和产业内效率提升双重维度刻画京津冀各市的产业转型升级效果。

表4-3　影响效应相关变量描述性统计

变量名称	符号	均值	中位数	最小值	最大值	标准差
经济增长质量	EGQ	0.33	0.33	0.16	0.72	0.01
产业转型升级效果	ITUE	7.57	7.57	5.42	11.6	0.08
能源投资强度	Ene	0.18	0.18	0.01	0.98	0.01
政府规模	Gov	0.15	0.15	0.06	0.36	0.01
市场化程度	Mar	0.69	0.69	0.29	0.93	0.01

资料来源:根据各统计年鉴 2004—2020 年面板数据整理计算。

控制变量:本节选取如下对经济增长质量具有影响的重要宏观因素作为控

制变量纳入模型。

能源投资强度(Ene),促进能源投资特别是加强对高技术能源产业的投资、推动绿色环保建设是经济高质量发展的重要维度,本节基于能源工业投资额衡量京津冀各地能源投资水平,用以探究其对城市空间联动的影响效应。

政府规模(Gov),使用一般财政预算支出占地区生产总值的比重表示京津冀各城市的政府规模。

市场化程度(Mar),提升市场化水平是促进要素高效流动的重要途径,采用社会固定资产投资中非国有资产占比刻画。此外,为消除变量间量纲的影响,本节对相关指标进行了标准化处理。

4.2.3 经济增长质量影响效应的实证结果

1. 固定效应模型估计结果

首先,利用式(4-6)构建的固定效应面板数据模型对产业转型的经济增长质量影响效果进行测度分析。

在进行模型分析前,需对变量间是否存在多重共线性等问题进行检验,因此,本节根据方差膨胀系数(VIF)判定法对变量可能存在的多重共线性问题进行了检验,检验结果表明不存在多重共线性问题。❶表4-4给出了个体固定效应模型的估计结果。

表4-4 产业转型升级对经济增长质量影响的固定效应模型估计结果

变量	符号	(1)	(2)	(3)
产业转型 升级效果	ITUE	0.066*** (0.005)	0.018*** (0.005)	0.007** (0.003)
能源投资强度	Ene	—	0.103*** (0.021)	−0.004 (0.0132)

❶变量多重共线性检验结果如下:

变量	ITUE	Ene	Gov	Mar
VIF	1.0408	3.8501	1.0062	1.5466

变量	符号	(1)	(2)	(3)
市场化程度	Mar	—	0.150*** (0.015)	0.425*** (0.152)
政府规模	Gov	—	−0.002 (0.088)	0.092 (0.079)
时点效应	—	否	否	是
个体效应	—	是	是	是
拟合优度	R^2	0.4870	0.8590	0.2052

注:***、**、*分别表示1%、5%与10%的显著性水平。

利用上述方法对模型(4-6)进行处理和估计分析时,首先,单独引入核心解释变量ITUE进行模型估计[结果示于表4-4中(1)列]。结果显示,产业转型升级与京津冀经济增长质量在1%的水平下呈现显著的正向关联关系。其次,以线性形式将控制变量组3个因素(Ene、Mar、Gov)引入模型[表4-4中(2)列]。

结果表明:当控制能源投资规模、市场化水平及政府规模对经济增长质量的影响后,产业转型升级对京津冀经济增长质量的驱动效应虽有所下降,回归系数由0.0658变为0.0183,但仍在1%的水平下显著。几个控制变量中,能源强度和市场化水平均呈现出显著的正向促进效应,政府规模的影响效应不显著。此外,表4-4中(3)列还列出了考虑个体和时点双重固定效应的模型回归结果,其各因素估计系数和拟合优度显著低于(2)列中个体固定效应的估计结果,进一步验证了个体固定效应模型对本节研究的适用性。

基于表4-4中(1)至(3)列固定效应模型的估计结果,对各相关因素对京津冀经济增长质量的影响效应分析如下:

第一,产业转型升级对经济增长质量的影响效应。表4-4中结果显示,无论是否引入能源投资、政府规模、市场化水平等控制变量,ITUE的估计系数始终在1%的水平下显著为正。这说明,产业转型升级对京津冀区域经济增长质量具有显著的正向驱动效应。控制变量的加入虽然对ITUE的估计系数的值产生一定的影响,但符号和显著性均未发生改变,表明总体上,ITUE是经济增长质量提升的正向影响因素,这也进一步说明,通过产业结构优化转型与产业内部质量升级双重层面提升产业转型升级效果,也是优化调整经济结构的关键内容。

第二,能源投资的影响效应。表4-4中(2)列中个体固定效应的回归结果显示,Ene的估计系数为0.1028,在1%的水平下显著,表明能源投资强度的增大,对于推动能源开发与使用的技术提高及效率提升具有一定的推动作用,可以有序促进经济增长向高质量、可持续发展的方向演进。

第三,市场化水平对经济增长质量的影响效应。同样根据固定效应模型可以看出,Mar的系数显著为正,意味着市场化水平的推进对于提升经济质量具有积极的促进作用。显然,市场化的不断扩大,为资源禀赋的互联流通带来更多的机遇和促进机制,一方面,人力、技术的流动途径更为广泛,能够有效促进区域内要素效率等的提升,为实现高质发展提供根本保证;另一方面,市场化在一定程度上促进了城市间从产品到产业竞争,更加注重质量和效率的提升,有利于调动经济体系发展的积极性,持续增强发展活力和动力。

第四,政府规模的影响效应分析。回归结果表明,政府规模在经济增长质量提升进程中发挥较弱的负向作用,但该影响效应不显著。

2. 非线性影响效应的估计结果

基于对固定效应的分析,验证了产业转型升级对经济增长质量的影响存在一定的个体异质性。为了进一步探究变量间的异质性作用关系,本节通过引入PSTR模型,将线性和非线性关系分析集成到同一个框架中,探索变量之间可能存在的线性和非线性关系。并通过设置转换变量实现了不同区制之间的平稳过渡,并展示了转换变量的阈值和动态特性。

第一,非线性关系检验。

在进行PSTR模型估计之前,首先,需对变量间是否存在非线性关系进行判断❶,基于式(4-9)提出原假设 H_0

$$H_0: \quad r = 0 \tag{4-9}$$

即若接受原假设,则转换函数的个数为0,不存在非线性转换效应。通过构造 LM_F 统计量进行检验:

---

❶ 此外,为避免伪回归引起的参数估计偏差,本节基于单位根检验,对面板数据的平稳性进行了验证。具体检验结果未在文中详尽展示。

$$LM_F = \frac{\left(SSR_0 - SSR_1\right)/mk}{SSR_1/(TN - N - mk)} \sim F\left(2m, TN - N - mk\right) \qquad (4-10)$$

式(4-10)中SSR_0和SSR_1分别为原假设和备择假设下条件下残差平方和,T为样本时期长度,N指样本数,k为解释变量个数,m表示位置参数的数量。

表4-5 非线性关系与位置参数检验

(1)	(2)	(3)	(4)	(5)	(6)
	原假设H_0与备择假设H_1	LM	LM_F	AIC	BIC
$m = 1$	H_0: $r = 0$,H_1: $r \geqslant 1$	14.66***	13.53***	−6.426	−6.230
	H_0': $r = 1$,H_1': $r \geqslant 2$	2.57	1.83		
$m = 2$	H_0: $r = 0$,H_1: $r \geqslant 1$	14.84***	6.89***	−6.399	−6.178
	H_0': $r = 1$,H_1': $r \geqslant 2$	0.45	0.81		

注:***、**、*分别表示1%、5%与10%的显著性水平。

表4-5中(3)、(4)分别列示了不同位置参数设定下对应的LM和LM_F统计量结果,表明:无论设定$m = 1$还是$m = 2$❶,均拒绝了H_0原假设,接受H_0'原假设,说明在京津冀产业转型升级对经济增长质量影响效应分析中,存在非线性作用机制,且转换函数个数为1。

第二,位置参数的确定。

在检验转换函数个数之后,基于AIC和BIC准则判定最优位置参数的个数,以进一步确定转换机制的位置参数。一方面位置参数应满足$c_1 \leqslant c_2 \leqslant \cdots \leqslant c_m$,另一方面,通过比较表4-5中(5)、(6)列中的AIC和BIC结果可以看出,$m = 1$为最优选择,即存在一个位置参数。

第三,PSTR模型估计结果。

上述检验显示,在京津冀区域内,产业转型升级效果提升对经济高质量增长存在一定的非线性影响效应,即表现为显著的门槛特征,其转换函数的个数为1,最优位置参数为1。基于对位置参数的识别,本节以产业转型升级效果

---

❶ 本节还在$m = 3$假设下,进行了LM和LM_F相关检验,基于AIC和BIC准则拒绝了$m = 3$的假设,故未在表中列示。

(ITUE)为转换变量,表4-6中(1)至(2)列展示了基于PSTR模型测度的产业转型升级对经济增长质量的作用机制。

首先,转换机制方面。产业转型升级对京津增长质量影响效应的位置参数为7.305,意味着模型以7.305为门槛阈值实现不同区制的转换,即当ITUE低于7.305时,产业转型升级效果位于低区制,当ITUE高于7.305时,则实现由低区制向高区制的转换;过渡函数的斜率为$\gamma = 1.095$,转换速度较为平滑,转换函数$g(q_{jt}; \gamma, c)$取值为$[0,1]$。图4-2直观可视化展示了转换机制的变动。

表4-6　PSTR模型估计结果

变量	符号	经济增长质量		经济增长数量	
		(1)	(2)	(3)	(4)
		线性部分	非线性部分	线性部分	非线性部分
产业转型升级	ITUE	0.225** (0.094)	−0.071*** (0.009)	0.230*** (0.074)	−0.065*** (−0.065)
能源投资强度	Ene	0.067** (0.022)	—	0.255*** (0.089)	—
市场化水平	Mar	0.672*** (0.101)	—	0.201** (0.067)	—
政府规模	Gov	−0.078 (0.076)	—	0.185 (0.042)	—
转换斜率	γ	1.10		1.82	
位置参数	c	7.305		6.627	

注:***、**、*分别表示1%、5%与10%的显著性水平。

其次,产业转型升级的非线性影响效应。第一,线性关系部分,当$c < 7.305$,即产业转型升级位于低区制时,转换函数$g(q_{jt}; \gamma, c) \to 0$,即此阶段内,产业转型升级与经济增长质量仅存在线性作用关系,估计系数β_0为0.225,在5%的水平下显著,表明当产业转型升级效果测度值低于门槛阈值时,对于京津冀区域经济增长呈现显著的正向促进作用。第二,非线性影响效应部分,随着产业转型升级水

平的提升,当高于门槛阈值,即当 $c \geqslant 7.305$ 时,产业转型升级位于高区制,转换函数 $g\left(q_{jk};\gamma,c\right) \to 1$,非线性关系存在,该部分估计系数 β_1 为 -0.071,在 1% 的水平显著,表明随着产业转型升级效果提升,对经济增长质量的促进作用逐渐减弱,其非线性部分表现为一定的负向作用关系。第三,总效应方面,当转换函数 $g\left(q_{jk};\gamma,c\right) \to 1$ 时,产业转型升级效果对经济增长质量的影响总效应为 $\beta_0 + \beta_1$,则估计系数为 0.154,整体上仍呈现出正向的促进作用,但该正向影响明显减弱,且表现为速度较慢的平滑过渡特征。

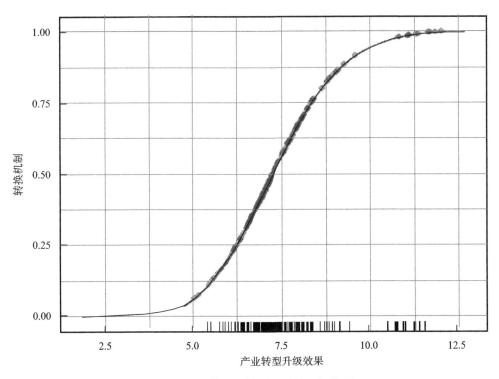

图4-2 PSTR模型的转型机制的可视化展示

主要原因可能在于:在样本初期,经济增长质量的各维度水平均较低,产业转型升级,有效促进了要素效率、创新激励、污染减排,提升了生产效率、促进经济结构的持续优化,从而对经济增长质量存在显著的正向驱动效应。随着产业转型升级效果的不断提升,仅从结构调整和产业内部质量升级层面,无法充分满足高质量发展的数字化等层面的具有要求,则非线性部分存在较弱的抑制作用,该现象主要表现在北京等升级效果较好的地区及相关年份,这也进一步反映出了京津冀各城市产业转型升级方向和经济增长模式的异质性特征,但对于整个京津冀区域而言,总体上产业转型升级仍呈现出显著的正向促进作用。因此,在推动产业结构优化调整和产业内部质量提升的进程中,也应注重地域异质性特征,加快现代化产业体系的建设,同时应加强前瞻性思考,更加注意数字化产业和产业数字化等新兴产业转型升级模式的推进,实现发展质量、结构、速度、效益的协调统一,为经济增长质量提升提供强劲动力。

最后,控制变量作用关系方面。模型估计中,对 Ene、Mar、Gov 的线性部分进行了探讨。能源投资(Ene)对经济增长质量的估计系数为0.067,且在5%的水平下显著,与表4-6中估计结果的方向一致。主要在于,能源投资的增大,一方面对于经济的绿色可持续发展具有正向影响,另一方面,能源投资一部分应用于能源效率的改进和提升,进而对经济高质量发展整体上呈现出显著的正向驱动效应。市场化水平(Mar)同样对经济增长质量在1%的水平下表现出显著的正向促进关系。政府规模(Gov)的估计系数为-0.078,但不显著,意味着,政府规模对经济增长质量存在较弱且不显著的负向影响机制,与个体固定效应模型中的估计结果类似。主要可能在于,政府规模在一定程度上能够表征政府对经济运行的干预能力,然而在样本期间内以财政支出占比衡量的政府规模,其执行重点和效率差异在一定程度上对支出结构具有影响,在样本期初,更加注重经济增长速度而非质量,导致负向影响关系的存在;随着区域协同发展战略的有序推进,政府发展重点逐步转为以经济结构转型和高质量发展为核心目标,但总体上尚未形成显著的正向关系。

综合来看,在京津冀区域中,以产业结构优化调整和产业内部质量升级表征的产业转型升级,能够有效促进经济增长质量的提升,但随着产业转型升级效果的提升,这种驱动作用存在一定的临界效应,当超过临界值时,正向促进作用减弱。这表明:在产业转型升级进程中,当达到一定较高水平时,应更加注重产业发展的精细化和特色化,如既要注重细分行业的优化发展,也要注重数字技术、高新技术在产业中的应用和升级,全方位提升京津冀各市产业转型升级水平和经济增长质量。

3. 经济增长数量影响效应的比较分析

在深入探究产业转型升级对经济增长质量的非线性影响效果及作用机制的基础上,本节进一步从人均地区生产总值的视角,根据 PSTR 模型探讨了产业转型升级对经济增长"数量"的影响。

总体上,产业转型升级对经济增长数量存在一定的非线性过渡机制,且过渡函数和位置参数的个数均为 1。表 4-6 中(3)、(4)列分别列示了影响效应的估计结果。具体而言,一方面,当转换函数 $g(q_{jk};\gamma,c) \to 0$ 时,线性部分的估计系数为 0.230,在 1% 的水平下显著;另一方面,当转换函数 $g(q_{jk};\gamma,c) \to 1$ 时,非线性部分的估计系数为 -0.065,产业转型升级效果对经济增长的影响总效应表示为 $\beta_0 + \beta_1$,等于 0.165[表 4-6 中列(3)和(4)的估计系数相加]。这表明,产业转型升级对以人均地区生产总值刻画的经济增长水平表现为正向影响机制,但该促进作用也呈现出一定的临界效应,临界值为 6.627;当超过临界值时,促进作用减弱,且该临界值小于对经济增长质量影响效应的位置参数。

这进一步说明,在京津冀协同发展进程中,产业转型升级对经济增长质量的拉动作用强于经济增长数量,以产业转型升级驱动经济结构优化能够有效推动经济高效率发展、增强协同发展的韧性和可持续性。

4.3　产业转型升级的经济联动发展影响效应

以产业转型升级助推北京非首都功能有序疏解、津冀承接效能加快提升,促进城市间协作联动格局的形成,已成为京津冀城市群协同发展的重要环节。区域联动空间格局的形成依托于经济、地理及产业等各种要素的交互关系及协同发展,对影响机制的探讨方面,现有研究多基于经济产出、基础投入等因素进行探讨❶,鲜有文献从产业转型升级视角,探究城市空间联动发展潜力的驱动因素;以产业转型升级推动产业转移与衔接是有效提升信息技术和要素流动效率、助

❶ 焦敬娟,王姣娥,金凤君,王涵.高速铁路对城市网络结构的影响研究——基于铁路客运班列分析[J].地理学报,2016,71(2):265-280;王俊,夏杰长.中国省域旅游经济空间网络结构及其影响因素研究——基于 QAP 方法的考察[J].旅游学刊,2018,33(9):13-25.

推区域协同发展的核心动力❶,也是京津冀协同发展的关键。

此外,影响效应的测度方面,现有研究多基于线性建模进行考量,重在分析变量间的直接作用关系,但产业转型升级的结构和技术进步呈多样化、复杂性的演变态势,且地域间差异性日趋突出,单一的线性模型无法充分捕获因素间的影响效应。深入探究产业转型升级与经济联动发展的非线性关系,能为充分发挥产业转型升级在京津冀协同发展进程中重要作用的机制探究提供理论支撑。

综合来看,现有研究从不同视角对城市空间联动格局及影响效应进行了度量分析,但仍存在待完善之处:第一,就区域空间联动潜力的测度指标而言,既有研究多基于"静态距离"进行分析,忽略了对动态影响关系的考量,无法全面刻画城市空间联动潜力的演进特征。第二,就影响机制的探究方面,忽略了对变量间非线性关系的探究,未能准确评估影响因素的传导路径。与现有文献相比,本节以京津冀城市群为研究主体,主要从以下几个方面进行了创新:①研究方法方面,从动态距离和引力要素两个层面改进了城市空间引力模型,并综合考虑联动作用的方向性和非对称性特征,构建了测度京津冀城市空间联动发展潜力的测度方法,从网络密度、核心节点、承接功能等视角对其演进特征进行了考量;②研究内容方面,通过引入非参数可加模型,剖析了产业转型升级对京津冀空间联动潜力的非线性影响关系;并进一步探究了京津冀产业转型升级速度的演进,从"速度效应"和"质量效应"双重视角,对产业转型升级的影响机理进行了系统全面挖掘。

4.3.1 京津冀经济联动发展的测算分析

在纵深推进京津冀协同发展、强化城市联动潜力的进程中,加快产业转型升级与协同,既是区域协同的重要内容。2020年全国两会中,进一步强调了新兴产业发展及产业转型升级在激发市场活力、增强发展新动能的重要作用。京津冀发展数据显示:2019年北京高新技术企业在津冀设立分支机构累计超8000

---

❶ 孙晓华,郭旭,王昀.产业转移、要素集聚与地区经济发展[J].管理世界,2018,34(5):47-62,179-180;CHANFAN CHEN, YAWEN SUN, QINGXIN LAN, FFENG JIANG. Impacts of industrial agglomeration on pollution and ecological efficiency-A spatial econometric analysis based on a big panel dataset of China's 259 cities[J]. Journal of Cleaner Production, 2020(2):123-132.

家,流向津冀技术合同成交额超210亿元。当前,京津冀空间联动格局仍存在显著的非均衡特征,而以产业转型升级推动城市高效衔接,是促进城市间紧密协作、增强联动潜力的重要环节。这一背景下,系统地剖析产业转型升级对京津冀城市经济联动潜力的影响机制与作用路径,是有效促进区域内"产业—要素—空间"三者动态匹配、引导产业有序转移与承接、实现区域内城市间深化协作分工关系的关键,是优化区域协调发展模式、强化区域联动机制的重要内容,也是本节研究的重点。

基于外部性及规模经济理论[1],城市的各种经济活动对其他城市存在一定的溢出效应,特别是空间毗邻或相近的区域内,关联性及溢出效应较强。当前,京津冀城市群已形成多城联动的网络格局,区域内各地区在经济要素、市场化进程等联动性较强。与此同时,区域内各市交通路网密集便捷,京秦高速、京雄城际等交通项目,逐步形成"轨道上的京津冀"的布局,加快了交通一体化的进程,提高了要素流动效率,区域内交通互联互通、资源共建共享格局有序推进,以轴带点、以点连城、以城贯区的协同联动发展布局逐步形成。

城市经济空间联动潜力的测度应综合考虑以下三个方面:第一,空间距离,旨在客观、准确表征城市间时空距离的演变趋势;第二,引力要素,重在系统全面体现空间引力关系的作用机制;第三,引力强度的方向性与非对称性,反映不同地区联动的差异特征。基于上述三个方面,本节通过改进"动态距离"并引入市场化要素,提出了具有方向性和非对称属性双重特征的京津冀经济空间联动潜力测度方法。

1. 京津冀城市群空间联动效应的测度方法

以空间引力模型测度区域内的经济空间关联效应,能够有效反映经济要素在区域内不同城市之间的动态流动所产生的空间上的网络联结关系。然而,传统引力模型中,就地理距离而言,现有研究多采用两地最短路线来衡量,忽略了交通路网密度在时间维度上的演进特征,难以准备刻画交通可达性的变动对经济空间联动的影响机理;空间距离是影响要素跨区域流转的基本因素,对城市间的沟通的广度和深度具有重要影响,空间联系强度与地理距离通常存在一定的

---

[1] 段巍,吴福象,王明. 政策偏向、省会首位度与城市规模分布[J]. 中国工业经济,2020(4):42-60.

衰减关系。[1]此外,新经济地理学相关研究强调了市场化的变动对城市间相互作用的重要性[2],随着京津冀协同发展的全力推动,行政区划壁垒逐步"弱化",市场化的发展逐渐在发城市空间联系中发挥重要作用机制。

鉴于此,以京津冀协同发展战略为依托,本节从动态距离、引力要素、引力方向三方面对传统空间引力模型进行改进,以对空间联系强度进行表征。其中,现有文献多侧重于刻画城市间的关联特征,忽略了引力强度的地区异质性[3],通常将引力常数依经验设定为1,考虑到城市间作用引力存在一定的非对称性和方向性,为进一步探究城市空间联动的非均衡格局,本节基于地区差异性和可比性,采用地区人均地区生产总值占比对引力常数 k_{ij} 进行修正:城市 i 对 j 的引力指数如式(4-11):

$$\underset{i \to j}{k} = \frac{Agdp_i}{Agdp_i + Agdp_j} \tag{4-11}$$

式中,$\underset{i \to j}{k}$ 表示修正后城市 i 对 j 的引力指数,用以刻画引力作用的方向性。$Agdp_i$ 和 $Agdp_j$ 指城市 i 和 j 的人均地区生产总值。

修正后空间引力模型如式(4-12)所示:

$$
\begin{aligned}
\underset{i \to j}{F} &= \underset{i \to j}{k} \times \frac{\sqrt{P_i \times G_i \times M_i} \times \sqrt{P_j \times G_j \times M_j}}{\left[d_{ij}/\left(\rho_i \times \rho_j\right)\right]^2} \\
&= \frac{Agdp_i}{Agdp_i + Agdp_j} \times \frac{\sqrt{P_i \times G_i \times M_i} \times \sqrt{P_j \times G_j \times M_j}}{\left[d_{ij}/\left(\rho_i \times \rho_j\right)\right]^2}
\end{aligned}
\tag{4-12}
$$

式(4-12)中,$\underset{i \to j}{F}$ 表示城市 i 对 j 具有方向性的引力强度,其测度值越大,表示两地间的空间联系强度越大。P、G、M 为本节涉及的引力要素,分别为:P_i 和 P_j 为 i 和 j 地区的常住人口,G_i 和 G_j 为实际地区生产总值。M_i 和 M_j 分别指城市 i 和 j

---

❶ 李彦,屠年松.交通可达性、边界效应与中国跨境贸易发展——基于沿边地区的空间计量分析[J].财贸经济,2020,41(4):144-161.

❷ 鞠建东,陈骁.新新经济地理学多地区异质结构的量化分析:文献综述[J].世界经济,2019,42(09):3-26.

❸ 王俊,夏杰长.中国省域旅游经济空间网络结构及其影响因素研究——基于QAP方法的考察[J].旅游学刊,2018,33(9):13-25.

本的市场化水平。$d_{ij}/\left(\rho_i \times \rho_j\right)$表征城市$i$和$j$交通的可达性间的"动态距离",$d_{ij}$表示$ij$地区间的最短公路距离,$\rho_i$和$\rho_j$分别为两地区的公路密度,当前,京津冀各地市间,经济联系载体以公路为主,考虑到空间距离在时序上变动微小,基于城市京津冀区域空间特征,本节根据最短公路距离,并使用表示两两城市间路网通达性的公路密度(公路里程与地区土地面积之比)进行"动态距离"刻画,以对空间距离进行修正。❶与此同时,本节还借鉴丁如曦和倪鹏飞❷、王振华等❸的研究,计算城市间铁路或公路的最短交通时间距离❹,进行稳健性检验。

2. 城市空间联动潜力的表征

通过构建城市间联系强度矩阵,既能有效反映经济要素在区域内不同城市之间的动态流动所产生的空间上的网络联结关系及引力强度,又能量化城市间的辐射效应,且综合考虑到地区空间因素的影响机制。城市空间联动潜力是各城市对区域内其他城市空间引力效应的综合表征,强化城市联动潜力是纵深推进京津冀协同发展进程中的重要内容。

基于上述分析,根据式(4-11)对综合考虑引力的方向性和非对称性的空间引力强度的测度,构建由京津冀城市群13个城市两两之间的空间联动关系矩阵❺,进一步根据潜力模型,基于式(4-13)测度京津冀区域内城市空间联动潜力,以探究各地区经济发展对其他城市的辐射范围及辐射能力,计算公式如下:

---

❶ 对时空距离的测度,现有文献多使用铁路或时间距离,特别是高铁的开通,缩短了时间维度上的距离,成为城市间连接的重要载体。但京津冀城市群内各城市距离较近,且目前部分城市间尚未开通高铁(如邯郸至沧州之间),使用铁路距离或铁路通行时间进程刻画存在一定的偏差,尤其在2013年铁路第六次提速后,京津冀区域内城市间铁路运行时间变动较小,若使用通行时间进行表征,无法客观反映京津冀空间距离的演变,特别是京津冀协同发展战略正式提出后交通一体化进程有序推进的"动态演进"。

❷ 丁如曦,倪鹏飞.中国经济空间的新格局:基于城市房地产视角[J].中国工业经济,2017(5):94-112.

❸ 王振华,李萌萌,江金启.交通可达性对城市经济高质量发展的异质性影响[J].经济与管理研究,2020,41(2):98-111.

❹ 根据12306铁路官方网站及相关年份铁路旅行时间表,计算两两地区间铁路最短运行时间,并与高速公路最短通行时间相比选择城市间最短时间距离,特别是2007年(铁路第六次大提速)、2008年(京津城市开通)及2013年(高铁全面提速)前后运行时间的变动。

❺ 附表A-3列出了部分年份空间联动关系矩阵。

$$\text{ESI}_i = \frac{\sum\limits_{j=1}^{n} F_{i \to j}}{n}; \ (i \neq j) \tag{4-13}$$

式(4-13)中,ESI_i表示为城市i的经济空间联动潜力,为城市i与其他城市空间引力强度的均值,ESI_i取值越大,表示该地区空间联动潜力越大,在同一区域内的辐射能力越强,同样具有方向性和非对称性的特征;$j = (j = 1,2,\cdots,n)$指京津冀城市群内除i外的其他城市,特别的是,当$i = j$时,ESI_i记为0。

3. 京津冀城市经济联动效应测度结果分析

第一,空间引力强度分析。基于改进的空间引力模型,对京津冀城市群13城市的空间引力网络结构进行了测算,并构建空间联系矩阵,反映了中心城市与外围空间的相互作用机制和辐射强度。根据"均数原则法"[1],以基年(2004年)空间引力均值为连接阈值[2],对城市空间网络密度结构进行可视化分析(如图4-3所示),更直观展示空间引力在时间维度上演进的层次差异。在整体区域联动网络结构中,各城市为"节点"、城市间的引力关系为"线",其中引力线越粗,意味着两地区联系作用越强;以中间中心度表征的节点越凸显,表示该城市的核心地位越强、辐射能力越大。(a)、(b)图分别刻画了2004年和2020年的演变特征。

图4-3显示,引力结构存在显著的差异性,整体上,京津冀城市群空间发展具有一定的内在联动机制,空间引力逐渐增强,但地区关联的空间分异显著、网络密度存在"由南向北"梯度递减的特征,且表现出以北京为辐射核心的"多节点"空间格局。具体而言,2004年,城市间的联动性均较弱,核心腹地城市北京与外围地区的引力效应明显不足,仅呈现出毗邻空间的双向性及非对称引力作用机制,而地理距离较远的城市间引力普遍较弱,如张家口、承德呈极弱联系强度状态(远小于阈值,未在图中展示),反映出了地理距离在区域空间布局及联动效应异质性中的核心维度。与2004年相比,2020年空间引力虽仍存在不均衡的特征,但网络密度显著增大,表现出双向联动、多城辐射的空间布局,且形成了"北京—天津—廊坊"强劲"三角"引力结构,并对其他相邻或相近的城市存在日

---

[1] 孟浩,黄贤金,杨俊,林柄全. 淮海经济区城市网络结构及优化发展构想[J]. 经济地理,2019,39(12):1-10.

[2] 经计算,基年(2004年)均值为5.393,设为引力结构图连接阈值,并将小于均值的引力定义为弱关联性。

益增强的纵向联动效应,这与北京都市圈卫星城布局相契合。一体化交通网络的有序完善、城市副中心建设框架的稳步推进是其空间格局形成的关键,也是京津冀协同发展进程对接协作持续深化的成果表征。但北部区域因地理距离较远、交通密度较低等原因,城市空间引力仍存有不足,仅与北京、天津两核心和地理距离近的相邻城市具有较弱的引力效应。

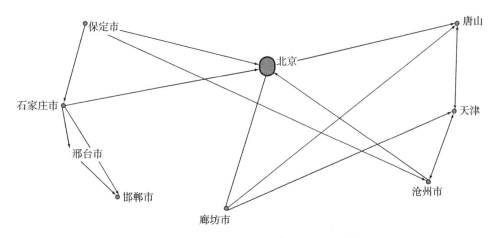

图4-3 2004与2020年京津冀空间引力结构图

第二,京津冀城市群空间联动潜力的时空演进。京津冀以打造世界级城市群为目标之一,需有序加强城市间联系,构建水平而非层级化的有效联结网络体系,推动京津冀协同发展,这也是全球化进程中,城市群发展的普遍规律。基于式(4-13)潜力模型,通过对特定城市与其他城市间具有方向性的引力强度均值的测算,进一步探究各城市的空间联动发展潜力,表4-7展示了2004—2020年京津冀区域的城市空间布局发展潜力的演进和空间分异特征。

表4-7 京津冀城市群13市空间联动潜力测度值

年份	保定	北京	沧州	承德	邯郸	衡水	廊坊	秦皇岛	石家庄	唐山	天津	邢台	张家口
2004	1.30	23.74	3.020	0.07	6.23	0.54	5.45	0.13	3.45	4.33	15.00	5.78	0.06
2005	2.80	30.87	4.30	0.09	8.48	0.78	7.80	0.22	4.74	6.09	18.81	7.15	0.09
2006	4.28	83.06	6.82	0.16	15.30	1.46	18.12	0.62	7.49	10.48	34.17	12.17	0.19

续表

年份	保定	北京	沧州	承德	邯郸	衡水	廊坊	秦皇岛	石家庄	唐山	天津	邢台	张家口
2007	5.61	113.47	9.54	0.25	21.78	4.77	27.32	1.46	11.20	12.86	45.40	17.34	0.26
2008	7.28	133.37	12.94	0.33	29.82	5.92	35.42	1.67	14.98	12.95	60.50	22.98	0.31
2009	8.76	169.73	18.41	0.36	31.77	7.19	45.62	2.19	19.31	16.74	108.38	24.53	0.37
2010	12.90	214.34	25.38	0.47	44.74	9.72	60.58	2.64	25.78	21.31	146.00	33.58	0.48
2011	18.36	249.90	32.48	0.58	56.71	12.56	75.96	3.08	34.76	28.69	192.47	42.97	0.57
2012	22.20	286.95	40.28	0.72	75.41	16.00	90.94	3.79	43.51	32.25	247.44	56.79	0.79
2013	25.16	347.11	48.64	0.99	87.21	20.02	115.65	4.31	54.50	39.38	312.57	67.52	0.90
2014	32.28	406.27	58.39	1.05	100.85	24.83	133.38	5.08	65.51	49.14	385.48	78.76	1.40
2015	42.52	598.98	71.96	1.74	127.71	33.95	239.01	8.17	89.85	115.02	551.84	99.71	1.90
2016	47.87	696.40	86.03	1.96	139.98	41.87	290.08	9.03	107.40	119.21	636.50	115.65	1.93
2017	50.69	748.05	86.91	2.15	153.01	47.43	308.04	10.10	118.40	131.52	622.97	128.97	2.01
2018	53.68	803.53	87.80	2.36	167.25	53.73	327.11	11.03	130.50	145.10	609.73	143.82	2.09
2019	56.80	863.10	88.70	2.60	182.80	60.90	347.40	12.60	143.80	160.10	596.80	160.40	2.20
2020	60.20	927.10	89.60	2.80	199.80	69.00	368.90	14.10	158.50	176.60	584.10	178.80	2.30

资料来源:根据各统计年鉴2004—2020年面板数据整理计算。

联动潜力空间分异方面,样本期内,13市均呈现出逐年递增的变动规律,但空间上呈现出中心强、边缘弱的层次特征,且南部区域显著高于北部地区。就具体城市而言,北京和天津的空间潜力最大,且在时间序列上逐年增强。北京逐渐形成以科技研发为核心的聚焦典范,吸引高质资源的不断流入,此外,协同发展战略的稳步实施,推动产业向津冀迁移步伐的加快,促进了各城市优势资源与产业互补互融。天津依托其优势港口资源、先进制造业的发展及交通枢纽的通达性,增强了空间联动的活力与动力,成为京津冀空间引力强度和空间布局日益增强的关键。河北省内11个城市中廊坊空间布局潜力最强,廊坊具有地理和交通的双重优势:副中心与雄安新区"新两翼"之间、京津唐与京津雄构成菱形区域的几何中心,以及京沪高铁中京津路段的中心,应充分发挥其首都卫星城的优势,打造空间联系紧密、辐射效应强的联动机制,在区域一体化进程中高质高效发展。

增长速度差异方面,京津冀区域内13市空间发展潜力虽表现为逐年递增,但其增长率呈现波动递减的演进态势,区位毗邻或地理距离近的地区存在趋同的变动规律。2008—2014年变动较为平稳,2014—2015年具有显著增长的变动,但2015年之后变动率持续下降。其中,石家庄、保定波动较小,与首都构成京保石轴线,是京津冀协同发展载体,稳步推动多城联动发展的空间格局。

此外,邢台和邯郸在样本期内增长率变动规律较为一致,作为连接晋冀鲁的节点城市,两地区位一体、产业结构与经济发展较为接近,辐射效应与集聚能力相似,应充分依托其一体化的功能定位,共建互联互促发展模型,加强京津产业迁移平台的承接和建设。特别的是,2012—2015年唐山空间网络结构布局潜力呈现显著递增的态势,这与曹妃甸港口的正式投入使用密切相关,在吸纳及承接京津两核产业转移中发挥重要。同时该阶段为钢铁产业转型的关键时期,唐山国家级高新技术开发区充分以改革创新为驱动,打造绿色高效产业集聚的科学布局,加强了对其他城市的空间引力作用,促进了网络布局潜力的迅速提升。

津冀城市承接能力的进一步分析。基于对城市空间联动潜力的测算结果,对津冀内12个城市承载能力进行深入探究,才能为城市群协同发展提供不竭动力。总体上,两地空间联动潜力表现为逐年递增的态势,京保石、京唐秦的轴线承接结构基本形成,助推了要素的轴向流动,特别是雄安新区的设立,有效联结了北京与空间距离较远的城市,更是增强了邯郸、邢台等地的承接范围和效率。天津与北京构成"双城"发展轴是协同联动发展格局的重要引擎,联动潜力的显著提升,进一步表明天津是承载先进制造业及北京市创新成果转化的重要载体。而河北省内各市由于经济水平、地理区位等方面存在差距,城市间承接潜力的非均衡性差异仍较为显著。

环京地区,如廊坊和保定依托于自身区位等优势,与北京在产业等方面紧密协作,充分发挥了其承接功能,并显著提升自身经济发展水平。而承德和张家口两市联动潜力呈现较弱态势,2020年测度值分别仅为2.80和2.30,主要原因在于:该两地与京津"两核"和其他城市地理距离较远,且公路和铁路的通达性均较弱,信息和人才等资源流动性不足,表现出较低的引力效应及承接能力。这两个地区应依靠旅游业的有序发展,以及2022年冬奥会的带动和京张高铁的顺利开通运营,以城市定位布局明确和要素流动的便利性为引擎,促进了北部对其他城市的辐射作用的延伸和空间布局潜力与承接能力的增强。

4.3.2 经济联动发展影响效应的测度设计

1. 数据来源

本节以京津冀城市群为研究范畴,对产业转型升级的城市经济联动潜力影响效应进行实证分析。基础数据来源于《中国城市统计年鉴》及京津冀13城市统计年鉴或经济统计年鉴,鉴于数据的可得性与连贯性,数据的样本考察期为2004—2020年,各地间的最短公路距离及运营时间层面数据来源于百度地图及12306官方网站和相关年份铁路旅行时间表。此外,对相关测算指标及数据进行标准化处理以消除量纲影响,经济空间联动潜力、产业升级及相关控制变量展示见表4-8。

表4-8 城市空间联动潜力研究相关变量描述性统计

变量名称	符号	均值	中位数	最小值	最大值	标准差
经济联动潜力	ESI	75.54	25.16	25.16	748.05	134.69
产业转型升级	ITUE	7.32	7.00	6.78	11.35	0.98
外商投资水平	Fdi	0.02	0.01	0.01	0.17	0.02
政府规模	Gov	0.15	0.14	0.14	0.36	0.06
能源投资	Tou	122.4	77.58	77.58	756.27	134.87

资料来源:根据各统计年鉴2004—2020年面板数据整理计算。

2. 变量设定

被解释变量。自协同发展战略稳步实施至今,京津冀城市群城市空间联动潜力逐步增强,形成多向互动、协调发展的空间网络格局,是优化京津冀区域布局、疏解北京非首都功能的关键。[1]城市群空间网络格局通过提升要素禀赋流通的便捷性,推动区域内各地融合发展、功能互补和多节点支撑,为推进区域协同

---

[1] 姚常成,吴康.多中心空间结构促进了城市群协调发展吗?——基于形态与知识多中心视角的再审视[J].经济地理,2020,40(3):63-74.

发展提供动力。[1]本节将城市经济空间联动潜力(ESI)作为被解释变量,基于本章给出的兼具方向性与非对称性的空间联系强度的测算方法,进一步对京津冀区域13市经济空间联动布局潜力的演进和空间分异特征进行表征,并探究其驱动因素。

核心解释变量:产业转型升级水平(ITUE)。产业转型升级包含"转型"和"升级"两个层面核心内容,"转型"指产业结构的优化调整,即三次产业及产业内部相对均衡协调发展的合理化、从而逐步实现产业结构层次的高级化的演进;"升级"指产业内部"质量"的提升,升向产业链高端,表现为生产效率的稳步提升;基于上述内涵的剖析,从产业结构调整和产业内部效率提升两个维度,在付凌晖[2]和徐秋艳等[3]研究中关于余弦夹角计算产业结构高级化水平思想描述的基础上,提出一种改进的产业转型升级效果测度方法。具体操作及测算结果如第2章所示。

控制变量。本节基于京津冀区域发展特征,选取以下控制变量进一步考察城市空间联动潜力变动的外在影响机制。外商投资水平(Fdi),随着我国引进外资结构的持续优化,外商投资作为参与全球价值链的核心要素,逐步成为经济社会发展的重要推动力量。[4]京津冀依托其区位优势,成为中国引进外商投资的核心区域,但表现出显著的城市差异性。本节采用实际使用外资总额占地区生产总值的比重(按当年人民币对美元平均汇率折算)进行表征,测度京津冀13城市的外商投资水平,既能反映外商直接投资规模,又能体现出各市的对外开放程度。

政府规模(Gov),政府干预以维护城市经济竞争环境、激发城市发展活力为核心,对于地区经济社会体系发展具有显著的影响[5],是城市经济发展在空间上

---

[1] 钟业喜,冯兴华,文玉钊.长江经济带经济网络结构演变及其驱动机制研究[J].地理科学,2016,36(1):10-19.

[2] 付凌晖.我国产业结构高级化与经济增长关系的实证研究[J].统计研究,2010,27(8):79-81.

[3] 徐秋艳,房胜飞,马琳琳.新型城镇化、产业结构升级与中国经济增长——基于空间溢出及门槛效应的实证研究[J].系统工程理论与实践,2019,39(6):1407-1418.

[4] 赵欣娜,丁月.FDI全要素生产率区域分布差异与投资区位选择[J].科研管理,2020,41(3):130-141.

[5] 刘诚,杨继东.商事制度改革与产业专业化[J].中国工业经济,2020(4):135-153.

实现良性互动协调发展的基础。政府为各地区政策治理的基础与重要支撑❶,当前,京津冀区域各城市的政府规模存在一定的差异性演进态势,为深入探究其对城市发展及空间布局的作用机制的异质性,本节使用一般财政预算支出占地区生产总值的比重表示京津冀各城市的政府规模。

能源投资(Tou),能源环保作为京津冀协同发展进程的重点领域,多层次的省际合作的能源融合发展机制同样是加强区域空间联动的重要途径。本节基于能源工业投资额衡量京津冀各地能源投资水平,并进行标准化处理,用以探究其对城市空间联动的影响效应。

3. 模型设计

以产业转型升级带动要素创新合作和轴向集聚、优化生产布局,进一步构建产业融合与多城联动的网络发展格局,是当前京津冀协同发展的关键所在。基于此,为了探讨京津冀产业转型升级对城市经济空间联动潜力增长的作用机制,将第 j 个城市在时期 T 的联动潜力 ESI_{jt} 表示为该地区产业升级水平与一系列相关经济变量 $X_{kjt}(k=1,2,\cdots,k)$ 的函数,使用 $f(\cdot)$ 表示,基准模型设定如下:

$$\text{ESI}_{jt} = f\left(\text{ITUE}_{jt}, X_{1,jt}, X_{2,jt}, \cdots, X_{k,jt}\right) + \varepsilon_{jt} \tag{4-14}$$

式(4-14)中,下标 $j = (j = 1,2,\cdots,J)$ 代表本节研究城市个数、$t = (t = 1,2,\cdots,T)$ 代表时期数,ESI_{jt} 为城市 j 在第 t 年份的空间联动潜力,ITUE_{jt} 表示各市的产业转型升级水平,X_{kjt} 为一系列控制变量,分别指外商直接投资水平(Fdi)、政府规模(Gov)和能源投资水平(Tou),表征影响京津冀区域经济空间联动潜力的其他因素。ε_{jt} 为随机扰动项。

根据本节中对变量的设定,为了实证产业转型升级对京津冀经济空间联动潜力的影响效果,本节首先构建考虑截面异质性的个体固定效应面板数据模型,则式(4-14)一般面板固定模型设定为

$$\text{ESI}_{jt} = a_0 + a_1\text{ITUE}_{jt} + a_2\text{Fdi}_{jt} + a_3\text{Gov}_{jt} + a_4\text{Tou}_{jt} + \lambda_j + \varepsilon_{jt} \tag{4-15}$$

式(4-15)中,Fdi、Gov、Tou 为一系列控制变量,分别指外商直接投资水平、政府规模和能源投资规模,表征影响产业联动潜力的外在因素。$a_m(m=1,\cdots,4)$ 为待估参数,λ_j 表示城市空间联动潜力的地区个体效应,ε_{jt} 为随机扰动项。

---

❶ 孙玉栋,王强. 财政应对突发公共卫生事件的制度逻辑及其机制完善[J]. 改革,2020(4):28-36.

此外,将京津冀各城市产业转型升级(ITUE)的二次项引入模型(4-15),检验产业转型升级与城市空间联动潜力之间是否存在非线性关系,寻找可能存在的拐点,设定如下

$$\text{ESI}_{jt} = a_0 + a_1\text{ITUE}_{jt} + \varphi\text{ITUE}_{jt}^2 + a_2\text{Fdi}_{jt} + a_3\text{Gov}_{jt} + a_4\text{Tou}_{jt} + \lambda_j + \varepsilon_{jt}$$

$$(4\text{-}16)$$

式(4-16)中,ITUE^2表示产业升级的二次项,φ 为其待估参数,若 φ 回归结果在一定的置信水平下显著,则表示产业升级与城市空间联动潜力之间存在一定的非线性关系。

基于基准模型对于非线性效应的检验,考虑经济变量之间的复杂相依关系[1],为深入探究产业转型升级对各城市空间联动潜力的非线性作用机制,本节引入非参数模型,进一步剖析自变量的不同发展水平对于经济空间联动布局影响的异质性。通过对线性参数项的替换,非参数模型设定为

$$\text{ESI}_{jt} = \beta_0 + h_1\left(\text{ITUE}_{jt}\right) + h_2\left(\text{Fdi}_{jt}\right) + h_3\left(\text{Gov}_{jt}\right) + h_4\left(\text{Tou}_{jt}\right) + \varepsilon_{jt} \quad (4\text{-}17)$$

式(4-17)中,$h_1(\cdot),\cdots,h_4(\cdot)$ 为非线性光滑函数,采用惩罚样条估计方法对其进行估计。

4.3.3　经济联动发展影响效应的实证结果

为有效考量产业升级对京津冀城市群空间联动潜力的作用机制,首先,基于面板固定效应模型分析,并引入产业转型升级水平的二次项,以进一步检验变量间的非线性关系的存在。[2]表4-9报告了模型的回归结果,其中(1)列仅考虑核心解释产业转型升级水平,(2)~(4)列逐渐引入二次项和相关控制变量(5)列为基于非参数模型的edf值。

---

[1] 刘强,陆小莉,徐生霞.城市群视角下产业集聚的空间异质性研究[J].数理统计与管理,2020(6): 1073-1086.

[2] 在进行影响效应分析前,根据格兰杰因果关系检验了产业转型升级与空间联动潜力的关系,结果表明:两者存在单向因果关系。

表4-9 产业转型升级对城市空间联动潜力影响机制回归结果

变量	符号	(1)	(2)	(3)	(4)	(5)
产业升级水平	ITUE	0.5573*** (0.0566)	−0.0276 (0.2151)	0.4674*** (0.0562)	−0.5868*** (0.1720)	8.5990*** (0.0000)
产业升级二次项	ITUE^2	—	0.1735** (0.0118)	—	0.3646*** (0.0569)	—
外商投资水平	Fdi	—	—	0.2742*** (0.0620)	0.4278*** (0.0601)	8.4030*** (0.0000)
政府规模	Gov	—	—	0.0075 (0.0711)	−0.1572** (0.0683)	8.1900*** (0.0011)
能源投资	Tou	—	—	0.2133*** (0.0624)	0.1506*** (0.0564)	5.0030*** (0.0003)
个体固定效应	—	是	是	是	是	—
时间固定效应	—	否	否	否	否	—
拟合优度	R^2	0.3851	0.4100	0.6082	0.6919	0.8580

注:***、**、*分别表示1%、5%与10%的显著性水平,(1)至(4)列括号内为参数估计标准误差,(5)列括号内为P值。

1. 基准模型回归结果

表4-9中,从(1)~(4)列基准模型回归结果可知,整体上,产业升级水平的提升对京津冀区域内空间联动潜力增长存在一定的影响效应。(1)、(3)列结果表明,无论是否加入控制变量,产业转型升级均对联动潜力呈现显著的促进作用,且作用强度较为一致。基于京津冀协同发展战略的有效实施,产业升级的过程既是产业逐步向结构优化、技术先进转移的产业转变,也是三省(市)日益明确产业定位与分工、构建合理的区域分工结构及提高产业融合水平的演进。这表明,作为京津冀协同发展核心战略之一的产业转型升级,是有效促进区域内"产业—要素—空间"三者动态匹配、引导产业有序转移与承接、实现城市间深化协作分工关系的关键,是优化区域协调发展模式、强化区域联动机制的重要内容及核心动力。

此外,(2)、(4)列核心解释变量及其二次项的回归系数检验了产业升级对区域空间联动潜力非线性作用机制的存在,表现为"正 U 形"关系,这表明,在未达到拐点前,产业转型升级对城市空间联动潜力尚未形成正向的促进作用关系;但是,随着产业升级水平的不断提升,当超过拐点时,能够有效提升对区域空间联动结构布局的发展潜力,在这一阶段,产业转型升级不断推动结构调整、技术效率的提升,进一步加强了要素和信息交流的速度和效率,以加快产业迁移和布局优化,促进了京津冀区域空间联动潜力的持续提升。

与此同时,表 4-9 中(3)、(4)列还报告了控制变量对京津冀集聚空间联动布局影响效应的基准模型回归结果,具体而言:外商直接投资水平的提升对京津冀经济空间联动潜力呈现出显著的促进作用。这意味着,随着对外开放程度的不断增强,既加强了国际联系,又有效推动了区域内经济空间联动格局的完善。然而,政府规模在(3)和(4)列中表现出差异性的作用机制,在列(3)中为较弱的正向回归系数,当引入产业升级二次项模型后,呈现一定的抑制效应。其次,能源投资具有显著的正向作用机制,能源领域作为京津冀协同发展的重点之一,北京向津冀地区能源技术转移规模持续扩大,以节能环保为核心的能源投资在京津冀区域联动协同纵深推进中发挥重要基础作用。

2. 影响效应的非线性传导机制

上述分析验证了产业升级对城市空间联动潜力的正 U 型非线性的存在,基于此,考虑到经济变量间通常存在复杂的相关性,为进一步挖掘变量间的非线性关系及影响传导路径,本节基于式(4-17),通过引入非参数模型,深入探究不同水平下自变量对于京津冀区域空间联动潜力作用的异质性。由模型拟合结果可知,非参数模型的拟合优度($R^2=0.858$)显著大于基准模型,能够较好地表征变量间的非线性相依关系。产业转型升对京津冀区域内城市空间联动潜力的影响机制见表 4-9 中(5)列展示的 edf 值及图 4-4,其中,图 4-4 中分列示了核心解释变量(产业转型升级)与控制变量(外商直接投资、政府规模、能源投资)的估计系数的曲线变动趋势,横纵坐标分别表示为产业转型升级水平及城市联动潜力测度结果标准化后的值。

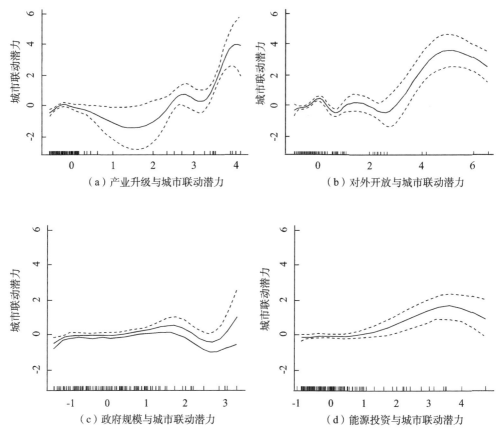

（a）产业升级与城市联动潜力

（b）对外开放与城市联动潜力

（c）政府规模与城市联动潜力

（d）能源投资与城市联动潜力

图4-4　产业转型升级及控制变量对城市空间联动潜力的非线性作用机制

如图4-4所示，京津冀产业转型升级对区域内经济城市联动潜力存在波动递增的非线性作用效应，edf值为8.599，且在1%的水平下显著，表现为"两阶段"波动性递增的态势。第一阶段edf曲线呈现出一定的正U型变动趋势，表明在京津冀区域内产业转型升级的期初，即产业结构尚未达到服务业占优势地位的格局、产业升级质量较低时，产业转型升级的演进需要大量的先进技术、劳动等生产要素等，但基于城市群空间内要素禀赋的有限性，甚至还存在资源消耗增加等问题，导致其他城市技术、要素资源等流入该城市的难度较大，因此，对其他城市的引力联动存在一定的抑制作用；随着产业升级进一步推进专业分工的持续深化，各地产业协同互促格局逐步形成，技术互通、要素互补，其对城市空间联动潜力增长逐步转换为正向的促进作用。第二阶段反映了当产业升级水平提升到一定水平时,正向效应的显著增强,能够有效提高城市联动潜力。以产业升级带动产业转移,充分发挥技术外溢和规模效应的作用,城市间资源共享、信息互通,稳步提升区域内空间联动格局的内外驱动力。

该非线性作用机制进一步表明了,在产业转型升级的进程中,应注重结构优化调整及产业内部升级质量的双重提升,两者有序融合更能推动区域整体协同联动发展,这也是京津冀协同发展进程中产业转型升级的重要内容。国家统计局第四次全国经济普查结果显示,第三产业逐步京津冀城市群发展的重要支撑,且现代服务所占比重显著提高,意味着产业升级水平得到显著提升,京津冀 13 城市产业转型方向也逐步趋于符合功能定位。应持续依托产业升级带动产业协同程度不断提升,助推城市空间联动格局及潜力的稳步增强。

此外,控制变量的非线性作用机制方面,在基础模型中,未对产业升级外其他变量的非线性影响效应进行检验,本节在该部分根据非参数模型进一步探究是否存在一定的非线性关系。表 4-9 结果显示❶,外商投资水平的 edf 值为 8.403,表明其对京津冀区域内空间联动潜力存在显著的非线性作用机制。在外商投资的初期阶段,其规模的扩大能够直接引起城市间联动布局的形成;当对外开放达到较高水平时,促进效应明显增强,但随后表现为向下的拐点。主要原因在于:在京津冀区域内,存在较高的外商投资水平的城市为天津,依托其发达的贸易港口资源及先进的制造业,不仅吸引国外投资的落地,也对北京及河北产生较强的联动效应。基于此,京津冀应依托各地资源优势,逐步扩大外商投资范围,聚焦促进内外联动长效机制的完善。政府规模和能源投资对京津冀经济空间联动潜力的影响,同样存在显著的非线性关系,edf 值分为别 8.190 和 5.003,但在两者规模较低时,其影响效应变动较小,其中政府对城市经济社会发展的支持力度超过一定水平,对于城市联动潜力的拉动效应显著攀升,而能源投资在突破一定规模后,由于作为生产要素投入的能源投资存在规模效应递减的影响,对京津冀区域空间联动潜力的促进作用逐渐减弱,最后转变成抑制影响态势。

---

❶ 控制变量对空间联动潜力的非线性作用曲线因篇幅原因未在文中详尽展示。

3. 稳健性检验

本节通过改进的空间引力模型对城市的空间引力效应进行刻画,并进一步测度各城市的空间联动潜力,其中距离函数使用"动态距离",基于京津冀交通发展特征进行衡量,即使用最短公路距离,并引入路网通达性因素(两两城市公路密乘积)综合表征,能够有效刻画距离函数在时间上的演进,克服了仅使用地理距离进行测算造成的偏误。基于此,为深入探究基准模型及非线性的回归结果是否受空间距离的测量方法或不同测量指标的影响,本节进一步从变量层面,检验空间联动潜力变量设定的适用性及估计结果的稳健性。具体操作为:借鉴丁如曦和倪鹏飞[1]、王振华等[2]的研究,使用最短交通时间表征城市间距离,对京津冀区域内城市空间联动潜力进行重新估算,并进行实证分析。具体稳健性检验估计结果见表4-10。

表4-10 稳健性检验回归结果

变量	符号	(1)	(2)	(3)
产业转型升级水平	ITUE	0.3248*** (0.0562)	−0.4617** (0.1821)	5.0790*** (0.0000)
产业转型升级二次项	ITUE^2	—	0.2720*** (0.0603)	—
对外开放水平	Fdi	0.3902*** (0.0620)	0.5048*** (0.0636)	7.4910*** (0.0000)
政府规模	Gov	−0.0237 (0.0711)	−0.1466*** (0.0723)	4.9930* (0.0930)
能源投资	Tou	0.2715*** (0.0624)	0.2247*** (0.0597)	6.6200*** (0.0000)
控制变量	—	是	是	是
个体固定效应	—	是	是	—

---

[1] 丁如曦,倪鹏飞.中国经济空间的新格局:基于城市房地产视角[J].中国工业经济,2017(5):94-112.

[2] 王振华,李萌萌,江金启.交通可达性对城市经济高质量发展的异质性影响[J].经济与管理研究,2020,41(2):98-111.

变量	符号	（1）	（2）	（3）
时间固定效应	—	否	否	—
拟合优度	R^2	0.6190	0.6643	0.8350

注：***、**、*分别表示1%、5%与10%的显著性水平，（1）和（2）列括号内为参数估计标准误差，（3）列括号内为 P 值。

表4-10中，（1）和（2）为基于个体固定效应进行的检验，核心解释变量——产业转型升级效果的作用方向与表4-9中（3）和（4）列结果一致，当加入产业升级水平的二次项，同样表现出一定的正U形作用机制，且作用强度也较为接近；控制变量的显著性与作用强度同样呈现与表4-9较为一致的估计结果。此外，表4-10中（3）列为基于非参数模型的回归结果edf值，产业转型升级效果在1%的水平下，对城市空间联动潜力存在显著的非线性作用关系。此外，控制变量中对外开放水平、能源投资、政府规模的edf值均在一定的水平下显著，且均显著大于1%，反映出控制变量同样对经济联动潜力影响机制的稳健性。该稳健性检验回归结果进一步表明，产业转型升级对京津冀城市空间联动潜力的影响机制的估计结果是稳健可靠的，同时也进一步验证了本节从动态距离等方面修正的空间引力模型的适用性。

4..“速度”视阈下影响效应的比较分析

本节探讨了产业转型升级水平的提升对城市空间联动潜力的非线性传导机制，但基于地区产业规模、要素禀赋等异质性特征，各市升级速度同样存在显著的差异性。因此，通过引入 Lilien 指数模型，根据劳动要素在产业间的转移对产业转型升级速度进行了测算和进一步探讨。计算公式如下：

$$V_{jT} = \left[\sum_{q=1}^{k} \frac{\mathrm{Emp}_{qiT}}{\mathrm{TEmp}_{jT}} \left(\Delta \log \mathrm{Emp}_{qiT} - \Delta \log \mathrm{TEmp}_{jT} \right)^2 \right]^{1/2} \qquad (4\text{-}18)$$

式中，V_{jT} 为 j 城市 T 时期内产业升级速度，V_{jT} 值越大意味着速度越快；Emp_{qiT} 指 T 时期内 j 城市中 q 产业的就业人数，TEmp_{jT} 为总就业人数。

产业升级的速度决定研究期内要素禀赋结构的变化与重新配置，同样是京津冀区域内各市协同发展的核心要素。基于表4-11的三阶段测算结果可知，

2004—2020年,京津冀城市群内13市均处于产业转型升级水平稳步提升的进程中,但升级速度存在显著城市差异特征。T_2阶段大部分城市存在趋缓的变动,仅环京圈层内,如天津、廊坊等部分城市处于稳步上升的状态;该时期处于京津冀城市群协同战略提出的前期阶段,各城市产业经济发展侧重于规模和数量,特别是河北省大部分城市以重工业为主导产业,资源等承载压力较大,要素的流动性不足,忽略了效率及质量的提升,是该时期产业升级速度放缓的主要原因。2014年京津冀明确了协同发展方向,提出了优化生产空间结构为核心任务,推动形成新的经济增长极。以此为契机,产业发展进入转型关键期,在T_3阶段内,各城市产业升级速度显著提升。

表4-11   2004—2020年京津冀13市产业升级速度测算结果

城市	$T_1 = 2004—2008$	$T_2 = 2009—2013$	$T_3 = 2014—2020$	$T_{总} = 2004—2020$
保定	0.0751	0.1091	0.1242	0.1248
北京	0.0491	0.0170	0.0403	0.1924
沧州	0.0637	0.0303	0.1156	0.0492
承德	0.0607	0.0395	0.0863	0.1286
邯郸	0.0735	0.0726	0.1039	0.1403
衡水	0.0255	0.0956	0.1438	0.0794
廊坊	0.0159	0.1028	0.0776	0.2360
秦皇岛	0.0907	0.0215	0.0438	0.0730
石家庄	0.0572	0.0245	0.0516	0.1372
唐山	0.0892	0.0369	0.0663	0.1459
天津	0.0290	0.0623	0.1035	0.0581
邢台	0.0886	0.0758	0.1315	0.0537
张家口	0.0531	0.0332	0.0865	0.1582

资料来源:根据各统计年鉴2004—2020年面板数据整理计算。

表 4-12　产业转型升级速度对城市空间联动潜力的影响机制

变量	符号	（1）	（2）	（3）	（4）
产业转型升级速度	V	−0.01736 （0.0834）	−0.1142 （0.1508）	−0.0073 （0.0642）	−0.1531 （0.1150）
速度的二次项	V^2	—	0.046204 （0.0354）	—	0.04125 （0.0270）
对外开放水平	Fdi	—	—	0.2794*** （0.0748）	0.2830*** （0.0745）
政府规模	Gov	—	—	0.3394*** （0.0714）	0.3313*** （0.0714）
能源投资	Tou	—	—	0.2234*** （0.0753）	0.2235*** （0.0751）
个体固定效应	—	是	是	是	是
时点固定效应	—	否	否	否	否
拟合优度	R^2	0.0023	0.0132	0.4297	0.4383

注：***、**、*分别表示1%、5%与10%的显著性水平，括号内为参数估计标准误差。

基于对京津冀各城市产业转型升级的速度的分析，本节进一步探究了产业转型升级速度对城市空间联动潜力的影响机制。表 4-12 为基于个体固定效应的回归结果。其中，（1）列仅考虑产业转型升级速度为解释变量，（2）~（4）列逐渐引入二次项和相关控制变量。回归结果表明：产业转型升级速度对京津冀区域内空间联动潜力表现为不显著的弱负向影响效应，该结果反映了研究期内，虽然京津冀区域内产业转型升级速度波动提升，但尚未形成的区域联动发展的促进效应。该回归结果进一步表明：随着产业转型升级进程的有序推进，更应关重三次产业各细分行业效率的提升和结构优化，促进产业转型升级"质量"的提高，而不是追求产业转型升级速度的加快，这也是京津冀协同发展中塑造疏解北京非首都功能、空间联动网络格局的核心内容，同时与经济高质量发展目标紧密契合。

4.4 本章小结

以产业转型升级统筹推进各地经济高质量发展的核心是切实转变京津冀区域经济发展模式、优化经济结构的关键,能够有效助推北京非首都功能有序疏解、津冀承接效能加快提升,促进城市间经济协作联动格局的形成,已成为京津冀城市群协同发展的重要环节。

首先,本章在新发展理念的基础上,考虑数字化发展对经济增长质量提升的重要作用,构建了京津冀经济增长质量的评价指标体系。其次,在传统空间引力模型的基础上,从动态距离、引力要素层面改进了空间引力模型,构建了综合考虑引力方向特征、空间演化差异的分析框架,给出了京津冀经济空间联动潜力测度方法。再次,通过构建面板平滑转换模型和非参数模型两种非线性影响效应模型,基于京津冀区域经济发展特征,从经济增长质量和经济空间联动潜力不同视角下,系统全面地挖掘产业转型升级对京津冀经济发展的影响效应。此外本章还基于"经济增长数量"和"转型升级速度"双重视角,进一步探讨了产业转型升级对京津冀经济增长质量和空间联动潜力的影响机理及差异性,多层面验证了产业质量提升在产业转型升级和经济发展中的重要推动机制。利用京津冀13市2004—2020年面板数据的实证分析显示:

产业转型升级的经济增长质量的影响效应。一方面,样本期间内,京津冀经济增长质量保持一定增长态势,其增速呈现为一定增减交替的演变特征,但呈现显著空间差异性。此外,各市在资源禀赋等方面的差异性,是京津冀经济增长质量呈非均衡性演进特征的关键。另一方面,产业转型升级对经济增长质量具有显著的促进作用,但该促进作用具有一定的临界效应,当超过临界点时,存在较弱的负向非线性关系,导致正向促进的总效应减弱,且表现为速度较慢的平滑过渡特征。

产业转型升级的经济联动潜力影响效应。第一,空间引力层面,京津冀城市群内各城市间存在显著的双向性及非对称引力作用关系,但引力强度的空间分异显著、网络密度存在"由南向北"梯度递减的特征,且表现出以北京为辐射核心的一核两翼、双向联动、多城辐射的空间格局;其中,张家口、承德的引力效应整体较弱。联动潜力层面,样本期内,13市均呈现出逐年递增的变动规律,但同样表现为中心强、边缘弱的层次特征,环京区域联动潜力增速显著,形成了"北京—天津—廊坊"强劲"三角"引力结构,并对其他相邻或相近的城市存在日益增强的纵向联动效应,此外,路网的通达性是联动潜力逐年递增的关键。

第二,影响效应方面。京津冀协同发展战略正式提出之后,纳入"质量"维度表征的产业转型升级效果与基于劳动要素转移测算产业转型升级"速度"均呈现出稳步提升的演进特征;但对京津冀城市联动潜力的影响机制存在显著的差异:纳入"质量"维度表征的产业转型升级效果对城市联动潜力存在波动递增的非线性作用效应,特别是当转型升级水平较高时,促进效应显著增强,能够有效提高城市空间联动潜力;而"速度效应"层面,对京津冀区域内空间联动潜力表现为不显著的较弱负向作用机制,尚未形成显著的区域联动发展的促进效应。因此在产业转型升级的有序推进中,应以质量提升为重要抓手,进一步推动区域协同联动高质量发展布局。

基于上述研究结论,为稳步促进产业转型升级对京津冀区域经济高质量发展及经济协同发展水平,本节进一步提出以下政策性建议与启示:

首先,明确产业升级方向,重视稳速增质进程。以提高农业生产效率、扩大新型工业化规模、推动现代化服务业升级为基础目标,以技术及产业价值链提升为核心,带动传统产业创新性转变。一方面,各地应因地制宜,明确产业发展重点,在注重产业转型升级结构优化调整基础上,应更加注重各行业至三次产业效率的提升,促进产业转型升级质量的提高;具体地区方面,北京以科技创新为产业升级的核心方向,推动亦庄等经济技术开发区及创新园区的成果转化效率,并以"疏"字当头,持续深化产业对接协作。天津和河北各城市以加快建设生态城、产城融合示范区为支撑,严格敦促污染物排放严重、能耗高企业的转型及绿色化发展,注重创新要素的投入使用,提升生态效率与技术效率。另一方面,以数字驱动为新引擎,促进产业数字化和数字化产业建设,加强前沿技术与产业转型升级的有机融合,打造经济增长质量与区域经济协同发展的新动能。

其次,以区位引力强化为核心动力,助推京津冀协同联动网络格局的构建。以协同发展战略为指导方针,加强各地在经济要素、市场等方面的交流与互通,稳步推进公共服务的共建共享进程,并加快"轨道上"的京津冀一体化网络的实现。北京作为京津冀城市群的政治、科技中心,应紧抓非首都功能疏解的"牛鼻子",以产业迁移、高校和医院等部门的迁建为主要路径,加强与津冀的互联互通,同时应建立惠企惠市的政策,推动北京高精尖技术的研发并辐射津冀,促进创新技术和成果在区域内的联合转化与应用。此外,应发展壮大保定等地规模,特别是打造雄安新区卫星城,推动多城互联互促的网络框架的形成,强化多节点中心城功能,打造河北经济增长极。

此外,完善促进区域经济发展的长效机制。重视京津冀城市空间联动发展与贸易要素、政府支出及能源投资等的有效结合。加强引进外商投资,逐步扩大外商投资范围,聚焦促进内外联动机制的完善;特别是天津应充分发挥其京冀的衔接功能,通过物流贸易服务,构建全方位合作的大通道,加强北京的"双城"联动机制,加快同城化建设发展的步伐,充分发挥对周边城市的辐射引力效应;进一步依托其先进的港口资源及自贸试验区的建设,打造京津冀高水平协同发展的对外开放平台,助力京津冀成为中国外资新高地。

与此同时,各地政府应加大对区域协同一体化发展的支持力度,并加强低能耗、高技术工业的能源投资力度,支持可再生资源的投资,统筹与资源禀赋富集城市的合作,推动能源创新协同、能源绿色发展协同,进一步加强能源准备与互助体系建设,增强京津冀区域内外能源调入与接收能力,形成多向、多元的互促空间格局。

第5章 京津冀产业转型升级多维影响因素探究

新时代背景下,推动产业转型升级是优化经济结构与实现区域现代化治理体系和能力的重要内容。基于京津冀各市资源禀赋、社会经济发展及产业动力等层面的差异性,不同要素对产业转型升级的作用方向和影响机制各异。对影响产业转型升级因素的系统梳理和多维探究,能够充分识别和厘清影响产业转型升级的关键驱动要素,是有效分析京津冀产业转型升级提升路径和指导驱动措施有序实施的重要前提,也是推动区域产业向高层次、高质量转型升级的重要环节。因而,本章在多层面城市发展差异特征的基础上,从内在要求、外在约束和数字驱动三个层面,对影响产业转型升级效果因素的作用机制及空间溢出效应进行探讨和考量,并进行了空间影响效应的分解分析,多层面、多视角剖析了经济产业转型升级的影响因素。

5.1 本章概述

产业转型升级优化产业承接、对接,是实现京津冀区域一体化发展的总体目标的重要内容。当前随着高技术在京津冀区域的广泛渗透与有效承接,以及数字化等新兴领域的开发与应用,是有效推动产业链攀升的关键,也是当前京津冀区域产业转型升级的重要途径。党的二十大报告中,也进一步强调了加快发展数字经济,促进数字经济和实体经济深度融合,打造具有国际竞争力的数字产业集群加快发展数字经济。

随着社会经济的不断发展、信息技术革新发展与生产要素市场化的不断深入,各地区产业转型升级效果提升的路径逐步向多元化方向发展。基于熊彼特的"循环之流"理论,产业转型升级路径的探究,应包含两个层面,一是从约束因素入手,挖掘约束机制,二是明确目标,优化升级方向和维度。●因而,对产业转型升级影响因素作用机理的有效探究,是明晰不同条件下产业转型升级路径的

---

❶ 张永恒,郝寿义.高质量发展阶段新旧动力转换的产业优化升级路径[J].改革,2018(11):30-39.

基础和关键。就现有可查阅文献而言,关于影响效应研究,在研究内容方面,学者们从不同视角考量了产业转型升级的影响因素,并探讨了其影响机理[1],系统地验证了不同因素对产业转型升级的影响效应,但上述研究多以技术创新等单因素分析为主,在综合考虑内在驱动、外在约束和持续动力等要素的影响机制方面鲜有涉及,产业转型升级是产业结构优化调整及产业内部质量提升两者间纵深融合协调互促的演进过程,是多层面要素共同驱动影响的结果。

此外,在研究方法方面,现有研究多侧重于探究变量之间的线性作用关系,能够较为直观反映各要素对产业转型升级的影响机制,然而,在京津冀区域协同发展战略的有效推进下,产业转型升级具有加强产业承接与协同的多重属性和目标,具有一定的空间联动辐射机制,存在一定的溢出效应。局限于面板线性模型下的影响效应研究,极易造成忽略其空间异质性的误设定,从而导致对作用机理的错误估计,更不能有效研判其空间溢出效应存在下区域内各地产业转型升级的提升路径。进一步从空间层面,探究各影响因素对京津冀区域产业转型升级的直接与间接传导机制,有助于深入剖析其产业转型升级空间特征与作用机理,使测度结果更具有效性和适应性。因此,本章以多维度影响因素为研究切入点,在考虑空间溢出效应基础上,多视角探讨京津冀产业转型升级的路径。基于第2章中对产业转型升级效果提升内涵的界定和综合测度方法的设计,综合来看,产业转型升级包含产业结构优化调整和产业内部质量提升双重维度,而该不同层面的演进受诸多因素的影响,基于武晓霞[2]、章文光和王耀辉[3]、王兰平等[4]的

---

❶ HAMPHRE Y. Predicting the Emergence of Innovation from Technoligical Covergence: Lessons from the Twentieth Century[J]. Journal of Macro-marketing, 2000, 28(2): 157-168; JAAKKO S, RAULI S, ARTTI J. Specialization and Diversity as Drivers of Economic Growth: Evidence from High-tech Industries[J]. Regional Science, 2015, 94(2): 229-247; 王敏,李亚非,马树才. 智慧城市建设是否促进了产业结构升级[J]. 财经科学, 2020, (12): 56-71.

❷ 武晓霞. 省际产业结构升级的异质性及影响因素——基于1998年—2010年28个省区的空间面板计量分析[J]. 经济经纬, 2014, 31(1): 90-95.

❸ 章文光,王耀辉. 哪些因素影响了产业升级?——基于定性比较分析方法的研究[J]. 北京师范大学学报(社会科学版), 2018, (1): 132-142.

❹ 王兰平,王昱,刘思钰,逯宇铎,杜小民. 金融发展促进产业结构升级的非线性影响[J]. 科学学研究, 2020, 38(2): 239-251.

成果研究,可将影响产业转型升级的因素归纳为外在约束、内在要求和持续动力三个方面。

对比已有研究,本章的主要贡献在于:第一,考虑京津冀产业转型升级效果提升对产业内部发展特征及外部宏观经济环境的依赖性,在探究影响因素时,从内在要求、外在约束和数字驱动三个方面对产业转型升级的影响效应进行检验和评估,这是本章研究视角上的创新。第二,以多因素为研究视角,通过引入空间杜宾模型(SDM)进行空间溢出效应研判并作进一步分解分析,更为有效地剖析了对产业转型升级的非线性影响关系及其异质性特征,这是本章研究方法上的创新。

5.2　内在要求下产业转型升级影响因素探究

内在要求在本节研究中指影响产业发展及产业转型升级效果提升的核心生产要素,基于柯布道格拉斯生产函数和CES效用函数等的设定,劳动、资本和技术是企业至产业部门生产活动的基础要素,因此,本节从劳动力水平、资本要素、技术创新三个方面探究对产业转型升级的影响机理。

5.2.1　影响机制的测度设计

1. 变量设定

被解释变量。产业转型升级效果(ITUE):从产业间结构优化和产业内部效率提升两个维度,对于京津冀各市产业转型升级效果进行刻画,具体操作及测算结果如第2章所示。

解释变量。劳动力水平(Lab):作为产业发展的核心要素之一,劳动力水平的提升和人力发展潜力的充分发挥是实现效率提升和产业高质量发展的核心内容。[1]教育体系的不断完善和发展是人才培养、技术交流的有效方式,也是提升各地区人力资本水平的关键,有助于产业升级进程中要素配置效率的提高[2],因此教育水平是客观表征劳动力发展水平的合理途径,也是提高专业技术人才建

---

[1] 解晋.中国分省人力资本错配研究[J].中国人口科学,2019(6),84-96,128.

[2] 袁航,朱承亮.国家高新区推动了中国产业结构转型升级吗[J].中国工业经济,2018(8):60-77.

设与经济发展深度融合的重要基石。京津冀作为我国高等教育的重要区域,特别是北京市承载了一大批优秀人才培育院校和基地,为京津冀产业发展提供源源不断的动力。基于此,本节使用各城市高等学校在校人数占常住人口总数的比重刻画京津冀劳动力水平,探究其对产业转型升级的影响效应。

资本要素(Cap):伴随着我国工业化水平迈入中后期阶段,资本投资是工业转型至整个产业转型升级的主要源泉和重要支撑[1],同样为产业部门的核心投入要素之一,基于要素替代弹性理论,资本要素与劳动要素互为产业发展的重要内容。本节参考徐生霞[2]、李世祥[3]学者根据永续盘存法,测算京津冀各城市的资本存量,并进一步以人均资本存量表示资本要素,探究影响产业转型升级的内在要素的作用机理。

技术创新(Ino):随着对产业和经济高质量发展要求的持续深化,新时代背景下,我国产业发展逐渐由资本驱动向技术驱动转型。技术创新作为新时期动能转换、效率变革的核心动力,是我国经济高质高效发展有序推进的关键[4],也是全球化发展格局中,提升产业价值链和国际竞争力的战略驱动因素。党的二十大报告中明确提出了坚持创新在我国现代化建设全局中的核心地位。统筹推进区域科技创新中心建设是构建现代化经济体系提升国家创新体系整体效能的重要内容。当前,京津冀各城市创新活力竞相迸发,其中北京是我国创新发展的高地,提升区域创新能力及创新要素的流动性,以促进产业价值链提升及社会经济发展,已成为各地区发展的共识与重点。专利是各地区微观和宏观双重层面表征技术创新的重要指标,区域创新具有多层次、多主体的特征,本节以科技成果为导向,使用各市专利授权数与研究和开发人员的比值,从创新结果视角反映京津冀技术创新发展水平。

[1] 孙早,刘李华. 资本深化与行业全要素生产率增长——来自中国工业1990—2013年的经验证据[J]. 经济评论,2019(4):3-16.

[2] 徐生霞,刘强,姜玉英. 全要素生产率与区域经济发展不平衡——基于资本存量再测算的视角[J]. 经济与管理研究,2020,41(5),64-78.

[3] 李世祥,王楠,吴巧生,成金华. 贫困地区能源与环境约束下经济增长尾效及其特征——基于中国21个省份200—2017年面板数据的实证研究[J]. 数量经济技术经济研究,2020,37(11):42-60.

[4] 辜胜阻. 高质量发展要让创新要素活力竞相迸发[J]. 经济研究,2019(10):7-9.

2. 变量说明

本节基于内在要求层面,从劳动力水平、资本要素、技术创新三个方面实证分析其对京津冀产业转型升级效果的作用机制。使用的样本覆盖2004—2020年京津冀三省(市)及河北省内11个地级市,各变量根据各地区相关统计年鉴公布数据整理得来,并以2003年为基期,对相关数据进行了平减处理。表5-1展示了内在要求层面相关变量的描述性统计。

表5-1 内在要求影响因素的描述性统计展示

变量类型	变量	符号	均值	标准差	中位数	最小值	最大值
被解释变量	产业转型升级	ITUE	7.57	1.15	7.31	5.42	11.60
内在要素	劳动力水平	Lab	0.03	0.01	0.02	0.00	0.09
	资本要素	Cap	8.64	8.15	6.47	0.46	50.50
	技术创新	Ino	0.63	0.07	1.08	0.03	10.46

资料来源:根据各统计年鉴2004—2020年面板数据整理计算。

3. 模型构建

基于上述影响因素的选择,为深入探究各因素对京津冀区域产业转型升级效果的影响机制,本节在根据Moran's I指数对京津冀区域产业转型升级效果的空间相关性进行检验,验证了京津冀产业转型升级空间效应显著性的基础上,将研究扩展到空间计量模型,探究变量通过城市间关联交互而对产业转型升级产生的空间溢出效应,模型设定为空间杜宾模型(SDM)。空间杜宾模型(SDM)既能够刻画被解释变量来自相邻空间的溢出效应,又可以反映解释变量的空间相关性,适用于对全局域空间溢出效应的研究。[1]模型设定如下:

$$\mathrm{ITUE}_{jt} = a_0 + \rho \sum_{i \neq j}^{n} W_{ij}\mathrm{ITUE}_{jt} + \beta X_{jt} + \sigma \sum_{i \neq j}^{n} W_{jt}X_{jt} + \xi_{jt} \qquad (5\text{-}1)$$

式(5-1)中,$j(j=1,2,\cdots,J)$代表本节研究市的个数、$t(j=1,2,\cdots,T)$代表时期

---

[1] LESAGE J P. What Regional Scientists Need to Know About Spatial Econometrics[J]. The Review of Regional Studies, 2014(1): 13-32; 许培源, 刘雅芳. "一带一路"沿线国家恐怖活动对旅游业发展的影响[J]. 经济地理, 2020, 40(3): 216-224.

数。$ITUE_{jt}$为京津冀区域内j在第t年份的产业转型升级效果测度值，X_{jt}为一系列影响因素组成的向量集，本节中分别为内在要求因素：劳动力水平（Lab）、资本要素（Cap）、技术创新（Ino）。ρ、β、σ为待估参数及向量矩阵，其中ρ为产业转型升级的空间自回归系数，β为不考虑空间效应的影响系数，σ表示各变量对产业转型升级效果空间影响作用的回归系数的集合。ξ_{jt}为随机扰动项。基于此，本节内在要求因素研究的空间杜宾模型可进一步表示为

$$ITUE_{jt} = a_0 + \rho \sum_{i \neq j}^{n} W_{ij}ITUE_{jt} + \beta_1 Lab_{jt} + \beta_2 Cap_{jt} + \beta_3 Ino_{jt}$$

$$+ \sigma_1 \sum_{i \neq j}^{n} W_{ij}Lab_{jt} + \sigma_2 \sum_{i \neq j}^{n} W_{ij}Cap_{jt} + \sigma_3 \sum_{i \neq j}^{n} W_{ij}Ino_{jt} + \xi_{jt} \tag{5-2}$$

式（5-2）中，β_1、β_2、β_3分别表示为 Lab、Cap、Ino 不考虑空间效应的影响系数，σ_1、σ_2、σ_3分别为对应的空间回归系数，其他变量与符号的含义同式（5-1）。

W_{ij}为空间权重矩阵中元素，表示城市i和j间的空间关系，本节旨在直观分析京津冀各市毗邻的空间关联溢出效应，使用空间地理距离权重矩阵表征，并进行标准化处理，计算方法为

$$W_{ij} = \begin{cases} \dfrac{1}{d_{ij}^2}, & i \neq j \\ 0, & i = j \end{cases} \tag{5-3}$$

式（5-3）中，d_{ij}表示城市i和j间的距离，基于本节研究中京津冀各城市毗邻或相近的特性，使用最短距离进行表征，当$i = j$时，记为 0。

此外，本节还构建空间自回归模型（SAR）和空间误差模型（SEM），与空间杜宾模型（SDM）的实证结果进行比较分析，分别如式（5-4）和（5-5）

$$ITUE_{jt} = a_0 + \rho \sum_{i \neq}^{n} W_{ij}ITUE_{jt} + \beta_1 Lab_{jt} + \beta_2 Cap_{jt} + \beta X_{jt} + \xi_{jt} \tag{5-4}$$

$$ITUE_{jt} = a_0 + \beta X_{jt} + u_{jt}; \quad u_{jt} = \theta \sum_{i \neq}^{n} W_{ij}u_{jt} + \mu_{jt} \tag{5-5}$$

式（5-4）和式（5-5）中，SAR 模型中仅考虑了被解释变量的空间溢出效应，SEM 模型中体现出了空间误差项对京津冀产业转型升级效果的影响。空间杜宾模型（SDM）在一定条件下可进一步简化为 SAR 或 SEM 模型。同样，内在要求视角下影响机制的空间自回归模型（SAR）和空间误差模型（SEM）可进一步表示为

$$\text{ITUE}_{jt} = a_0 + \rho \sum_{i \neq}^{n} W_{ij}\text{ITUE}_{jt} + \beta_4\text{Lab}_{jt} + \beta_5\text{Cap}_{jt} + \beta_6\text{Ino}_{jt} + \xi_{jt} \tag{5-6}$$

$$\text{ITUE}_{jt} = a_0 + \beta_7\text{Lab}_{jt} + \beta_8\text{Cap}_{jt} + \beta_9\text{Ino}_{jt} + u_{jt}; \quad u_{jt} = \theta\sum_{i \neq}^{n}W_{ij}u_{jt} + \mu_{jt} \tag{5-7}$$

式(5-6)和(5-7)中,β_4、β_5、β_6与β_7、β_8、β_9分别表示为 Lab、Cap、Ino 在 SAR 和
SEM 模型中的估计系数。

4. 空间影响效应的分解

在对空间溢出效应进行研究的基础上,可进一步从变量的直接与间接效应
层次进行剖析,能够更为全面、深入诠释各层面因素对产业转型升级效果的空间
传导机理与影响效应。因此,为有效评估各变量对产业转型升级的空间作用机
理,本节基于偏微分的计算方法[1]进行了空间效应的分解分析,以探究变量作用
机制的直接与间接效应。空间效应偏微分计算方法如式(5-8):

$$\left[\frac{\partial Y}{\partial X_{1k}}\cdots\frac{\partial Y}{\partial X_{nk}}\right] = \begin{bmatrix} \dfrac{\partial Y_1}{\partial X_{1k}} & \cdots & \dfrac{\partial Y_1}{\partial X_{nk}} \\ \vdots & \vdots & \vdots \\ \dfrac{\partial Y_n}{\partial X_{1k}} & \cdots & \dfrac{\partial Y_n}{\partial X_{nk}} \end{bmatrix} = \left(I - \rho W\right)^{-1}\begin{bmatrix} \beta_k & W_{12}\sigma_k & \cdots & W_{1n}\sigma_k \\ W_{21}\sigma_k & \beta_k & \cdots & W_{2n}\sigma_k \\ \vdots & \vdots & \ddots & \\ W_{n1}\sigma_k & W_{n2}\sigma_k & \cdots & \beta_k \end{bmatrix}$$

$$\tag{5-8}$$

式(5-8)中,偏微分分解矩阵中主对角线元素用以表征直接影响效应,非主
对角线上元素用于反映间接效应。其中 Y 表示因变量,在本章中指产业转型升
级效果测度值(ITUE),X 表示相应的影响因素;β_K 与 σ_K 分别为 k 地区不考虑空间
效应的影响系数与相应的空间回归系数,W 为空间权重矩阵中元素,I 为单位
矩阵。

5.2.2　影响机制的测度分析

首先,Moran's I 指数检验了被解释变量——产业转型升级的空间相关性[2],基

———————————

[1] LESAGE J, FISCHER M. Spatial growth regressions: model specification estimation and interpretation[J].
Spatial Economic Analysis, 2008(3): 275-304.

[2] 根据 Moran's I 指数的测算,京津冀产业转型升级效果在2004—2020年,在5%水平下,均存在显著
的空间相关性。

于此,对产业转型升级影响因素的空间作用机制进行深入分析,能够充分发挥各因素在京津冀产业转型升级中的重要作用。其次,本节进一步运用 Wald 与 LR 检验,与空间滞后模型(SAR)和空间误差模型(SEM)进行比较分析,验证了空间杜宾模型(SDM)的适用性。

1. 内在要素的空间影响效应

表 5-2 展示了内在要素对产业转型升级的空间溢出效应的估计结果。从 SDM 模型的估计结果来看,空间效应方面,p 表示为被解释变量即产业转型升级的空间自回归系数,在 1% 的显著水平下,空间自回归系数为 0.3209,体现了京津冀城市间产业转型升级效果具有显著的正向空间溢出效应,即一个城市的产业转型升级会对区域内其他市的产业转型升级产生作用。这表明了在京津冀协同发展进程中,以产业转型升级推动区域整体产业联动转型升级是区域产业协同及高质量发展的重要引擎。产业结构的不断优化调整,向更高端层次迈进,产业生产效率稳步提升,区域内各市互相促进,空间溢出作用更为凸显。

第一,劳动力水平(Lab)对京津冀产业转型升级具有显著的正向促进作用,影响系数为 0.1115,且在 5% 的水平下显著,但其空间效应不显著,表明作为生产过程中的要素投入,随着劳动力水平的不断提高,对于京津冀产业转型升级具有较强的驱动效应,但尚未形成显著的空间溢出影响,主要原因在于:在经济发展进程中,溢出效应更多表现在知识技术层面,而劳动力的溢出效应主要体现的集聚等层面,非人力水平的提升。

第二,技术创新(Ino)对产业转型升级的正向作用显著,且存在一定的空间溢出效应。反映出在加快技术创新发展战略和布局进程中,存在市际间相互影响关系,即通过溢出作用机制进而推动京津冀区域产业转型升级效果的持续提升。在京津冀区域内,北京市核心技术研发及创新水平的稳步提升,并以高新技术企业在津冀设立分支机构为契机,增强创新技术承接与对接,有效推动了创新的空间溢出效应,助推区域产业转型升级水平的多层次提升。

第三,资本要素(Cap)对京津冀产业转型升级的影响效应不显著,且不存在显著的空间溢出作用关系,这进一步反映京津冀区域产业发展已由资本驱动转向技术驱动,人均资本要素的累积是产业发展的基础,但产业转型升级进程的有序推进,更多则需要依靠人力和技术水平的提升,这导致基础支撑的作用关系不显著。

表 5-2　内在因素对产业转型升级的空间影响效应

变量	符号	SDM	SAR	SEM
劳动力水平	Lab	0.1115** (0.0397)	0.0899** (0.0377)	0.0851** (0.0366)
资本要素	Cap	−0.0837 (0.0810)	−0.0160 (0.0597)	0.0097 (0.0677)
技术创新	Ino	0.7539*** (0.0659)	0.8263*** (0.0627)	0.7960*** (0.0572)
$W×$劳动力水平 [a]	$W×$Lab	−0.0797 (0.1442)	—	—
$W×$资本要素	$W×$Cap	0.3401 (0.1480)	—	—
$W×$技术创新	$W×$Ino	0.4508*** (0.1622)	—	—
常数项	—	0.1675*** (0.0599)	0.1891*** (0.0163)	0.2927*** (0.0191)
空间自回归系数	ρ	0.3209*** (0.0886)	0.2310*** (0.0780)	—
空间误差系数	θ	—	—	0.3820** (0.1702)

注:***、**、*分别表示1%、5%与10%的显著性水平。

　　a.W表示空间距离加权后的结果。

2. 空间溢出效应分解分析

此外,在对空间溢出效应进行考量与分析的基础上,为能够更为全面、深入诠释内在影响因素对产业转型升级的空间传导机理与影响效应,本节进一步根据式(5-5)偏微分计算的空间效应分解分析方法,从变量的直接与间接效应层次进行剖析（如表5-3所示）。

第一，直接效应方面。劳动力水平（Lab）的直接影响效应为正，为0.1141，且在1%的水平下显著；技术创新（Ino）同样表现为显著的正向促进直接影响效应。由此可以看出，在京津冀产业转型升级进程中，劳动力水平和技术创新提升的推动力较强。而资本要素的直接效应表现为不显著的负向作用机制，这进一步反映出产业转型升级的结构和质量双重层面优化及提升，更多源于科技人才和知识的累积，而非基础生产要素的累积，应更加注重对人力和技术的支持与培育，以改革创新为产业及经济发展的根本动力。

第二，间接效应方面。技术创新（Ino）的正向间接效应较为显著，反映了技术创新存在一定的空间邻域溢出效应，即技术创新不仅对本地的产业转型升级具有作用机制，而且通过知识溢出效应，有效影响了区域内其他城市的产业转型升级效果。劳动力水平（Lab）的间接影响效应在10%的水平下显著，而资本要素的间接效应不显著，表明在样本期间内，由于区域资本基础和累积不均衡性的延续，以及地域发展竞争化的存在，导致省际资本辐射联动效应动力不足，未对周边地区产生显著的影响和带动。

第三，总效应方面。总效应是直接效应和间接效应综合作用累积，其作用方向与直接效应一致。以上研究表明，技术创新和人力水平提升对区域产业转型升级的正向推动效应不仅存在直接的作用机制，而且还与周边其他地区形成协调共联功能，多层次、多方位促进京津冀产业发展。

表5-3　空间溢出效应分解结果

变量	符号	直接效应	间接效应	总效应
劳动力水平	Lab	0.1141*** （0.0425）	0.0501* （0.0312）	0.1642*** （0.0662）
资本要素	Cap	−0.0856 （0.0855）	−0.0376 （0.0440）	−0.1232 （0.1253）
技术创新	Ino	0.7715*** （0.0654）	0.3387** （0.1610）	1.1102*** （0.1892）

注：***、**、*分别表示1%、5%与10%的显著性水平。

5.3　外在约束下产业转型升级影响因素探究

外在约束指影响产业转型升级效果提升的社会经济环境要素及外部条件，本节研究中从城乡发展差距、金融水平和基础设施建设三层面实证分析其对京津冀产业转型升级的影响机制。

5.3.1　影响机制的测度设计

1. 变量与数据

被解释变量：产业转型升级效果(ITUE)。

解释变量。城乡发展差距(Urg)：基于刘易斯(Lewis)❶对二元经济结构的阐述，农业部门剩余劳动力向城市中工业部门迁移，通过增加农村劳动力收入，缩小城乡发展差距，是促进产业结构调整和发展的有效途径。此外，加快城乡融合发展进程，是优化区域空间布局的基础，能够有效调整要素供给和需求结构的变化，进而影响产业链的演进。❷当前京津冀区域内，特别是河北省内各市与京津在城乡发展差距上，无论是在城镇化进程还是经济发展差异等方面，均存在一定的"鸿沟"问题，属于社会经济环境要素。因此，为有效探究城乡发展差距对京津冀区域产业转型升级效果提升的影响效应，本节中使用农村与城市人均居民消费水平之比衡量城乡发展差距。

基础设施建设(Inf)：基础设施对加强产业间要素流动具有重要的影响作用。❸交通基础设施作为各地区经济发展的主动脉，是促进行业间及地区间的知识溢出与信息等资源互联互通的重要载体，为各地区经济联系提供了必要的基础保障。此外，基于新经济地理学理论，交通运输成本也是影响产业发展的重要

---

❶ LEWIS W A. Economic development with unlimited supplies of labour[J]. The Manchester School, 1954, 22(2):139-191.

❷ 胡立君, 郑艳. 中国收入差距与产业结构调整互动关系的实证分析[J]. 宏观经济研究, 2019(11):63-73.

❸ BYGSTAD B, AANBY H P. ICT infrastructure for innovation: A case study of the enterprise service bus approach[J]. Information Systems Frontiers, 2010, 12(3):257-265; 魏敏, 李书昊. 新时代中国经济高质量发展水平的测度研究[J]. 数量经济技术经济研究, 2018, 35(11):3-20.

因素,当前,京津冀区域内各市间地理区位形成了以北京、天津为两核的网络结构,空间距离较近,且相对于铁路等运输方式,公路交通在京津区域联系中发挥重要的作用。基于此,本节根据交通基础设施发展,即公路密度衡量京津冀区域内各市的基础设施建设发展水平,以探究基础设施建设(Inf)对产业转型升级的作用机制。

金融水平(Fin):金融发展是促进投资、提高投资转换率、保证经济运行效率的重要载体,通过完善资本优化配置进一步影响资源配置效率的提高,在提升产业转型升级水平进程中发挥重要的支撑作用。[1]此外,董嘉昌和冯涛[2]立足金融结构视角,验证了金融发展推动资本市场在技术变革及提升产业价值链,并进一步推动经济高质量发展中的重要性。鉴于此,本节中根据金融业产值占地区生产总值的比重对京津冀各市的金融发展水平进行表征。基于变量的设定,表5-4展示了外在约束层面相关变量的描述性统计。

表5-4　外在约束影响因素的描述性统计展示

变量类型	变量	符号	均值	标准差	中位数	最小值	最大值
被解释变量	产业转型升级	ITUE	7.57	1.15	7.31	5.42	11.60
外在约束	城乡发展差距	Urg	1.96	1.62	1.69	0.00	7.37
	基础设施建设	Inf	1.05	0.33	1.08	0.36	1.74
	金融水平	Fin	0.05	0.04	0.04	0.01	0.25

资料来源:根据各统计年鉴2004—2020年面板数据整理计算。

2. 模型构建

为深入探究外在约束层面各因素对京津冀区域产业转型升级效果的影响机制,基于上述影响因素的选择,本节同样根据Moran's I指数对产业转型升级效果的空间相关性进行检验,使用空间杜宾模型(SDM)探究空间作用机制。外在约

---

[1] BECK, T. Financial development and international trade: Is there a link? [J]. Journal of International Economics, 2002, 57(1):107-131;冯涛,吴茂光,张美莎.金融发展、产业结构与城乡收入差距——基于金融"脱实向虚"视角的分析[J].经济问题探索,2020(10):170-181.

[2] 董嘉昌,冯涛.金融结构市场化转型对中国经济发展质量的影响研究[J].统计与信息论坛,2020, 35(10):34-41.

束层面空间杜宾模型设定如式(5-9):

$$\text{ITUE}_{jt} = a_0 + \rho \sum_{i \neq j}^{n} W_{ij} \text{ITUE}_{jt} + a_1 \text{Urg}_{jt} + a_2 \text{Inf}_{jt} + a_3 \text{Fin}_{jt} +$$

$$\theta_1 \sum_{i \neq j}^{n} W_{ij} \text{Urg}_{jt} + \theta_2 \sum_{i \neq j}^{n} W_{ij} \text{Urg}_{jt} + \theta_3 \sum_{i \neq j}^{n} W_{ij} \text{Urg}_{jt} + \xi_{jt}$$

$$(5-9)$$

式(5-9)中,a_1、a_2、a_3分别表示为Urg、Inf、Fin不考虑空间效应的影响系数,θ_1、θ_2、θ_3分布为对应的空间回归系数,其他变量与符号的含义同式(5-1)。W_{ij}为空间权重矩阵中元素,表征方法如式(5-3)。

此外,本节也同样构建外在约束下的空间自回归模型(SAR)和空间误差模型(SEM),与空间杜宾模型(SDM)的实证结果进行比较分析,并进一步从变量空间溢出的直接与间接效应层次进行剖析。

5.3.2 影响机制的测度分析

1. 外在因素的空间影响效应

在对内在因素的空间溢出效应进行系统探讨的基础上,本节还基于社会经济环境要素及外部条件,从城乡发展差距、金融水平和基础设施建设三层面考量了外在约束因素对京津产业转型升级效果的空间影响效应,如表5-5所示。

表5-5 外在对产业转型升级的空间溢出效应

变量	符号	SDM	SAR	SEM
城乡发展差距	Urg	−0.0781* (0.0407)	−0.3196*** (0.0544)	−0.0087 (0.0342)
基础设施建设	Inf	0.0743* (0.0398)	0.1896*** (0.0501)	0.0464 (0.0361)
金融水平	Fin	0.8273*** (0.0497)	0.8029*** (0.0515)	0.8081*** (0.0464)
$W \times$城乡发展差距	$W \times$Urg	−0.3465** (0.1148)	—	—

续表

变量	符号	SDM	SAR	SEM
$W \times$ 基础设施建设	$W \times \mathrm{Inf}$	0.0013 (0.0779)	—	—
$W \times$ 金融水平	$W \times \mathrm{Fin}$	−0.6863*** (0.1191)	—	—
常数项	—	0.2982*** (0.0553)	0.2010*** (0.0219)	0.2979*** （0.0241）
空间自回归系数	ρ	0.3263*** （0.0907）	0.1673* (0.0936)	—
空间误差系数	θ	—	—	0.5352*** (0.1027)

注:***、**、*分别表示1%、5%与10%的显著性水平。

外在约束是产业发展及转型升级的基础条件,能够在一定程度影响区域产业转型升级效果。首先,缩小城乡发展差距一直是我国区域协调发展及提升区域治理能力进程的核心内容。在京津冀协同发展战略的稳步深化进程中,各城市城乡发展差距(Urg)明显改善,空间杜宾模型(SDM)中,城乡发展差距对产业转型升级的作用系数为−0.0781,在10%的水平下显著,表明缩小城乡差距,振兴农业经济,有助于促进产业转型升级效果的提升,同时 Urg 的空间溢出效应也显著为负,意味着,城乡差距的缩小不仅可以直接有效驱动产业转型升级,而且能通过空间溢出效应进一步对产业转型升级产生显著的促进作用。

其次,基础设施建设(Inf),特别是交通基础设施,其一体化的迅速发展,如城际铁路和公路网的建设,在各城市产业要素集聚和吸引进程中发挥着重要载体作用,对产业转型升级具有一定的促进作用。然而,其空间溢出效应不显著,意味着当前京津冀的交通网络发展尚未形成对周边城市产业转型升级的影响效应。

再次,金融水平(Fin)的估计系数在1%的水平下显著,为0.8273,反映出金融发展在产业转型升级中的重要驱动作用,主要体现在:金融水平的提升不仅能够通过直接融资支持促进产业转型升级,而且还可以基于融资约束为产业转型升级的技术支撑提供保障,但是,样本期间内,京津冀金融水平(Fin)对产业转型升级效果的空间溢出效应显著为负。

此外,表5-5中SEM模型中,城乡发展差距和基础设施建设的作用效果均不显著,这也进一步验证了SDM模型对本节研究的适用性;变量SAR模型中的估计结果,同样表明了产业转型升级具有显著的空间作用机制。

2. 空间溢出效应分解分析

表5-6还进一步展示了外在约束因素空间效应的分解结果。分解结果表明,城乡发展差距的缩小不仅对本地的产业转型升级效果提升具有一定的促进作用,而且还会通过溢出效应显著影响邻近城市的产业转型升级。然而,以交通设施表征的基础设施建设的空间溢出影响效应分解结果均不显著,原因主要在于:以交通为载体能够有效促进产业部门生产劳动等要素流动、产业合作的交流和互融,但核心目的为促进本地的产业发展,其表现出的空间溢出效应,在产业转型升级进程中尚未有效显现。

表5-6　外在约束因素空间溢出效应分解

变量	符号	直接效应	间接效应	总效应
城乡发展差距	Urg	−0.3549*** (0.1193)	−0.1594* (0.0934)	−0.5143*** (0.1957)
基础设施	Inf	0.0761 (0.0792)	0.0342 (0.0407)	0.1103 (0.1183)
金融水平	Fin	−0.7029*** (0.1165)	−0.3157** (0.1455)	−1.0187*** (0.2256)

注:***、**与*分别表示1%、5%与10%的显著性水平。

5.4　数字驱动下产业转型升级影响因素探究

当前,大量新业态的有序涌现为纵深产业转型升级的变革提供了重要支撑,特别是数字化技术的渗透性应用,数据驱动新技术迭代与产业发展的广泛深度融合,逐步成为优化产业结构和提升发展质量的强劲动力。因此,本节从数字化驱动的视角下,进一步探究产业转型升级的影响因素。

5.4.1 影响机制的测度设计

1. 变量与数据

解释变量。数字化水平(Dig):本节以人均电信业务量表示的数字化水平(Dig)表征影响产业转型升级的持续动力,以进一步探究其对京津冀产业转型升级的作用机制。数字化作为一种迅速发展的新兴技术和新型发展模式,是产业发展的持续动力。随着人工智能、大数据等技术的飞速发展及持续渗透性,数字技术红利大规模释放,数字经济逐步成为优化产业结构和提升发展质量的新引擎及最为核心的增长极之一,数字化产业和产业数字化也逐步成为提升地区产业竞争力的重要内容。2020年全国两会中,也进一步强调了全面推进"互联网+"、打造数字化产业新优势,在激发市场活力、增强发展新动能中的重要性。以数字化水平提升促进产业转型升级也是"十四五"时期经济发展的重要内容。

被解释变量:产业转型升级效果(ITUE)。使用基础数据主要来源于2004—2020年京津冀三省市及河北省内11地级市,各变量根据各地区相关统计年鉴公布数据整理得来,相关变量描述性统计如表5-7所示。

表5-7 数字化水平影响因素的描述性统计展示

变量类型	变量	符号	均值	标准差	中位数	最小值	最大值
被解释变量	产业转型升级	ITUE	7.57	1.15	7.31	5.42	11.60
解释变量	数字化水平	Dig	8.89	0.96	5.92	0.04	64.26

资料来源:根据各统计年鉴2004—2020年面板数据整理计算。

3. 模型构建

本节使用空间杜宾模型(SDM)探究数字驱动层面因素对京津冀区域产业转型升级效果的影响机制空间作用机制。模型设定如式(5-10):

$$\text{ITUE}_{jt} = a_0 + \rho \sum_{i \neq j}^{n} W_{ij}\text{ITUE}_{jt} + \eta_1 \text{Dig}_{jt} + \eta_2 \sum_{i \neq j}^{n} W_{ij}\text{Dig}_{jt} + \xi_{jt} \qquad (5-10)$$

式(5-10)中,η_1、η_2 分别表示为数字化水平不考虑空间效应的影响系数和对应的空间回归系数,其他变量与符号的含义同式(5-1)。W_{ij} 为空间权重矩阵中元素,表征方法如式(5-3)。此外,本部分也同样构建数字驱动下的空间自回归模型(SAR)和空间误差模型(SEM),与空间杜宾模型(SDM)的实证结果进行比较分析,并进一步从变量空间溢出的直接与间接效应层面进行剖析。

5.4.2 影响机制的测度分析

1. 数字驱动因素空间作用机制

表5-8 持续动力对产业转型升级的空间影响效应

变量	符号	SDM	SAR	SEM
数字化水平	Dig	0.8714*** (0.0623)	0.8644*** (0.0633)	0.8000*** (0.0573)
$W×$数字化水平	$W×$Dig	0.2889*** (0.1113)	—	—
常数项	—	0.1823*** (0.0221)	0.1778*** (0.0129)	0.3619*** (0.0200)
空间自回归系数	ρ	0.2473*** (0.0906)	0.1341* (0.0764)	—
空间误差系数	θ	—	—	0.5366*** (0.1289)

注:***、**、*分别表示1%、5%与10%的显著性水平。

本节以数字化水平为持续动力,探究其对产业转型升级的空间影响效应。表5-8分别从SDM、SAR和SEM模型展示了空间溢出效应的估计结果。综合表中结果可以看出,数字化水平的提升是京津冀区域产业发展的重要动力,一方面,数字化对产业转型升级的回归系数在1%的水平下显著为正,作用测度值大小为0.8714,表现出较强的促进作用,反映出数字技术的持续渗透及与产业的融合发展,有效推动了产业的高质高效发展及结构优化。另一方面,数字化对产业的空间溢出效应估计系数通过了1%水平的显著性检验,意味着地区数字化发展对相邻城市产业转型升级效果的强化具有积极的作用,这也进一步表明了数字化水平的提升是有效推动"数字—产业—经济"三者加速融合及高质高效发展的关键,是强化区域产业发展、优化区域协调发展模式的重要内容。

2. 空间溢出效应分解分析

空间溢出效应分解结果(如表5-9所示)表明,数字化水平的直接效应与间接效应均显著,表明数字化对产业转型升级的影响效应不仅体现在本城市,还通过空间溢出效应显著促进区域内其他地区的产业转型升级效果。这主要与数字技术特性及发展模式密切相关,数字技术基于流动的便捷性及沟通载体的广泛性,数字技术与产业有机融合,有效刺激了企业的技术更新和迭代,深化了数字化产业及产业数字化的发展进程,有效促进了产业生产效率的提升和产业链的攀升,同时也能够解决地区间信息不对称等问题。

因此,在促进京津冀产业转型升级的进程中,应持续不断强化数字技术发展迈上新的台阶,加快构建数字交易及数字创新等平台的建设,推动数字联动及相互促进的新发展格局,以增强数字化产业竞争力和推动数字化产业发展进程,助推数字化优势在产业发展进程中竞争格局的构建,实现区域产业的高质高效转型升级。

表5-9　持续动力空间效应分解

变量	符号	直接效应	间接效应	总效应
数字化水平	Dig	0.8828*** (0.0646)	0.2749** (0.1466)	1.1578*** (0.1771)

注:***、**与*分别表示1%、5%与10%的显著性水平。

5.5　本章小结

产业转型升级以产业结构优化调整与产业内部质量提升为核心目标,但受各地区发展条件的影响,基于多重要素约束下,产业转型升级效果的提升呈现出多维影响路径。因而,本章立足京津冀区域产业发展特征,基于内在要求、外在约束和数字驱动三个层面的差异性,涉及人力资本、技术创新、数字发展及基础设施建设等因素,引入空间杜宾模型,对各变量影响效应进行了空间溢出探讨及分解分析。基于此,本章对产业转型升级的多维影响因素的探究得出如下结论:

(1)内在要求层面的影响机制。劳动力水平、技术创新对京津冀产业转型升级呈现出显著的正向促进作用,资本要素的作用关系不显著。空间溢出效应层面,仅技术创新,存在市际间相互影响关系,即空间溢出作用机制,且其直接、间接与总效应均在不同水平下显著。

(2)外在约束层面的影响机制。缩小城乡发展差距、加强基础设施建设及深化金融发展均能有效提升京津冀产业转型升级效果。其中,城乡差距的缩小还能够通过空间溢出效应进一步对产业转型升级产生显著的直接和间接促进作用。

(3)数字驱动层面的影响机制。数字化水平对京津冀产业转型升级的影响系数在1%的水平下表现出较强的促进作用,且空间溢出效应估计系数通过了1%水平的显著性检验,意味着地区数字化发展对京津冀区域内相邻城市产业转型升级效果的强化具有积极的作用。

综合来看,内在要求、持续动力和外在约束不同层面的多维因素,对京津冀产业转型升级表现出一定的直接影响和空间溢出效应。因此,产业转型升级不仅仅是内部结构的调整和质量的提升,还依托经济环境发展和新型动力的综合作用机制,有序全面产业基础高级化、产业链现代化,促进产业转型升级的结构、质量、速度和效益的互相统一与协调发展。

鉴于此,在稳步推进京津冀产业转型升级进程中,各市应重点从技术创新、数字发展、外部环境等多视角,结合京津冀区域特征及产业发展态势等,一方面,有序推动形成创新水平及效率提升的长效促进机制,发挥高技术产业联动性及优势行业的辐射带动作用,另一方面,以地区数字化差异为突破点,以数字化产业和产业数字化为重点,提升数字化水平和数字技术渗透辐射范围,此外,还应有效推动城乡融合进程、缩小城乡差距,建设现代化金融体系、深化金融体制改革,促进交通一体化发展、强基础设施建设等产业转型升级的外在驱动产业转型升级路径。

第6章　京津冀产业转型升级路径研究

科学探究产业发展视阈下产业转型升级提升路径,并进一步检验京津冀协同发展战略对产业转型升级的影响机制,以探究区域协同发展的政策驱动路径,是有效提升京津冀产业转型升级效果的关键。本章基于第5章影响因素的探讨和进一步对政策驱动效应的评估分析,分别从产业发展视阈、协同政策驱动、外部环境助推方面,提出了多维产业转型升级路径,并从宏观到微观、从产业到行业多视角进行了量化分析,对于更为高质高效贯彻京津冀区域协同发展战略,及推动经济高质高效发展具有重要的现实指导意义。

6.1　本章概述

基于地理区位因素及宏观经济政策的影响,京津冀区域内各地的经济及产业体系表现出显著的非均衡特征,产业转型升级效果的提升受多重因素共同影响。此外,2014年京津冀协同发展战略的正式提出,协同效果逐步显现,为京津冀各地经济结构优化及产业链攀升提供了重要的战略机遇。京津冀区域协同发展战略实施后,伴随着对多重要素的影响效应的探讨,高效、科学地明确推进产业转型升级路径已成为京津冀经济、产业发展的重点内容,也是区域内各市完善产业布局、激发经济高质高效发展动力的重要支撑。

关于产业转型升级路径的探讨,现有研究多集中于价值链转型升级的视角,一方面,通过加大创新研发、提升技术层次等路径[1];另一方面,通过探究产业嵌入价值链的位置等路径[2],其核心路径均为推动产业内部质量升级及产业向各层

---

[1] CHOUNG J Y, HWANG H R. Institutional capabilities and technology upgrading: the case of the nuclear industry in korea[J]. Technological Forecasting and Social Change, 2019,145(8):284-294;唐荣,黄抒田.产业政策、资源配置与制造业升级:基于价值链的视角[J].经济学家,2021(1):63-72.

[2] 袁嘉琪,卜伟,杨玉霞.如何突破京津冀"双重低端锁定"? ——基于区域价值链的产业升级和经济增长效应研究[J].产业经济研究,2019(5):13-26.

次的有序迭代,与本书对产业转型升级效果提升的内涵界定相契合,能够有效探究地区产业转型升级的方向和模式。但研究多基于产业层面进行的定性分析,缺乏针对协同发展战略驱动下,考虑地理区位因素及政策导向异质性的对策与路径的综合探讨和量化分析。京津冀产业呈现多层次、多目标的转型升级特征,其效果提升是基于从"行业—产业—城市—区域"的多节点、多维因素综合作用而形成的,因此产业转型升级路径不仅体现在产业层面,还表现为外在环境及政策等因素的多维度驱动层面。

此外,关于区域或产业的相关政策对于产业发展的研究主要集中于政策效果评价和作用路径两个领域[1];袁航和朱承亮(2018)[2],从不同视角验证了区域发展政策及产业政策能够有效通过推动人力资本等要素空间集聚、降低生产成本等方式,影响生产效率及提升产业转型升级水平。然而,也有部分学者的研究得出产业政策具有负向影响效应的结论,如格拉泽(Glaeser)和戈特利布(Gottlieb)[3]的研究表明,部分区域一体化政策导致企业到产业部门缺少提升生产效率的动力,主要原因在于该政策存在过度以均衡发展为核心目标。综合来看,现有研究从不同视角探究了区域政策在产业发展中的影响机制,但基于区域因素、政策特征及核心目标的不同,政策冲击的作用方向和强度存在一定的差异性,此外,就京津冀区域协同发展政策对产业转型升级的影响效应方面的探讨及提升路径的研究较少。2014年以来,区域协同发展战略的持续推进是否有效促进了京津冀区域的产业转型升级效果,以及与其他区域相比,是否存在显著的差异等问题仍有待进一步探究和验证。

鉴于此,本章的主要贡献在于:第一,立足产业发展层面,一方面,以"地区—产业"为切入点,基于技术创新的空间溢出效应,通过改进产业空间集聚方法,提出了高技术产业联动性的测度体系;另一方面,以数字化为切入点,从规模优势

❶ AGHION P, CAI J, DEWATRIPONT M, et al. Industrial policy and competition [J]. American economic journal: macroeconomics, 2015, 7(4): 1-32;唐诗,包群. 主导产业政策促进了企业绩效的增长吗?——基于外溢视角的经验分析[J]. 世界经济研究, 2016(9): 97-109, 137.

❷ 袁航, 朱承亮. 国家高新区推动了中国产业结构转型升级吗[J]. 中国工业经济, 2018(8).

❸ GLAESER E L, GOTTLIEB J D. The Economics of Place-making Policies [J]. Brookings Papers on Economic Activity, 2008(1): 155-239.

与发展潜力两个层面构建了数字化产业竞争力的测度方法,剖析了数字化产业发展的广度与深度;并通过识别高技术产业的区位与行业优势及数字化产业的演化特征异质性,有效识别了各地区的产业转型升级的发展路径。第二,以政策驱动为切入点,聚焦于京津冀协同发展战略,以2014年协同发展战略的正式提出作为自然实验,探讨了该区域政策的实施对京津冀区域产业转型升级的影响机制,并以长三角城市群为对照组,实证检验和分析了京津冀协同发展战略对产业转型升级影响的区域净效应,并进一步基于区位特征的差异性,对政策影响效果进行城市异质性检验和路径探究。此外,本章还基于外在约束因素的影响机制,进一步探讨了外在环境影响下的助推路径。

6.2 产业发展视阈下的转型升级路径

本节基于产业转型升级影响因素的探讨。首先,立足内在要求视角,提出了能够多主体、多目标地刻画我国高技术产业联动发展的动态演进规律的高技术产业联动性测度方法,通过识别高技术产业发展区位和行业优势,明确各地的高技术产业联动发展的产业升级效果路径;其次,基于持续动力层面,从竞争力提升的广度和深度双重层面,构建了数字化产业竞争力指数的测度方法,进一步探究及量化分析了京津冀的数字驱动产业转型升级路径。

6.2.1 高技术产业联动发展路径分析

基于对产业转型升级内在因素的空间溢出效应分析结果可知,技术创新对京津冀区域产业转型升级存在显著的正向促进和空间溢出效应。在产业层面,技术创新在高技术产业发展层面较为凸显。而以高技术产业联动推动技术迭代升级,促进产业链与创新链的深度融合是提升区域创新水平的关键,是占据区域创新制高点、形成高效创新网络体系的重要契机,也是推动经济高质高效发展的重要支撑[1],将进一步助推创新发展在我国"十四五"规划新征程中的深化实施。近年来,京津冀高技术产业发展保持较快增长的态势,对经济增长与质量提升的

---

[1] 姬中洋. 税收优惠如何影响高技术产业技术效率——基于SFA与中介变量法的研究[J]. 中国软科学,2019(7):145–152.

拉动作用日益增强。加强高技术产业间开放融合,形成多向互济、内外联动的合作格局,也是促进京津冀区域内各地产业协同发展、技术创新效率提升的有效途径。鉴于此,为有效发展技术创新对产业转型升级的驱动及空间溢出效应,本节立足地区和产业双重层面,以行业为节点,提出了高技术产业联动发展路径。

1. 高技术产业联动性的测度方法

关于产业联动效果的测度方法,目前尚未形成统一的标准。从现有研究看,一方面,以集聚指数、灰色关联等方法为主❶,围绕产业结构发展的相似性对产业联动水平进行测度;另一方面,基于投入产出分析,根据直接消耗或间接消耗系数探讨产业间的相互作用关系。❷上述两类研究方法侧重于从不同的视角对产业间协同发展效果及影响力进行测度分析,能够较好地探究产业间的内在逻辑关系,并有效验证了产业联动趋势的存在性;但多局限于特定的区域范围内,忽略了产业的跨区域、全行业联动的双重属性,未能全面地刻画产业的联动程度及演进路径。产业联动不仅应该反映不同产业间协同互促的演进规律,还应反映同一行业跨地区互相联系的网络结构特征,特别是高技术产业,具有空间集聚布局及技术关联等演进规律,量化高技术产业的联动机制并剖析其空间分异,是促进区域间与区域内产业竞争力提升的有效途径。

首先,本节重新对高技术产业联动性演进路径进行了双重维度的界定:一方面,在特定地理区域内,不同的高技术产业通过结构调整优化,产业间相关性不断增强,进而形成紧密对接与分工明确的互联互促、协调演进特征,以形成区域内高技术产业的协同高效发展的格局,从而达到促进产业链各环节要素流动、加快产业间深层合作的目的;另一方面,高技术产业联动表现为同一行业的跨地区协作关系,各城市相互合作、相互竞争,充分发挥区位与资源优势,加强生产要素的流动效率,打造跨地区高技术产业功能融合、技术对接互联的空间布局。

❶ WANG S, CHEN B. Energy-water Nexus of Urban Agglomeration Based on Multiregional Input-output Tables and Ecological Network Analysis:A case Study of the Beijing-Tianjin-Hebei Region[J]. Applied Energy, 2016,178(9):773-783;田增瑞,田颖,吴晓隽.科技孵化产业协同发展对区域创新的溢出效应[J].科学学研究,2019,37(1):57-69.

❷ 潘文卿.中国国家价值链:区域关联特征与增加值收益变化[J].统计研究,2018,35(6):18-30;王涛,苏雅,王晴晴.中国省际贸易矩阵的估计与应用[J].统计研究,2019,36(4):60-70.

其次,考虑京津冀三省市高技术产业在行业间和地区间表现出的非均衡特征,本节通过改进的空间集聚测度模型,基于地区和产业两个维度,提出了高技术产业联动性的测度方法,该方法的优点在于:既能多主体、多目标地刻画我国高技术产业联动发展的动态演进规律,又能有效识别区位和行业优势;并探究其空间分异特征,对于推动区域创新及产业高质量发展政策实施意义重大。

第一,地区内的产业间联动性测度。

就同一地区内不同高技术产业联动发展的测度,区位差异性与产业联动性并存,考虑到京津冀区域内地理区位因素与资源禀赋特征,各市高技术产业的整体结构及发展水平存在较大差异,本节在Krugman❶产业空间集聚测度方法的基础上,通过式(6-1),给出了从地区差异层面测算高技术产业联动性(HIL)的公式,用以表征一定区域范围内各高技术产业互联互促的协调发展状况及演进。

$$HIL_{jt} = \sum_{k=1}^{m} \frac{L_{kjt}}{y_{jt}} \left(\frac{L_{kjt}}{L_{kt}} - \frac{L_{jt}}{L_t} \right) \tag{6-1}$$

其中,下标$j(j = 1,2,\cdots,J)$指第j个地区,$t(t = 1,2,\cdots,T)$指第t个年份,$k(k = 1,2,\cdots,m)$指第k个高技术行业。HIL_{jt}为第t年份地区j的高技术产业联动效果,HIL_{jt}值越小则该地区联动性越强(逆向指标)。y_{kjt}指的是j地区第k个高技术产业在t年份的产值,y_{jt}为j地区所有高技术产业在t年份的产值,鉴于数据可得性,本节使用高技术产业营业收入刻画。L_{kjt}/L_{kt}表示的是j地区第k个高技术产业在t年份的从业人员占京津冀区域整体的第k个高技术产业在t年份的全部从业人员的比重;L_{jt}/L_t表示的是t年份j地区全部从业人员占京津冀区域整体全部从业人员的比重。显然,式(6-1)是针对城市j的所有相关高技术产业联动发展效果的加权求和,反映着不同城市高技术产业总体联动发展的差异性。

第二,同一产业跨地区联动性测度。

为科学研判与直观表征各行业在不同地区间联动发展趋势,本节进一步基于行业差异层面,构建了测度同一高技术产业的跨区域联动性的公式。对不同地区、同一产业联动发展效果的测度设计,重在考量该产业在不同地区的布局情

---

❶ PAUL K. Geography and Trade[M]. Cambridge, MA: MIT Press, 1991.

况及均衡特征,为区域内高技术产业转移与承接提供支撑。具体公式如式(6-2)。

$$\mathrm{HIL}_{kt} = \sum_{j=1}^{n} \frac{y_{kjt}}{y_{kt}} \left(\frac{L_{kjt}}{L_{kt}} - \frac{L_{kt}}{L_{jt}} \right)^2 \qquad (6-2)$$

式(6-2)中,HIL_{kt}为高技术产业k在t时期跨地区的空间联动发展水平,其测度值越小,表示第k行业跨地区联动性越大(同为逆向指标);y_{kt}为京津冀区域内k高技术产业在t年份的产值,同样使用营业收入表征。L_{kjt}/L_{jt}表示的是j地区第k个高技术产业在t年份的从业人员占j地区在t年份的全部从业人员的比重;L_{kt}/L_t表示的是京津冀区域整体的第k个高技术产业在t年份的全部从业人员占全部从业人员的比重。其他指标含义与式(6-1)一致。

2. 高技术产业联动发展的演进分析

基于上述高技术产业联动发展效果测度方法的构建,以区域一体化战略与产业转型升级为研究背景,本节综合考虑了高技术产业在行业间和地区间表现出的非均衡特征,对京津冀高技术产业联动发展的动态演进规律多主体、多目标地探究,并进一步有效识别区位和行业优势差异下的产业联动发展路径。此外,根据国民经济高技术行业分类及考虑数据的连贯性,本节选择医药制造业,航空、航天器及设备制造业,电子及通信设备制造业,计算机及办公设备制造业,医疗仪器设备及仪器仪表制造业共五个高技术产业[1]进行研究。

第一,京津冀高技术产业联动发展效果的地区差异。

图6-1直观展示了京津冀三省市的高技术产业联动发展效果的演进特征,总体上,北京、天津、河北的高技术产业联动性在2004—2020年呈现波动提升的态势,由联动发展效果(HIL)曲线的波动减少来体现,但各地区曲线变化差异较为明显。

---

[1] 高技术产业联动性基础数据来源于《中国高技术统计年鉴》、各省或市统计年鉴,鉴于2002年国民经济行业分类调整变动较大,考虑统计口径的一致性,样本研究时期为2004—2020年;相关地区部分年份缺失数据使用移动平均方法进行插补。

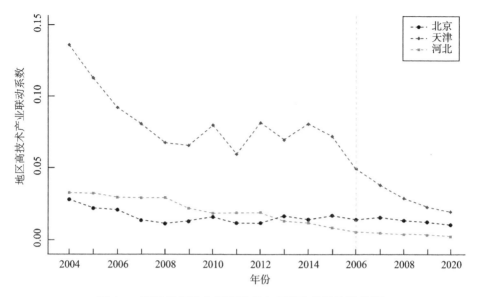

图6-1　京津冀三地内部高技术产业联动发展演进特征

　　具体地区而言,从地区来看,北京高技术产业联动性较强,表明在产业升级和区域协同发展的进程中,北京的高技术各行业齐头并进,内外交流水平较高;高科技研发及应用全方位空间布局,技术信息和人才集聚,进一步促使北京充分发挥其与国际接轨、引领辐射京津冀与东部地带的带动功能。然而,2004—2018年,北京高技术产业联动效果的变动幅度较小,2004—2008年,HIL具有一定的提升趋势,2008—2020年曲线波动平缓,究其原因在于:北京逐渐形成以科技研发为核心的创新体系和聚焦典范,同时伴随着京津冀产业协同发展战略的稳步实施,有效推动了高技术制造业向河北、天津的迁移步伐,为北京高技术产业联动性变动较小的关键所在。

　　天津的高技术联动发展效果(HIL)表现为显著的波动递增的态势,2004—2011年,表现为逐年提升的态势,2016后,即京津冀区域协同发展战略正式实施之后,HIL曲线具有显著递减的态势,即高技术产业联动发展效果呈现逐年提升的态势。天津作为京津冀的重要"双核"城市之一,在区域协同发展进程中,高技术产业承接及发展实现重大突破,涌现出一大批高技术产业,其中智能科技产业占滨海新区工业比重达30%以上,逐步成为引领滨海新区至整个天津高技术产业联动高质高效发展的重要动力。

此外,河北的高技术产业联动效应在样本期间内的波动幅度较小,但整体上为趋向于提升的演进态势,体现在联动曲线的稳步下降。同时,与天津较为一致,在2016年后,曲线表现出显著的下降趋势,即河北高技术产业联动发展效果在区域协同战略的有序推进下稳步提升。河北作为京津冀重要的制造业承载地,特别是雄安新区的有序跃动,高效链接了北京与河北南部城市的辐射及高技术产业对接;如保定依托创新资源的对接合作,打造了京津冀区域创新驱动示范园区,信息技术、高端装备制造业等发展态势迅猛,各城市高技术产业有序发展,有效推动了河北整体高技术产业联动的产业转型升级进程。

因此,在产业联动与区域协调发展格局的形成中,应从"分领域"到"分地域"不同维度,各省市及城市合理分工与紧密衔接,打造技术创新、协同发展及产业转型升级高质高效提升的新高地。

第二,产业视角下跨地区联动发展效果研究。

为充分识别京津冀区域内高技术产业的区位与行业优势,本节还进一步立足行业差异层面,对同一高技术产业的跨地区联动性进行了测度。表6-1展示了2004—2020年各高技术产业在京津冀三省(市)间的联动发展变动。

整体上,样本期间,高技术产业联动表现出显著的行业异质性特征,即各行业的跨地区联动水平及演变进程均存在较大差异。具体而言,医药制造业在研究期初跨地区联动效应较弱,但2004—2020年增提上呈现"先升后降"的波动趋势(逆向指标),表现为2004—2013年,联动性逐年递增,在2013年联动性最强,随后2014—2020年呈递减的变动,逐渐趋于较为发散的态势。反映出了医药制造行业表现为非均衡的发展趋势,如河北石家庄依托传统优势医药基地,大力推进医药产业转型升级,目前已形成产业链完整的现代化医药产业集群,聚集了上千家生物医药企业,而北京在亦庄开发区同样具有先进的生物医药产业集群,但近年京津冀区域整体产业定位与布局,北京更加注重于医药产业研发,其成果转化与落地逐步向河北等地迁移与对接。这进一步表明:随着产业链的不断升级、专业化分工的不断深化,各省(市)高技术产业布局表现出重点不一的特性。航空、航天器及设备制造业的地区联动效应整体均较弱且表现为逐年递减的变动趋势;当前,仅天津的航空、航天器及设备制造业产值较高,基于产业链的复杂性,该行业发展需依托雄厚的科技力量和政府支持等,是导致联动效应较弱的主要原因。

电子及通信设备制造业的跨地区联动性表现出波动提升的态势,2004—2009年HIL测度值逐年降低,基于其逆向指标特性,该行业联动性为逐年提升趋势,2010—2013年呈现"N"形波动特征;2014—2020年,电子及通信设备制造业的跨地区联动发展效果呈现出逐年提升的演进(逆向指标)。意味着,在京津冀区域协同发展战略正式提出之后,北京、天津、河北三省(市)有序深化供给侧结构性改革,有效推动该产业的对接与协同,促进了区域内电子及通信设备制造业的合作及分工对接的深化,是制造业转型的关键内容及核心动力。电子及通信设备制造业作为京津冀乃至整个国民经济发展的支柱产业之一,在全球分工格局中处于重要环节,增加值显著增幅、5G产业快速布局,具有韧性强、潜力大的特质,各地区应积极构建完善相关技术创新发展体系,促进各地区该行业的高质高效发展,增强地区整体联动性。同样,计算机及办公设备制造业联动性在2014年之后表现出较强的逐年提升态势。

表6-1 2004—2020年各高技术产业跨地区联动性演进趋势

年份	医药制造业	航空、航天器及设备制造业	电子及通信设备制造业	计算机及办公设备制造业	医疗仪器设备及仪器仪表制造业
2004	0.4292	0.0021	0.1067	0.0636	0.0167
2005	0.6063	0.0021	0.0994	0.0192	0.0139
2006	0.3083	0.0179	0.0952	0.0338	0.0414
2007	0.2258	0.0148	0.0873	0.0175	0.0450
2008	0.1574	0.0110	0.0785	0.0162	0.0286
2009	0.3036	0.0305	0.0704	0.0069	0.0358
2010	0.2828	0.0511	0.1229	0.0123	0.0355
2011	0.1112	0.1197	0.0610	0.0056	0.0165
2012	0.0624	0.0678	0.1104	0.0175	0.0232

续表

年份	医药制造业	航空、航天器及设备制造业	电子及通信设备制造业	计算机及办公设备制造业	医疗仪器设备及仪器仪表制造业
2013	0.0542	0.0126	0.0906	0.0294	0.0246
2014	0.0560	0.2156	0.0791	0.1146	0.0213
2015	0.0654	0.2748	0.0604	0.0825	0.0144
2016	0.0644	0.2866	0.0207	0.0619	0.0158
2017	0.1037	0.3257	0.0111	0.0471	0.0091
2018	0.1824	0.3602	0.0071	0.0357	0.0056
2019	0.1835	0.3767	0.0068	0.0354	0.0045
2020	0.1960	0.3821	0.0063	0.0332	0.0040

资料来源：根据各统计年鉴2004—2020年面板数据整理计算。

3. 高技术产业联动性的提升路径及对策

通过对京津冀三省（市）高技术产业联动性演进差异的探究，分析表明：提升高技术产业联动发展效果是促进产业链与创新链的深度融合是提升区域创新水平的关键，也是进一步推动京津冀区域产业高质高效转型升级的重要因素与关键支撑。基于此，探索及明确适宜现阶段京津冀高技术产业联动发展的战略路径对于提升各地产业转型升级具有重要现实意义。

第一，明确各地高技术产业发展方向与定位。应建立以区域为整体、城市为"支点"、行业为"节点"的联动新机制，因地制宜，立足各省（市）差异性特征，基于各地市地域特性与资源禀赋，明确各地高技术产业的发展优势与重点方向，并基于此分类施策。北京应充分发挥"高精尖"的领军作用，依托产业战略部署，狠抓科技项目落地，重点培育新型电子及通信设备制造业、科技服务业等核心技术研发及升级。同时也应依托研究基础厚实、人才要素集聚、技术创新领跑等优势，多领域推动高技术产业结构加快构建。

2020年天津科技年报综合显示：2019全年研发投入强度仅次于北京、上海，位列全国前三。天津应充分利用滨海新区的建设及优势区域，持续推动创新驱动发展战略的深入实施，强化创新驱动力量，如国家生物医药国际创新园的有序布局,航空、航天器及设备制造业稳步推进,依靠科研力量实验体系及配置,促进我国航空、航天等产业的技术优化、可持续建设的发展步伐。河北省内11城市,应充分基于各地产业结构与资源优势,重点投资与建设适宜当地产业发展的高技术行业,如石家庄大力推动生物医药制造业升级,邯郸加强先进装备制造业的投入及生产,唐山以高新技术开发区为载体不断壮大电子及通信设备制造业规模,充分打造各地新兴高技术产业高地。

第二,发挥高技术产业联动性及优势行业的辐射带动作用。一方面,根据核心技术空间布局的差异性,加大研发经费投入与政策支持力度,通过信息流动与技术的有机融合,实现区域和产业间的技术变革与效率变革,夯实优势产业发展,并更深层次地打造高技术产业互融互促模式,推动产业、经济、区域协调联动发展进程。特别是北京,应充分发挥高技术产业发展的龙头带动作用及引领辐射效应,促进区域内外高技术产业及创新的高效联动发展网络,并有效利用区域协同发展等战略实施的依托,打造产业联动、区域协调的高质量发展态势,以城市联动与产业联动相融合为核心路径,加快产业转移与协同发展进程,并加快以深化分工为契机吸引先进技术与高技能人才,增强区域内外联系,带动高技术产业的落地及协作发展。另一方面,应立足区域协同发展布局,以"非首都"功能疏解为契机,北京应加快推动高技术产业向津冀迁移和科技成果转化落地,形成紧密合作的分工对接机制,促进产业链的纵向延伸。同时在明确天津与河北产业承接的基础上,注重特色产业的优势互补与技术交流,构建紧密对接、梯度发展的高技术产业联动辐射发展空间格局。

第三,推动形成创新水平及效率提升的长效促进机制。建设一批新型科技研发机构及产业创新中心,紧抓关键核心技术的突破与创新力度,加大研发投入,致力于发展数字智能经济在相关高技术产业中的应用及渗透进程的推进。同时,在促进高技术产业联动及提升创新效率相关政策安排实施中,统筹先进创新资源、建设高端创新要素的联动纽带,强化正向影响机制的长效发展。一方面,加强对科技研发人员及产研融合的投入力度,加强信息及人才交流途径的完善和便利性,提供区域创新发展新动能。同时也应加大对高技术、高水平人才的培养和激励机制。另一方面,利用各地区优势产业示范园区及集聚区域的优势,促进创新环境的培育和项目交流,突出创新产业的主导地位,为高技术创新发展提供高质量平台,各级政府也应增强对创新产业、企业的扶持,尤其是对发展落后地区的扶持,进一步调动创新主体的活力和积极性。此外,对于不同层次的城市,基于其产业或经济等空间外溢优势,充分发挥京津冀区域内各地的辐射带动效应。

6.2.2 数字产业竞争力提升路径分析

通过第5章研究中数字化水平对产业转型升级的影响效应探究表明,数字化发展对京津冀区域产业转型升级具有显著的驱动作用。数字化产业与产业数字化是数字技术与产业发展有机融合的有效表征,也是当前产业转型升级进程中优化产业结构及提升产业发展质量的重要内容。《中国数字经济发展白皮书(2020)》数据显示,2019年我国数字化产业增加值规模达到7.1万亿,同比增长11.1%,其中,服务业、工业数字经济渗透率分别为37.8%、19.5%,有效助推了经济结构优化,且对我国GDP的增长具有较强的拉动效应。

然而,虽然京津冀是我国数字化产业发展的重要地带,但基于产业基础与数字技术水平的差异性,当前京津冀各省(市)的数字化产业发展及竞争力优势仍存在显著的非均衡特征,如北京在全国数字化产业发展进程中发挥重要引领作用,且数字化产业产值占地区生产总值的比重超过15%,而河北部分城市不足5%。这一背景下,如何基于数字化产业发展的特征及内涵,准确地衡量、剖析中国数字化产业竞争力的区域及行业异质性,并系统地探讨其提升路径,是有效推动"数字—产业—经济"三者加速融合及高质高效的关键,是强化区域数字经济发展、优化区域协调发展模式的重要内容,也是本节研究的重点。鉴于此,本节以数字化产业竞争力提升为核心切入点,探究数字驱动下京津冀产业转型升级效果提升路径。

1. 数字化产业竞争力的测度方法

自美国经济学家鲍曼(Bowman)在20世纪90年代正式提出"数字经济"概念至今,国内外研究者从数字化产业、数字基础设施等多层面视角对数字经济发展进行了一系列积极的探索,考量了数字化在经济高质高效发展进程中的重要推动作用。[1]特别是信息设施全面布局以来,数字化测度方法及竞争力比较研究逐渐成为学界关注的重点。综合来看,关于数字化发展的研究视角层面,现有文献多聚焦于指数体系编制、增加值测算等方面[2],是衡量数字化整体发展规模及其对国民经济贡献度较为可行的核算框架。然而,现阶段我国数字化进程表现出显著的行业分化特征[3],中国信息通信研究院也进一步强调了数字化产业在优化数字经济结构中的核心作用。但是,鲜有研究从数字化产业及分行业视角对其竞争力进行深入探讨。数字化产业竞争力的提升是实现产能、质量和效率优化的关键所在,也是数字经济结构改革与产业转型升级的主引擎。

综上所述,在借鉴相关研究经验的基础上,本节结合中国及京津冀数字经济发展特征,将数字化产业进一步概括为以信息通信业为主导的数字化赋权基础设施、数字化交易、数字化媒体及由于数字技术广泛融合渗透的新兴产业,如云计算、物联网、大数据等。从京津冀区域细分领域来看,数字化的演进主要体现在制造业与服务业[4]上,其竞争力的提升不仅表现在产业规模稳步增长,还呈现出内部结构持续优化的特征。因此,区分产业规模和内部发展潜力,并予以系统测算,将有助于有效识别京津冀各地区数字化产业竞争优势的演进及差异特征。基于上述分析,本节立足多行业视角,从规模优势及发展潜力优势双重维度,对数字化产业竞争力提升的广度和深度进行刻画,以进一步探究提升产业转型升级效果的数字化驱动路径。

---

[1] 宋周莺. 世界信息化发展空间格局及对中国的启示[J]. 世界地理研究, 2012, 21(2): 18-26; AUTIO E, NAMBISAN S, LEWELLYN D W, et al. Digital affordances, Spatial Affordances, and the Genesis of Entrepreneurial Ecosystems[J]. Strategic Entrepreneurship Journal, 2018, 12(1): 72-95; 刘向东, 刘雨诗, 陈成漳. 数字经济时代连锁零售商的空间扩张与竞争机制创新[J]. 中国工业经济, 2019(5): 80-98.

[2] LAM D, BOYMAL J, MARTIN B. Internet diffusion in vietnam[J]. Technology in Society, 2004(26): 39-50; WUNNAVA P V, LEITER D B. Determinants of intercountry Internet Diffusion rates[J]. American Journal of Economics and Sociology, 2009, 68(2): 413-426; 许宪春, 张美慧. 中国数字经济规模测算研究——基于国际比较的视角[J]. 中国工业经济, 2020(5): 23-41.

[3] 腾讯研究院. 数字中国指数报, 2018[DB/OL], 2020; 刘淑春. 中国数字经济高质量发展的靶向路径与政策供给[J]. 经济学家, 2019(6): 52-61.

[4] 2019年我国数字化工业、服务业占比均超15%,数字渗透率分别为19.5%、37.8%。

第一,数字化产业竞争力指数的构建。

基于上述分析,本节上市公司企业数据,选取计算机设备、人工智能、云计算、芯片、"互联网+"、大数据等数字化产业板块,通过对中国上市公司数字化企业的数据追踪,并在行业和时间维度进行匹配,剔除样本期内的ST企业、数据存在严重缺失等企业,并进一步在行业—产业—城市—省域层面加总,从多重视角对京津冀数字化产业竞争力水平进行表征。基于此,本节从数字化产业发展的广度和深度双重维度,给出了数字化产业竞争力的测度方法,如式(6-3):

$$CDI_{ijt} = SC_{ijt} \times TFP_{ijt} = \frac{output_{ijt} \Big/ \sum_{i}^{m} output_{ijt}}{\sum_{j}^{n} output_{ijt} \Big/ \sum_{j}^{n} \sum_{i}^{m} output_{ijt}} \times TFP_{ijt} \qquad (6-3)$$

式(6-3)中,CDI_{ijt}表示$j(j = 1,2,\cdots,J)$地区数字化行业$i(i = 1,2,\cdots,m)$在$t = (1,2,\cdots,T)$时期的竞争力测度值,其数值越大,表示该行业的竞争力越强。SC_{ijt}表示$j(j = 1,2,\cdots,J)$地区数字化产业$i(i = 1,2,\cdots,m)$在第$t = (1,2,\cdots,T)$时期的规模优势测度值,用以刻画数字化产业竞争力发展的广度,其测算值越大,表明数字化行业在c地区更具有比较优势。$output_{ijt}$指地区c地区数字化行业i在t时期的产值,TFP_{ijt}表示数字化产业竞争力的深度层面,反映了以产业价值链向前端延伸来实现产业发展的作用路径。规模优势能够较为直观反映数字化产业及细分行业在国民经济发展进程中的重要位置及演化路径。

根据巴拉萨(Balassa)显性比较优势的定义[1],当$SC_{ijt} \geq 1$时,表示t年数字化行业i在j地区具有显著规模比较优势,当$SC_{ijt} < 1$时,则不具有比较优势。本节通过衡量各地区数字化产业产出份额与该产业占全国产出份额的比值,判断数字化产业是否具有显性比较优势,计算公式为

$$SC_{ijt} = \frac{output_{ijt} \Big/ \sum_{i}^{m} output_{ijt}}{\sum_{j}^{n} output_{ijt} \Big/ \sum_{j}^{n} \sum_{i}^{m} output_{ijt}} \qquad (6-4)$$

---

[1] BALASSA B. Trade liberalization and revealed comparative advantage [J]. Manchester School, 1965,33(2).

式(6-4)中,鉴于数据的可得性,参考 Chen 等[1]做法,使用上市公司字化企业的营业收入进行汇总所得地区行业及产业层面总营业收入进行替代。

此外,数字化产业竞争力不仅表现在规模优势上,还应体现在产业内部发展质量提升方面。[2]基于可分解目标,本节选取 DEA-Malmquist 非参数方法,对数字化制造业、服务业及整体产业的 TFP 进行测算,以进行发展潜力优势维度的分析,考察数字化产业竞争力的深度。与前文中产业转型升级效果测度中,产业内部质量的测度 TFP 方法一致,该方法借助线性规划思想、基于径向距离函数(D_0),考虑多个决策单元(DMU)的多投入变量与单产出变量对 DMU 的相对有效性。从 t 到 t+1 时期 TFP 的具体计算如下[3]

$$M\left(x^{t+1},y^{t+1},x^t,y^t\right)=\left[\frac{D_0^t\left(x^{t+1},y^{t+1}\right)}{D_0^t\left(x^t,y^t\right)}\times\frac{D_0^{t+1}\left(x^{t+1},y^{t+1}\right)}{D_0^{t+1}\left(x^t,y^t\right)}\right]^2 \quad (6-5)$$

式(6-5)中,$\left(x^t,y^t\right)$ 和 $\left(x^{t+1},y^{t+1}\right)$ 代表各地区分别在第 t 和 $t+1$ 时期的各决策单元(DMU)所对应的投入和产出。

基于此,综合规模比较优势和 TFP 的特性,本节将竞争力指数根据测度值大小进行如下定义:

$$\begin{cases} \text{CDI}_{ijt}\geqslant 1,\text{表示}t\text{时期数字化行业}i\text{在}j\text{地区具有较强的竞争力} \\ \text{CDI}_{ijt}<1,\text{表示}t\text{时期数字化行业}i\text{在}j\text{地区具有较弱} \end{cases}$$

第二,测度数据说明。

本节立足数字化制造业、数字化服务业及数字化产业整体多重层面,基于持续动力视角,探究京津冀数字化产业竞争力的地区差异及其提升路径。数字化产业的基础数据来源于 CSMAR 数据库中国上市公司企业年度报告的财务数据,包含人工智能、大数据、区块链、软件、芯片、"互联网"+、物联网等板块,涉及数字化基础设施、数字化交易、数字媒体以及由于数字技术广泛融合渗透所产生的

[1] CHAO F C, YA W S, QING X L, et al. Impacts of industrial agglomeration on pollution and ecological effifiency-A spatial econometric analysis based on a big panel dataset of China's 259 cities [J]. Journal of Cleaner Production, 2020(2):123-132.

[2] 吴翌琳. 国家数字竞争力指数构建与国际比较研究[J]. 统计研究, 2019, 36(11):14-25.

[3] 测度方法与第2章中一致。

信息产业等多类国民经济行业❶,并剔除相关的 ST 企业、数据存在严重缺失等企业,最终采用 1304 组数据作为基础数据;以京津冀协同发展战略正式提出年份为样本起始时间,并鉴于数据的可得性与连贯性,数据的样本考察期为 2014—2020 年,并使用企业相关数据在行业—产业—城市—省域层面加总进行测度分析。地区层面数据来源于《中国统计年鉴》及各地区相关统计年鉴,个别地区、年份数据缺失,本节通过移动平均进行填补处理,由于河北省内部分城市各年度相关指标数据缺失严重,本节仅对京津冀 3 省(市)进行分析。此外,为剔除价格波动,对相关数据进行了平减处理。

2. 数字化产业竞争的多维差异分析

根据对数字化产业竞争力效果测度体系的构建,本节立足数字化产业发展的广度和深度视角,基于规模优势及发展潜力双重维度,对京津冀各地的数字化产业竞争力的演变趋势进行了刻画,并立足数字化制造业、数字化服务业,对数字化产业内部细分行业的演化特征进行了异质性分析,以期明确及识别数字竞争力提升视角下,京津冀区域的产业转型升级路径。

第一,京津冀数字化产业竞争力的地区差异分析。

表 6-2 中直观展示了京津冀三地数字化产业、数字化制造业及数字化服务业竞争力指数的测度值,从"地域效应"和"行业效应"双重视角对京津冀区域内产业转型升级进程中存在的"数字鸿沟"问题进行了深入探讨,为有效研判数字化产业竞争力提升的产业转型升级路径提供理论支撑。总体上来看,京津冀数字化产业竞争力无论从产业整体还是细分行业来看,均存在一定提升态势,但表现为显著的地域差异与行业异质性。

地区差异层面,表 6-2 中(1)列结果显示,样本期间内北京数字化产业竞争力由 2014 年的 2.9750 增至 2020 年 4.8651,在规模优势和发展潜力双重层面均具有显著的优势,CDI_{ijt} 显著大于 1,其数字化产业竞争力处于引领地位,是京津冀区域内数字化产业最为发达的地区,也是我国数字化产业发展的重要增长极。北京作为数字化企业的聚集地,如字节跳动、美团、京东等企业在北京的落地,有效推动了数字化产业水平的提升。2020 年北京数字经济增加值占地区生产总值

---

❶ 包含计算机硬件、软件、电信设备与服务等部分,按《国民经济行业分类 2017》包含信息传输、软件和信息技术服务业,计算机、通信和其他电子设备制造业,互联网批发、互联网零售、电子出版等行业。

的比重达50%以上❶,在全国排名前列。在数字化产业方面,2020年北京的数字化产业整体竞争力指数与全国其他省份相比,稳处于领先地位❷;此外,2022年北京市政府进一步强调了数字驱动在产业转型升级及经济高质高效发展中的重要推动力。该地区应持续依托其数字竞争力优势,加快数字驱动的部署与应用,加强对其他城市的辐射引领机制,塑造数字产业的跨区域联动格局及数字新业态的形成,进一步提升我国的数字经济国际竞争力。

表6-2 2014—2020年数字化产业竞争力指数的演变

省市	年份	数字化产业	数字化制造业	数字化服务业
		(1)	(2)	(3)
北京	2014	2.9750	1.6278	5.3360
	2015	2.9277	1.6435	6.2184
	2016	3.2150	2.2321	5.9466
	2017	3.4566	2.2811	6.3999
	2018	3.8625	1.7035	6.5708
	2019	4.4447	2.3208	6.8054
	2020	4.8651	2.2104	6.9520
天津	2014	0.7079	0.1926	0.4198
	2015	0.4970	0.1763	0.6654
	2016	0.5642	0.2295	0.5005
	2017	1.6633	0.2773	4.7294
	2018	2.4274	0.5240	5.5961
	2019	2.3090	0.5271	6.1692
	2020	2.4286	0.5333	6.4357
河北	2014	0.2425	0.0902	0.4530
	2015	0.2827	0.1465	0.7009
	2016	0.3235	0.1567	0.8559

❶ 统计数据来源于:北京市人民政府官方网站。

❷ 为有效探究京津冀数字化产业的区域竞争力水平,本节还对中国其他省份的数字化产业竞争力指数进行了测度,未在文中详尽展示。

续表

省市	年份	数字化产业	数字化制造业	数字化服务业
		（1）	（2）	（3）
河北	2017	0.3349	0.2592	0.6629
	2018	0.4777	0.3046	1.4277
	2019	0.5004	0.3968	1.7432
	2020	0.5218	0.4653	1.8900

结果来源：根据中国上市公司2014—2020年企业数据整理计算。

天津的数字化产业竞争力（CDI）尚未达到显著的竞争优势地位，与北京存在显著的差距，2020年CDI的测度值为2.4286，大于1，且增幅显著。表明，在区域协同发展提升至国家发展战略之后，天津的数字化产业水平稳步提升，以数字技术渗透及融合的产业发展模式，新技术、新应用不断涌现，逐步推动天津数字化产业蓬勃发展。与此同时，在相应助推政策的加持下，大量人工智能行业战略布局快速展开，如讯飞信息、曙光、360等企业和电子信息研究院的创建，是天津数字化产业竞争力增幅较大的关键因素。

河北作为京津冀区域数字化产业发展水平相对较低的省份，2020年CDI测度值为0.5218，表明河北数字化产业竞争力较弱，主要表现在规模优势层面。当前，河北省正逐步由传统重工业占主导地位向高层次产业转型和优化传统产业内部结构，工业和农业仍为河北整体及省内各城市的主导产业，尚未形成数字化产业的优势主导地位。这进一步意味着：当前京津冀数字化产业仍具有较大的"数字鸿沟"问题，竞争力的差异仍呈现出明显的"两极分化"态势。该差异性也反映出了不仅在我国区域间，而且在区域内信息资源与数字技术的不平等性，"马太效应"凸显。

由于河北数字基础设施等资源相对落后，以及省内11城市数字技术的非均衡性布局等原因，无法充分高效获得信息技术带来的"数字红利"，也降低了互联网在各行业中的应用广度和深度，在一定程度上制约了数字产业的发展进程，是导致数字化产业竞争力较低的核心原因。此外，省内大部分城市的产业发展重点仍以生产性制造业和生产性服务业为主，也在一定程度上限制了数字化资本的进入与深化❶,进一步制约数字化产业竞争力的快速提升。

第二,数字化产业竞争力的行业差异。

数字化产业涵盖多个层面、诸多领域,探究细分行业视角下数字化产业竞争力的差异及演进特色,也是有效识别各地数字驱动下产业转型升级具体路径的重要手段。因此,本节进一步考察了京津冀三地数字化制造业和数字化服务业竞争力的变动[如表6-2中(2)、(3)列所示]。

纵观整体,行业层面,京津冀三省(市)数字化制造业和数字化服务业的竞争力均表现为一定的提升态势,但存在显著的行业差异,数字化服务业的竞争力显著强于数字化制造业。

北京在数字化制造业和数字化服务业均具有强劲的竞争优势,进一步反映出了北京的数字化引领地位。其中,在数字化服务业方面具有较为突出的竞争优势,这与地区的行业结构密切相关:以科技创新为核心的北京依靠于平台赋能、数据集成,先后实施5G、互联网等数字化产业发展策略,多方位、全链条地广泛应用于金融、公共服务等行业,各数字化企业主营业务收入均较为突出,以数字化服务业引领数字产业整体快速发展。统计数据显示,2019年北京软件和信息服务业产值超13000亿元,占全市地区生产总值的比重高达13%以上,同比增长约15%,在云计算、人工智能、5G等产业方面在全国领先。同样数字化制造业也表现为显著的竞争优势,CDI测度值均显著大于1;但样本期间内增幅较小,主要表现在规模优势层面。反映出了北京在数字制造业的研发投入与支持力度仍较强,北京数字化制造业主要体系在数字化制造产品如航空航天、智能机器人、3D打印等领域;但基于产业协同和承接机制的逐步完善及其推动下,部分数字化产业逐步在周边城市落地,有序引导数字化企业开展产业链横向和纵向整合与协同发展,这也是北京数字化制造业规模优势增幅较小的主要原因。

天津在数字化服务业上表现出较为显著的竞争力提升幅度,由2014年的不具有显著优势(测度值小于1),演变为2019年的较强的竞争优势,反映出了天津在数字化技术在服务业上表现出的强劲驱动力。数字化制造业的竞争力指数虽增幅较小,但强于河北,具有一定梯度差距。近几年,天津在政府的支持与市场

---

❶ 易宪容,陈颖颖,位玉双.数字经济中的几个重大理论问题研究——基于现代经济学的一般性分析[J].经济学家,2019,7(7):23-31.

化的推动下,强化产业板块与数字经济的融合创新,以促进天津港向"智能港"转型为重要途径,推动信息化和工业化有机结合,稳步有序提升数字化制造业的竞争力水平。此外,河北在数字化制造业和服务业的竞争力均较弱,基于数字技术基础的差异性,数字化制造业提升动力不足,数字化服务业的竞争力提升能力逐步显现。

3. 数字驱动下的提升路径及对策。

当前,京津冀数字化产业表现出一定的地区和行业双重层面的差异,通过对数字化产业竞争力演进特征及数字化驱动产业转型升级影响机制的探讨表明,促进数字技术与产业发展的深度融合是提升数字化产业竞争力的关键,也已成为推动我国经济结构调整和汲取发展新动能的重要力量。因此,有效识别各地区数字化产业竞争力提升路径是当前京津冀产业转型升级的重要内容。基于演进差异视角,本节就数字驱动下的产业发展提出转型升级路径。

一方面,应重视数字化产业规模与质量的双重提升,助推数字化优势竞争格局的构建。京津冀区域整体应以数字产业为重点,以地区差异与细分行业深化为突破点,立足各地区数字化行业特性,明确发展方向和重心。具体地区而言,第一,北京应依托掌握的核心技术、进一步加强自主研发能力,提升产业数字化规模与质量,培育建设一系列数字化产业的集聚带、高新实验区,提高数字化水平,并通过加强数字设施的建设与拓展,为数字化产业发展奠定坚实基础。此外,数字化产业涵盖基础层、应用层及技术层三层面,涉及多个领域,基于其技术特性,具有显著的"溢出效应",能够有效连接不同地区、不同行业,吸引产业链前后端行业有效集聚,形成高效协作的产业集群,进而推动经济增长的溢出效应。北京市应充分发挥其引领效应,持续优化产业疏解及联动的布局规划,加强对落后地区的辐射与带动效应,缩小地区差距,促进区域整体数字化产业竞争力水平的有效提升。

第二,天津应充分发挥其"双核"的优势地位及发达的港口交流窗口,实现制造业的"双创"加速升级,加大智能制造业推进力度,逐步推动数字化制造业的转型升级及竞争优势的形成,打造京津冀数字化制造业的新高地,实现与天津产业结构相契合的数字技术规模。同时,依托数字化服务业竞争优势,加强向制造业的服务与应用,在提升规模优势的同时,更要注重产业内部质量的协调发展与提升,高质高效实现行业间数字化协同发展,打破"数字鸿沟"壁垒。其次,应加强智能港口的建设和升级,布局数字化智慧物流的建设,充分发挥港口优势,建设智慧港口、推动"产城"与"港城"的有机协调发展,加快"互联网+"模式的国际贸易与省际贸易的建设,争创国家数字服务出口实验基地。同时也应加强16区的数字技术沟通与统筹部署,推动数字经济和实体经济的有机融合与互促发展。

第三,河北应在区域协同发展战略的推动下,充分吸纳及承接京津的相关产业承接与对接,加快数字产业核心板块,如人工智能、大数据等产业在河北各城市的落地与应用,真正做到数字化产业的质和量的双重提升。如廊坊和保定依托其首都卫星城优势,聚力打造数字产业集聚地,扩大数字企业的规模及数字产品的供给,提升数字消费积极融入"双循环"发展的新格局。张家口作为河北最北部城市,应抓住京津冀协同与筹办冬奥会等有利发展机遇,充分发挥区位优势,紧紧围绕信息技术相关产业规划布局,招商引资,有序吸引一大批数字化龙头企业签约建设。同时河北等城市也应注重产业数字化与数字化产业的融合互促发展,充分发挥数字技术的新动能作用,持续推动竞争力提升。

另一方面,变革技术创新增长发展模式,优化创新结构,完善促进数字化产业竞争力提升的长效机制。既要注重技术创新的数量增长、也要注重质量的提升,加强对数字科研机构的建设和扶持。特别是河北省内各城市,更应依托协同发展及与京津的轴向联动机制,拓宽信息、要素物流贸易服务,构建全方位合作的大通道,提升地区数字技术创新水平,并在引进数字化技术及相关企业进程中,给予一定的优惠政策,促进产业向数字化方向转型。同时,各地区也应重视数字化产业发展与经济发展、贸易要素、政府支出及人力资本等的有机结合,聚焦促进内外提升机制的完善。此外,高等院校及相关机构应加快数字技术相关专业的建设,并且加强学校与企业产教融合,培养专业化人才,打造数字技术人才集聚新高地。

此外,在强化各地数字化产业竞争力的基础上,也应注重产业数字化水平的提升。产业数字化是拓宽产业生产边界的重要途径,也是当前经济结构优化的关键举措。[1]通过数字技术的融合及投入,全面提升传统产业的数字化应用,如强化企业生产环节的数字改造,加强人工智能及大数据的运用,建设"无人车间"等自动化与半自动化的推广与应用,大力推进数字化智能制造模式,聚焦大中小企业数据链生产的各环节,推动从设计到生产等环节链有机协同,有序推动数字化技术在企业及各行业的投入和使用,以产业数字化水平提升,驱动产业结构优化与产业内部质量提升,从而有效实现京津冀各地区数字驱动下产业的转型升级。

6.3 协同政策驱动下的转型升级路径

区域协同发展战略的实施是通过打破行政壁垒,以政策推动区域整体及各地区的市场化进程,促进地方经济增长。2014年京津冀协同发展上升为国家重大发展战略是新常态背景下区域优化经济结构、拉动经济高质量发展的重要环节,对京津冀各地产业转型升级的影响重大而深远。[2]随后2015年审议通过的《京津冀协同发展规划纲要》,进一步强调产业转型升级是京津冀区域协同发展的重点领域,是推动产业转移和对接、构建服务区域及联动全国的优势产业集聚园区的强劲动力,也是加强京津冀产业协作发展的重要举措。随着区域协同发展战略的持续推进,在产业层面,企业在区域内的跨地区合作机制的不断深化及产业链的不断扩散,京津冀区域内的跨城市间的合作有效促进了资源、人才等生产要素的有效流动和资源配置的优化,在一定程度上有效降低了市场运行成本,对于推动各地产业及经济发展的影响作用日益显著。

统计数据显示,2014年后,京津冀区域整体人均地区生产总值平均增幅约为9%[3],与经济发展强劲的长三角城市群的6%增幅相比,经济发展水平明显提升,增长潜力充分发挥。这表明,在京津冀协同发展政策的持续推动下,京津冀经济发展逐步向更高水平迈进,战略驱动成效显著。而在提升经济效益及优化经济结构的进程中,以产业转型升级锻造京津冀高质量发展长板是其核心内容与重要动力。

---

❶ 王一鸣. 以数字化转型推动创新型经济发展[J]. 前线,2020(11):67-70.

❷ 张亚鹏. 关系重构:京津冀产业协同的新向度[J]. 前线,2018(4):74-75.

❸ 根据国家统计局及各省市公布的年度统计数据进行整理测算。

6.3.1　协同政策作用机理分析

1. 协同发展政策的提出与实施

京津冀区域协同发展于20世纪70年代首次提出,历经40多年改革发展,协调与合作等方面取得了一系列成果,但与长三角和珠三角等区域相比,仍存在一定的差异性。2004年起,中央及京津冀各级政府机构陆续出台了一系列协同发展规划,2006年"京津冀都市圈"概念的提出,逐步明确了区域一体化的思路。然而,京津冀区域的层次化差异及不协同的问题一直存在,核心原因在于:协同一体化的推进缺乏国家级层面的统筹规划,同时受行政壁垒的约束,隐性和显性障碍一定程度上阻碍了产业和要素的流动。可见,京津冀协同发展历来都是我国区域协调发展进程中的重要内容。2014年京津冀协同发展被明确提出,并上升至国家发展战略。2015年审议通过的《京津冀协同发展规划纲要》进一步标志着京津冀区域协同发展逐步迈入"全面实施"进程,并指出了以产业转型升级作为三大重点领域之一的工作方向。此外,北京副中心及雄安新区的规划建设,有序推动了协同政策的实施和纵向延伸。

在产业方面,京津冀区域内各城市持续推动产业对接力度,依托产业承接有效促进了津冀地区的产业转型升级水平,同时各地市产业转型升级水平的提升,也成为各地市承载能力提高的重要引擎。2014年以来,北京累计关停或退出污染和一般制造企业数量超1000家,2016—2020年,北京在天津投资或设立分支机构的企业仅万家,涉及17个细分行业大类,并逐步呈现出显著的行业高端化特征,有效推动了天津产业向高层次、高技术的演进升级。河北有序引进北京高技术产业承接,加快京津冀产业协同发展步伐。

2. 产业政策对产业转型升级的作用机理

基于哈肯❶的协调理论,区域协同发展政策通过系统调节各要素的协调流动,产生协同效应,促使系统整体综合效应显著优于子系统总体效应之和。京津冀区域协同发展战略提出与实施的核心目的为有效推动北京"非首都"功能的有序疏解,并在此基础上逐步实现产业承接与对接,助推京津冀产业结构向高层次演进及产业内部质量的有效提升。

---

❶ H. 哈肯. 协同学:大自然成功的奥秘[M]. 凌复华,译. 上海:上海译文出版社,2005.

为有效评估协同发展政策的实施对于京津冀产业转型升级的影响机制,在进行实证检验分析前,对京津冀与长三角城市群2004—2020年产业转型升级效果的分布特征进行探究,考量和比较分析2014年前后两区域产业转型升级效果的演进差异。长三角作为我国经济及产业发展的强劲活跃的增长极和核心城市群,是最具有条件率先实现经济高质量发展的重要区域之一,在推动产业转型升级及培育布局新兴产业方面,具有较强的竞争优势。

从图6-2的京津冀与长三角产业转型升级效果的密度曲线的变动可以看出,样本期间内,京津冀产业转型升级效果呈现出一定的近似正态分布特征,自2014年京津冀协同发展正式提出之后,产业转型升级的提升较为显著,在(a)图中体现为政策实施后其密度函数的分布,而(b)图中,长三角的产业转型升级效果呈现出显著的差异分布特征,2014年后显著偏离峰值,且密度曲线的波动较小(图中虚线表示2014年密度值)。这反映出,依托于京津冀协同发展战略的实施,有效推动力京津冀区域的产业转型升级效果,但对于其他区域,如长三角城市群,不存在显著的促进作用。京津冀区域协同发展政策的提出和实施对产业转型升级的影响机制主要体现在以下两个方面:

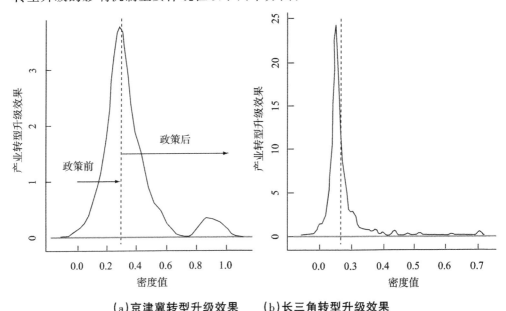

(a)京津冀转型升级效果　　(b)长三角转型升级效果

图6-2　京津冀与长三角产业转型升级效果的密度曲线图

第一,资源配置机制。根据经济学理论中的相关市场失灵理论可知,在现实的经济市场中,由于信息不对称、垄断、外部性等问题的存在,单纯仅仅依靠市场化的作用难以实现资源的优化配置。因此,通过相关政策的制定与实施,以对经济运行模式进行干预,能够有效引导资源在不同企业及行业间的流动配置,以提升经济运行效率。京津冀协同发展战略的提出,各地方政府对有助于产业协同发展资源、人才等要素给予一定的政策支持和优惠措施,如对企业提供税收补贴、较低利率的信贷资金等,从而改变不同要素在不同地区与行业间的配置,推动资源向政府支持和鼓励的行业倾斜与流动,促进相关行业的高效发展,提升行业竞争力,有序推动地区产业结构向高层次演进及产业内部质量的有效提升。

此外,政策的激励效应,还能够有效激发企业内部资源的流动,进一步调整产品结构和优化质量,提高企业产品的技术含量和经济附加值,进而逐步推动从企业到行业的竞争力和转型升级效果。

第二,知识溢出机制。以知识溢出推动创新要素在企业和行业内的流动,是有效增强产业竞争优势的有效途径。京津冀协同发展战略的提出与有效实施,以产业疏解和承接为重要契机,推动了北京技术创新在津冀的落地和成果转化,以智能科技产业和新经济增长点为重要载体,知识的空间外溢扩散效应显著。政策推动下,雄安新区的建设及各地经济开发区的不断完善,吸纳了大量人才的集聚和轴向流动,能够产生一定的空间集聚效应,优秀人力资本有利于推动知识的扩散和溢出,能够产生显著的正外部性,有效提升企业的创新数量和质量,驱动产业转型升级。

同时,政府的补贴等促进政策,一方面能够提高企业吸收创新的能力和自主研发的动力,另一方面通过降低企业面临的市场不确定性等问题,增强企业创新的动力,有助于提高企业内部的生产效率,并有利于要素实现向高效率生产部门的转型,推动行业及产业结构向高水平演变提升,实现产业转型升级。此外,图6-3直观展示了区域协同发展对产业转型升级效果演进的作用机制。

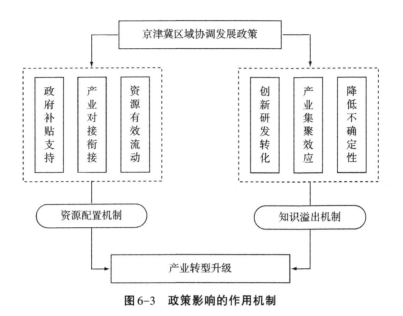

图 6-3　政策影响的作用机制

6.3.2　协同政策作用机制测度

本节以京津冀区域协同发展战略的提出为准自然实验,通过2014年前后对比分析,探讨区域产业政策对产业转型升级的影响效应,以进一步有效说明协同发展对于京津冀区域经济发展和协同进程的影响机制。

1.　影响机制的测度方法构建

第一,测度模型设计。

本节通过构建双重差分模型(DID)较为严谨地考察京津冀协同发展战略对产业转型升级的政策效果,检验区域协同发展政策是否有效地促进了京津冀区域的产业转型升级效果。在构建DID模型时,将受政策影响的地区设为"实验组",在本节研究中指北京、天津及河北省内11地级市,共13个城市;不受京津冀协同发展政策影响的地区设为"控制组",本节选取在产业发展层面具有较强的竞争优势的长三角各城市作为对照组地区,更为有效分析京津冀产业政策的区域净效应。设置实验分组虚拟变量,记为Treat,实验组赋值1,控制组赋值为0。同时根据区域协同发展提出的时间年份前后设置实验分期虚拟变量,记为Time,政策提出年份之前记为0,提出当年及之后时期赋值1。则样本可进一步划分为4组:政策提出前的控制组(Treat = 0, Time = 0)、政策提出之后的控制组(Treat = 0, Time = 1)、政策提出前的实验组(Treat = 1, Time = 0)、政策提出之后的实验组(Treat = 1, Time = 1)。其中Treat和Time的交互项的影响系数,为区域协同发展政策的实施对京津冀区域产业转型升级的净效应。具体双重差分模型(DID)设定如式(6-6):

$$ITUE_{jt} = a_0 + a_1 Treat_j + a_2 Time_t + \beta Treat_j \cdot Time_t + \lambda Z_{jt} + \xi_{it} \quad (6-6)$$

式(6-6)中,$ITUE_{jt}$为本节的被解释变量,指j地区在t年份的产业转型升级效果测度值(基于第2章提出方法进行测算),β为本节中核心估计参数,用以表征区域协同发展政策实施后对京津冀区域产业转型升级的影响效应,$Treat_j \cdot Time_t$为政策影响实验组和时间的交互项,为本节所设双重差分模型的核心哑变量。为有效探究政策冲击的时间效应和地区效应,本节构建混合效应模型进行双重差分估计,a_1和a_2分别表示受政策实施影响的地区和时间哑变量的估计系数,a_0为常数项,λ表示各变量对产业转型升级影响作用的回归系数的集合,Z_{jt}为一系列地区层面的影响因素组成的向量集,本节中分别为人口规模(Pop)、外商投资水平(Open)及人力资本水平(Emp)。

第二,变量界定及描述性统计。

根据式(6-7)设定的测度模型,对本章涉及的相关变量做如下界定:

被解释变量:产业转型升级效果(ITUE)为本节的被解释变量。提升产业转型升级效果为京津冀区域协同发展的重要领域之一,本节根据第2章提出的从产业结构优化和产业内效率提升双重维度测算的方法对产业转型升级水平进行刻画,这符合京津冀协同发展实施中对京津冀区域产业转型升级的基本要求。基于此,探究协同发展政策实施对京津冀区域产业转型升级的提升是否存在显著的影响效应,并剖析政策实施效果。

核心解释变量:本节核心解释变量为政策实施后实验组和时间的交互项哑变量Treat × Time。由于京津冀区域协同发展政策的提出与实施的核心目标为推动京津冀各地区的发展,为有效探究政策实施对本区域的显著影响,本节选取长三角为对照组,并进一步分别探究时间(Time)和地区(Treat)的政策冲击影响效应。因此,利用政策设立时间和控制地区的交互项作为核心解释变量,更能有效真实反映区域协同发展实施对京津冀产业转型升级效果提升的净效应。

控制变量:本节所选取的控制变量分别地区层面的变量。人口规模(Pop),是一个地区发展规模的直观表征指标,从供给侧结构性改革到产业结构升级,城市发展在现阶段我国经济发展中地位日益凸显,人口规模能够有效表征城市发展进程。本节为直观反映地区发展规模对京津冀产业转型升级效果的影响,使用年末常住人口总数进行表征各地的人口规模。

外商投资水平(Open),扩大外商投资规模能够有效吸引先进资源及技术的引进,是参与全球价值链的重要因素,也是提升产业价值链各个环节的重要动力。本节使用京津冀各城市实际使用外资总额占地区生产总值的比重(按当年人民币对美元平均汇率折算),刻画外商投资水平,既能体现出各市的对外开放程度,又能反映各市的外商直接投资规模。

人力资本水平(Emp),人力资本水平对国家的整体产业经济质量的发展具有重要的影响,人力资本是产业经济发展生产部门重要的生产要素之一,其水平的有效提升是实现产业效应提升的重要动力。而教育水平是培育和提升人力资本水平的关键所在,因此本节选取各城市高等学校在校人数占各地常住人口总数的比重用以衡量各市的人力资本水平。

综上所述,本节选取2004—2020年京津冀13市及长三角各地市的年度面板数据作为样本进行实证测度。所用基本数据分别选自2004—2020年《中国城市统计年鉴》、各省及城市经济统计年鉴以及国家统计局官方网站。此外,本节还进一步以2003年为基期,对相关数据进行了平减处理,以剔除价格波动的影响。表6-3给出了样本数据的描述统计结果。

表6-3 政策影响效应中相关变量的描述性统计

变量	符号	均值	标准差	中位数	最大值	最小值	样本量
产业升级	ITUE	7.25	0.77	7.03	11.6	5.42	570
时间哑变量	Time	0.34	0.47	0	1	0	570
地区哑变量	Treat	0.33	0.47	0	1	0	570
人口规模	Pop	612.86	298.34	546.54	1460.02	96.58	570
外商投资水平	Open	0.04	0.07	0.02	1.13	0	570

变量	符号	均值	标准差	中位数	最大值	最小值	样本量
人力资本	Emp	0.01	0.02	0.01	0.13	0	570

资料来源:根据各统计年鉴2004—2020年面板数据整理计算。

6.3.3 协同政策影响路径分析

1. 京津冀协同发展政策影响机制的实证结果分析

第一,基准结果分析。

表6-4中模型1和模型2直观列示了通过构建混合效应模型,进行双重差分测度京津冀区域协同发展政策对于产业转型升级的影响效果。在进行模型估计分析时,为减少选择性偏误问题,本节首先单独引入核心解释变量[模型(1)]进行估计分析;其次,以线性形式将控制变量组3个因素(Pop、Open、Emp)引入DID模型2[表6-4中(2)列]。估计结果均验证了京津冀协同发展战略在京津冀产业转型升级进程中的重要作用机制。

具体而言,根据模型1,京津冀区域协同发展政策的提出与实施,对京津冀产业转型升级效果表现出显著的促进作用,交互项的估计系数为0.0548,且在5%的水平下显著。说明,从产业结构转型调整和产业质量提升层面来看,协同发展带动了产业结构优化调整及生产效率的提高,从而进一步推动了京津冀区域内各市产业转型升级效果的显著提升,这主要得益于区域协同发展的有序实施,通过行业及产业的深化分工合作及融合发展,有效引导了区域内各地区企业及行业的资源配置,并通过人才流动、信息沟通等方式有效促进了知识溢出,从而显著实现了对京津冀产业转型升级的正向驱动影响关系。此外,时间哑变量和地区哑变量的估计系数同样显著为正,影响系数为0.0306和0.0581,分别在5%和1%的水平下显著。进一步反映出,政策实施后的时间影响效应和对于京津冀区域的政策冲击效应均表现显著的正向驱动效应,验证了协同政策实施前后的显著差异,及发展战略对京津冀本地区产业转型升级的驱动效应,显著强于长三角等其他区域。

根据模型2,通过引入相关控制变量(Pop、Open、Emp),进一步评估政策影响效应。表6-4中（2）列中交互项Treat × Time 的估计结果仍在5%的水平下显著，回归系数为0.0507，其作用方向与强度与模型1中估计结果基本一致。这意味着，无论是否加入相关控制变量，京津冀区域协同发展政策提出之后，均对本地区产业转型升级效果存在显著的正向影响效应，且该正向效应表现稳定的作用机制，进一步有效验证了政策冲击的重要意义。此外，时间和地区哑变量的估计系数同样在不同水平下显著，与模型（1）相比较而言，其估计系数的作用大小变动较小，分别为0.0268和0.0437，在5%和1%水平下显著。这进一步表明，京津冀协同发展政策对产业转型升级的稳健性，即显著存在正向促进作用，且该影响机制不仅体现在战略实施后时期内，同时也呈现出显著的区域效应。因此，京津冀各地应一以贯之地落实协同发展战略，加强各地区的要素流动及产业在京津冀区域内的有序承接和对接，以推动产业转型升级为核心领域和重要契机，稳步实现质量变革、效率变革，加快推动经济体系优化升级，逐步促进京津冀高质量发展，提高各地区经济质量效益和核心竞争力。

表6-4 协同政策影响的DID模型估计结果

变量	符号	模型1	模型2	模型3
		（1）	（2）	（2）
时间×地区哑变量	Treat×Time	0.0548** (0.0219)	0.0507** (0.0205)	0.0284** (0.0133)
地区哑变量	Treat	0.0581*** (0.0127)	0.0437*** (0.0133)	—
时间哑变量	Time	0.0306** (0.0128)	0.0268** (0.0120)	—
人口规模	Pop	—	0.2013*** (0.0220)	1.0167*** (0.2163)
外商投资水平	Open	—	0.0671 (0.0759)	0.0172 (0.0508)
人力资本	Emp	—	0.0683** (0.0311)	0.2655** (0.1159)

变量	符号	模型 1	模型 2	模型 3
		（1）	（2）	（2）
常数项	Intercept	0.2609*** （0.0074）	0.1817*** （0.0111）	—
时间固定效应	—	否	否	是
个体固定效应	—	否	否	是
拟合优度	R^2	0.1284	0.2559	0.0898

注：***、**、*分别表示 1%、5% 与 10% 的显著性水平。

此外，为了进一步验证政策影响效应估计结果的准确性，在根据模型 2 中混合效应进行估计的基础上，模型 3 通过构造双向固定效应模型，控制时间效应与个体效应进行估计和检验。表 6-4 中（3）列估计结果显示，核心解释变量 Treat × Time 的估计系数为 0.0284，且在 5% 的水平下显著。说明，京津冀区域协同发展战略的实施对于该地区的产业转型升级效果具有一定的正向促进作用，且该影响关系显著，有效验证了模型 2 中估计结果的稳健性。此外，与模型 2 的估计结果相比，模型 3 拟合优度（R^2=0.0898），显著低于混合效应模型，这也进一步说明了混合效应模型对本节研究中协同政策影响机制的适用性。

控制变量的回归结果显示，Pop 的估计系数为 0.2013，在 1% 的水平下显著，这反映出了在京津冀区域，以人口规模衡量的城市规模有助于促进产业转型升级效果提升。城市人口规模的增大能够产生一定的劳动力集聚效应，是形成规模经济的主要原因[1]，在样本期间内，表现出了对产业转型升级的正向影响效应。但由于边际收益递减效应的存在，也应该注意大规模人口集聚引起的拥挤和资源不均等问题的产生，推动人口的有效流动，以及与经济社会的协调发展，谨防"大城市病"等问题的存在。

人力资本（Emp）同样对产业转型升级存在显著的促进作用，在 5% 的水平下，回归系数为 0.0683。作为生产部门重要的生产要素，人力资本的提升能够为

---

[1] 陈大峰，闫周府，王文鹏. 城市人口规模、产业集聚模式与城市创新——来自 271 个地级及以上城市的经验证据[J]. 中国人口科学，2020（5）：27-40，12.

企业和产业提供高质量的生产要素,有效促进企业和产业效率提升,此外,人力资本水平的提升,能够为技术创新和知识溢出提供基础保障和有效途径,从而进一步推进产业转型升级。因此,各地区应加大对教育的投入和支持,以培养高技术人才及产学融合的实用复合型人才,助推京津冀产业向高层次、高质量方向有序转型升级。此外,外商投资水平(Open)的估计系数为正,但不显著。反映出当前尚未形成依托吸引外资的产业转型升级驱动效应,该效应主要与区域内河北与天津的产业发展模式相关。各地区不仅应注重国内供给需要产生的内动力,同时也应该注重先进技术和资本的引入,充分发挥国内国际"双循环"的双驱推动力,为京津冀区域乃至全国各地产业转型升级提供源源不断动力。

第二,城市异质性分析。

在评估与检验京津冀区域协同发展政策对产业转型升级影响效应的基础上,本节基于京津冀城市发展差异进一步对政策影响效果进行城市异质性检验。由于京津冀13市存在区位、历史和政策等地区基础条件,以及在区域协同发展中的战略地位均存在显著的差异,各城市产业发展受政策的影响可能各不相同,这也是有效探究区域协同发展政策影响效果及作用机制中不可忽略的重要内容和关键因素。基于《京津冀协同发展规划纲要》(以下简称《纲要》)的实施内容,保定和廊坊因地理区位紧邻北京,《纲要》中指出该两地区核心功能定位为承接功能性转移城市—北京和天津的产业转移与迁移。因此,根据地理区位及功能定位,将北京、天津、保定和廊坊四个城市列为中部核心功能城市,京津冀区域其他城市划分为非中部核心功能城市,以进一步有效评估京津冀区域协同发展政策对产业转型升级效果提升的影响效应,是否存在显著的城市差异性。

基于此,立足京津冀区域,根据城市层次划分,将政策实施的时间作为哑变量,记为Did,政策提出之前记为0,之后记为1,以分别探究协同发展政策实施后对于不同城市间产业转型升级效果的影响机制。表6-5中列示了基于核心功能划分的政策对产业转型升级的影响效果。

表6-5中(1)和(2)列为非中部核心功能城市的估计结果,(3)和(4)列为中部核心功能城市的估计结果。总体上,京津冀区域协同发展政策的提出与实施对于不同类型的城市具有显著的差异性影响效果。

表6-5 区域协同发展政策影响效应的城市异质性估计结果

变量	非中部核心功能城市		中部核心功能城市	
	（1）	（2）	（3）	（4）
Did	0.1261***	0.0927**	0.1195	0.0321
	（0.0342）	（0.0355）	（0.0795）	（0.0895）
控制变量	否	是	否	是
个体效应	否	否	否	否
时间效应	否	否	否	否
拟合优度	0.1392	0.1777	0.0374	0.3596

注：***、**、*分别表示1%、5%与10%的显著性水平。

具体而言，一方面，对于非中部核心功能城市，即空间地理区位距离北京较远或非核心功能定位的城市，（1）和（2）列Did的估计系数均在不同水平下显著，意味着无论是否加入控制变量，协同发展政策的提出与有序实施，均对这些城市存在显著的正向促进作用，这也反映出协同发展政策更有助推动河北大部分城市的产业转型升级，这主要由于随着协同战略的有效推进，以产业转移和承接为重要载体，有效推进了河北城内地市的高技术产业落地和技术创新成果转化，如石家庄基于传统工业基地优势有效推进新型生物医药产业的发展，唐山依托国家级高新技术开发区，大力发展机器人及新能源产业基地，为产业转型注入活力。此外，协同发展战略有效促进了人才和创新要素的多层次流动，进一步有助于推动周边地区生产效率的提升，从而对中部核心功能城市表现出显著的促进作用。这也进一步反映出京津冀区域协同发展有效地辐射和影响了空间距离较远的城市，凸显了政策实施圈层及其延伸的广度与深度。

另一方面，对于中部核心功能城市，即北京、天津、保定和廊坊四个城市，表6-5中（3）和（4）列的估计结果显示，无论是否加入控制变量，京津冀产业协同发展对该四个城市的产业转型升级存在不显著的正向影响关系。表明2014年后，协同发展战略的提出与实施，并未对中部核心功能城市产生显著的产业转型升级驱动效应。主要原因在于：协同发展战略的核心内容与目标是有序疏解北京非首都功能，推动一般制造业等行业向津冀的迁移和转移，样本期间内仍处于以迁移和承接为核心的产业协同发展态势,而基于北京产业结构的高端化发展态势,其产业转型升级效果的提升,更多表现为产业及行业内部的优化及生产效率的提升,需要大量先进的技术和人才为重要动力,而当前区域协同发展战略尚未形成提升以京津为主的中部核心的产业转型升级的态势。这进一步反映出,京津冀各地协同发展的功能定位及政策实施对产业结构优化调整和产业内部生产效率提升的影响机制,存在显著的地域异质性。因此,各地在切实推进协同发展战略的实施进程中,应立足区位特征和功能定位的差异性,制订契合各自发展目标和方向的产业转型升级政策措施。

2. 协同政策驱动路径分析

京津冀区域协同发展战略的提出与有效实施,已成为新时代落实区域协同发展,推动中国区域一体化及经济高质量发展的重要示范区。产业转型升级作为三大重要领域,是协同发展有序推进的重要载体和关键所在。因此,基于京津冀协同发展战略的制定与实施对产业转型升级影响效应的评估与检验,进一步明确协同政策下的驱动路径对于破除城市间行政壁垒、推动区域内各城市产业高质高效转型升级及协同融合发展具有深远意义。

为稳步推动京津冀区域协同发展战略对于各地产业转型升级的影响,本节进一步提出以下路径:

第一,注重区域政策的精准实施,实现政策与城市产业功能定位的有机契合。当前京津冀区域内各城市的产业转型升效果存在显著的差异性,且政策影响效应具有城市异质性特征。各地区在切实推进京津冀协同发展的进程中,应以各地的资源禀赋及功能定位为基础条件,制定适宜各城市产业发展的层次化发展政策,加强对距离中心较远城市的技术支持、人才带动等辐射带动作用,破除行政壁垒、缩小因空间地理距离导致的产业及经济发展差距。大力发展各地的本地化效应,以本地优势吸引优势产业等的流入,并立足自身区位产业优势、产业发展方向,打造因地制宜的产业集聚园区,促进城市间及省(市)间资源要素的有效流动及质量提升,打造具有区域及资源竞争优势的产业集聚区,尤其是逐步稳健推进雄安新区的建设,打造京津冀区域产业协同发展的新高地。对于靠近“双核”的地区,在有效承接北京产业转移的基础上,应有序建立并不断丰富完善人才与技术的激励引进机制,破解产业转型升级发展的瓶颈,在推动承接的传统产业效率提升的基础上,有效承接京津冀的创新成果转化,促进地区结构优化与效率升级的双重提升。

第二,提升协同机制的多元化治理能力,多方位促进产业转型升级。在协同发展战略的有序推进中,中央及地方政府应注重京津冀区域的协同发展多层次目标,一方面,应注重产业、经济、公共服务等多维度的协同发展及资源互补,为各地区产业转型升级提供强有力的基础保障,并加强城市间产业关联程度和互补性。另一方面应大力推动企业、行业开展多元化创新合作和学习机制,积极探索以各地区市场需求和传统产业转型升级有机结合的新途径。加强创新资源与技术成果转化平台的有机融合,以京津冀高校及研究机构为重要载体,打造具有应用价值的成果转化基地,推动技术创新向现实生产力的有效转化。与此同时,加快完善京津冀区域的国际性信息网络的完善,充分发挥数字载体枢纽体系的空间衔接载体效应,为京津冀产业转型升级的进程及区域一体化发展提供多元化提升新途径。

6.4 外在环境助推下的转型升级路径

基于第5章研究中外在约束因素对京津冀产业转型升级效果的空间溢出效应测度结果表明,缩小城乡发展差距、提升金融水平、增强基础设施建设,均对产业转型升级具有显著的促进作用,但各要素的空间溢出效应各异,仅城乡发展差距存在一定的驱动溢出效应。鉴于此,本节进一步以城乡发展差距、金融水平、基础设施建设等方面为多维研究视角,分析各地区促进产业转型升级效果的外在环境路径与对策。

1. 推动城乡融合进程,缩小城乡差距

实证分析表明,缩小城乡差距对京津冀区域产业转型升级具有显著的促进作用。京津冀区域基于城乡结构的特征,各地区城镇化水平存在显著的差异性,如北京城乡"壁垒"逐渐消失,而河北省内各城市的城镇化水平仍较低,继而导致各地的城乡差距也存在显著差异。因此,京津冀各地区应以推动城乡融合高质量发展、缩小城乡差距为核心目标,构建"乡村—城镇"经济统筹发展的战略支点。特别是河北省内各城市,如沧州和衡水等城乡差距较大的地区,在加快现代化农业体系建设的基础上,发展多元化农业项目,增加农民收入。

同时,应加强农村劳动力技能的培训和资助,对于张家口等城市中较为偏远县市和地区,有效实施精准扶贫政策,如帮扶措施政策的推进、加强特色产业项目建设和引进、传播科学的知识技术等。此外,在统筹城乡一体化规划的进程中,分层次、分阶段有序推进,逐步缩小京津冀各地城乡差距,进一步为产业转型升级提供基础支撑。

2. 建设现代化金融体系,深化金融体制改革

图6-4可视化地表现了2020年京津冀各城市的金融业产值占地区生产总值的比重。从图6-4中可见,2020年北京的金融化水平在京津冀区域内处于领先地位,金融业产值占比达24%,反映出北京金融产业集聚的态势,而天津和河北部分城市的金融水平较低,这在一定程度上反映出产业结构中服务业内部细分行业的发展水平。

各地应以现代化金融体系建设为核心,以突破存在的结构失衡和配置效率不高等问题为切入点,充分发挥资本市场在金融体系中的"链条"效应,为京津冀各市不同需求类型企业提供相匹配的资金和融资支持,促进金融结构与中小企业的对接,以及与现代科技的有机融合,推动绿色金融与普惠金融的发展,深化供给侧金融改革,有效提高资金和资本的合理流动性,为京津冀区域产业转型升级提供重要的金融支持。同时各地应加大金融市场监管力度,保障金融市场的运行稳定,提高资本市场的透明度,重点是各地金融相关法律制度的进一步完善和有效落地实施,逐步推动京津冀区域内各地间的合规健康金融互动与合作,强化对产业和经济发展的正向促进作用,改善对相邻近地区的溢出效应。

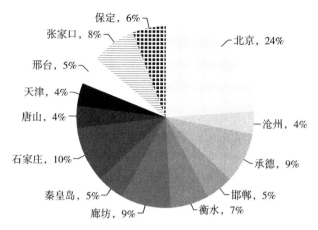

图6-4　2020年京津冀13市金融水平差异性展示

（3）加强基础设施建设，促进交通一体化发展。通过对以公路密度表征的基础设施建设的产业转型升级影响效应分析表明，交通设施的完善对京津冀产业转型升级表现出显著的正向促进作用，但空间溢出效应不显著。基于此，本节进一步对样本期内京津冀基础设施与产业转型升级效果关系进行了拟合（如图6-5所示），发现存在显著的线性关系，验证了变量间的直接作用机制。由此可见，京津冀各城市以交通路网为核心的基础设施建设对产业转型升级效果提升具有一定的驱动效应，也是全方位实现协同发展新格局的重要途径和有效载体。

当前京秦、京台及首都地区环线的建成通车，进一步缩短了京津冀各地间的时空距离，有效承接了三地的产业转移和对接。鉴于此，各城市应持续深化京津冀协同发展交通一体化规划，推动全覆盖、多层次的综合交通网络的形成。河北南部和北部城市，如邯郸和唐山等市，距离北京较远，在一定程度上制约了与北京的要素流动和产业对接，该地区应有序加强与京津路网建设和对接，且同时应加紧与周边城市路网布局与规划，推动各城市的多节点对接，加强与相邻城市及首都城市的产业联系和联动发展，为先进技术和人才等资源的引入提供良好的基础支撑。

此外，京津地区也应加强外围综合交通网络的有序拓宽与多向延伸，充分释放双核资源红利，加强产业交流合作，特别是高技术等产业，助推京津冀区域整体产业转型升级。同时加快完善京津冀区域的国际性交通网络的完善，充分发挥交通运输枢纽体系的空间衔接载体效应,为京津冀产业转型升级的进程及区域一体化发展提供便利快捷的基础保障。

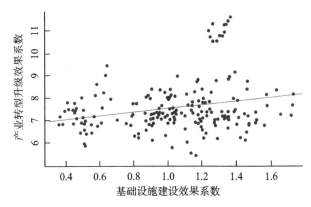

图6-5 基础设施建设与产业转型升级的线性拟合图

与此同时,除交通基础设施外,还应加强医疗、教育等公共服务基础设施的建设与维护,它们均是产业稳定发展及高质提升的基础保障。以高等院校及医疗资源外迁为重要契机,均衡京津冀优势资源,为产业发展核心要素——人力资本,提供重要的保障和培育机制。

此外,本节从社会经济环境及外部条件要素,选取与京津冀产业发展及转型升级密切相关的变量进行影响效应分析和提升路径探究,除城乡发展差距、金融水平、基础设施建设等,还有其他因素对产业转型升级具有一定的影响。因此,在有序推动京津冀产业转型升级的进程中,应立足自身区位特征,以各地资源禀赋基础和产业转型升级的重点方向为基础和核心,明确契合当地产业特征的转型升级路径,多方位助推京津冀产业向高层次、高质量转型升级。

6.5 本章小结

本章从产业发展、政策驱动、外部环境助推三个层面,多维度探究了经济产业转型升级的路径。产业发展层面,提出了能够多主体、多目标地刻画我国高技术产业联动发展的动态演进规律的高技术产业联动性测度方法,通过识别高技术产业发展区位和行业优势,明确各地的高技术产业联动发展的产业转型升级路径;基于数字化发展视角,通过使用企业微观数据,从竞争力提升的广度和深度双重层面,从行业视角进一步探究了京津冀的数字驱动产业转型升级路径。

然后,以京津冀区域协同发展战略的提出为政策因素,在进行影响机理分析的基础上,利用2004—2020年京津冀相关数据,使用双重差分混合效应模型,实证评估了政策冲击对京津冀产业转型升级的影响机制,并立足城市在协同发展中的功能定位,以长三角为控制组进行了实证和异质性分析,进一步探讨了区域协同发展影响下的政策路径。此外,本章还考量了各地区促进产业转型升级效果的外在环境影响路径。主要结论如下:

(1)高技术产业联动发展是立足区域协同发展战略下产业链与创新链有机融合的产业转型升级路径,京津冀各地区高技术产业联动发展表现出显著的地区与行业非均衡特征:北京的高技术产业联动效果显著高于津冀,但天津增幅显著高于北京;行业层面,各高技术产业联动水平及演变进程均存在较大差异,电子及通信设备制造业的地区联动性最强,是产业联动的关键,也是推动京津冀数字化产业发展的重要行业。因此,京津冀各地应明确各地高技术产业发展方向与定位基础上,增强产业间的互联互通。数字驱动视角下,数字化产业竞争力同样存在京高冀低的梯度层次特征,且三地数字化服务业的竞争力显著强于数字化制造业。基于此,提出了京津冀区域整体应以数字产业为重点,以地区差异与细分行业深化为突破点,立足各地区数字化行业特性,明确发展方向的产业转型升级路径。

(2)京津冀区域协同发展政策的提出与实施,对京津冀产业转型升级效果表现显著的促进作用,该影响效应具有的稳健性,即无论是否加入控制变量,均存在显著的正向促进作用,且该作用机制不仅体现在战略实施后,同时也呈现出显著的区域效应。此外,协同发展政策对产业转型升级的影响效应,在京津冀区域内存在一定的城市异质性。一方面,对于非中部核心功能城市,即空间地理区位距离北京较远或非核心功能定位的城市,存在显著的正向促进作用;另一方面,对于以北京为核心的中部核心功能城市,其正向影响效应不显著。

(3)缩小城乡发展差距、深化金融改革、加强基础设施建设等均是提升京津冀产业转型升级的有效外部环境和助推路径。

因此,在有序提升京津冀各地产业转型升级效果的进程中,应注重产业、政策、外部环境等多维要素的综合作用路径,因地施策,形成多元化的产业转型升级提升路径,打造多向互济、内外联动的产业高质高效发展格局。

第7章 结论与政策建议

本章对上述各章节进行系统梳理,从京津冀产业转型升级效果的差异化演进特征、对经济发展的影响效果、影响因素探究、多维提升路径分析四个方面的主要结论进行了归纳,并结合京津冀产业转型升级现状和总体要求,从优化产业布局、增强创新能力等方面,综合性给出了提升京津冀产业转型升级效果的政策建议。

7.1 主要结论

1. 产业转型升级的差异化演进特征

产业转型升级,在京津冀产业协同发展的研究中扮演着重要角色,也是新时期动能转换、质量提升的强劲动力。为了对京津冀产业转型升级效果及演变趋势进行全面反映,在第2章,首先对产业发展多维差异和升级内涵进行了阐述,并对各市产业转型升级的演变趋势从产业到行业进行了比较分析。然后,从主观分析到客观评价,在第3章,对测度结果基于分布拟合进行了演化差异评价,并对产业转型升级的区域内和跨区域联动辐射效应进行了非线性测度,以及与经济发展耦合协调性进行了分析。

在对京津冀产业转型升级演变趋势进行比较分析时,基于产业转型升级内涵,以产业间结构调整和产业内部质量提升两个层面构建的测度指标为衡量方法,对京津冀三地及河北省内各城市整体产业、细分行业转型升级效果的变动特征进行了定量分析和图形展示。在对整体产业转型升级效果进行评价和动态比较时,从演进层次差异方面,使用拟合分布方法进行了定量研究。在对转型升级效果测度结果作进一步评价分析时,从区域内联动、跨区域辐射、耦合协调性等层面进行了量化分析。

第一,对产业转型升级效果演进特征的定量分析显示,京津冀整体产业及行业结构呈现出向合理化、高层次演进的态势,但仍存在显著的地区间非均衡性特征,且产业及行业发展均具有一定的"梯度差",与全国整体发展存在较大的差异。随着京津冀产业转型升级工作的不断推进,区域整体的产业转型升级效果得到了明显提升,特别是2014年京津冀协同发展战略正式提出之后,各城市产业转型升级效果有序提升,但存在显著的地域及行业等多维度上的差异性。一方面为三次产业层面上,京津冀区域整体的产业转型升级效果呈现出波动递增的态势,从产业结构转型和产业内部质量均有效提升;另一方面为细分行业层面上,地区间发展差距逐渐缩小,但在规模优势维度上表现各异,是导致京津冀产业升级效果呈非均衡性演进态势的关键。

第二,对产业转型升级效果的评价研究表明,层次划分的区间差异也进一步显示了演进差异特征,且京津冀区域内各市的产业转型升级效果差距逐步缩小。河北省内城市如石家庄等市的产业升级效果测度值也逐步迈入第四层次,有效缩小了与京津差距。与此同时,京津冀区域内各市产业转型升级存在一定非线性相依性,表现为以北京为核心的"多节点"联结关系,跨区域层面上,京津冀表现为较弱的辐射效应,显著弱于长三角城市群,特别是上海等市。此外,与经济发展协调性方面,京津冀产业转型升级与经济发展呈现出由相对不协调逐渐转向协调的演化态势。

综合来看,京津冀当前产业转型升级依然以优化产业结构和提升产业内部效率为核心内容,同时产业内部细分行业优化升级的持续推进也有待进一步提升,是实现区域产业发展的关键内容。

2. 产业转型升级的非线性经济影响效应

京津冀区域推进产业转型升级效果提升的核心目的在于有效推动区域协同和经济结构优化的进程,实现区域协同一体化和京津冀高质高效发展。特别是京津冀协同发展战略正式提出和实施之后,对区域经济发展的影响效应如何?在第4章,围绕经济高质量发展和协同特性,通过收集、整理各市相关面板数据,测度京津冀的经济增长质量和联动发展潜力,对产业转升级的经济推动效果及影响效应的非线性特征进行了定量研究。

在产业转型升级的经济增长质量影响效应研究中,在新发展理念的基础上,通过引入数字经济维度,对京津冀经济增长质量进行了量化分析,然后设计构建了运用固定效应模型和面板平滑转换模型的测度方法,实证探究了产业转型升级对经济增长质量的非线作用机制。前者在模型构建上通过个体固定效应项控制住不可观测的个体异质性对模型估计的影响,对于影响效应的演进差异测度更加精准;后者通过以产业转型升级作为转换变量,有效评估了非线性影响关系的转换机制及门槛效应。在产业转型升级的经济联动发展潜力影响效应研究中,通过改进空间引力对经济空间联动潜力进行了表征,然后构建非参数模型,深入剖析了协同发展视角下产业转型升级对经济联动发展潜力的非线性作用机制。

综合来看,产业转型升级对经济发展的影响存在显著的非线关系,且该非线性关系存在一定的门槛效应。具体为:

第一,经济增长质量的影响效应中,产业转型升级的作用机制存在一定的过渡机制,即小于位置参数(即门槛值)时,表现为显著的正向线性促进作用,当超过位置参数点时,存在较弱的负向非线性关系,导致正向促进的总效应减弱,且表现为速度较慢的平滑过渡特征。此外,产业转型升级对经济增长质量的促进效应显著强于经济增长数量,以产业转型升级驱动经济结构优化,是经济高质量发展的重要环节。

第二,经济联动发展潜力的影响效应中,产业转型升级效果对城市联动潜力存在波动递增的非线性作用机制,特别是当转型升级水平较高时,促进效应显著增强,能够有效提高城市空间联动潜力,而"速度效应"层面,尚未形成显著的区域联动发展的促进效应。反映出了以结构优化和效率提升表征产业转型升级在京津冀区域协同发展进程中的重要引擎机制,而非产业转型升级的速度。

3. 产业转型升级影响因素

协同发展战略实施后,高效、科学地明确推进产业转型升级路径已成为京津冀经济、产业发展的重点内容。产业转型升级的有序提升和路径的有效优化,受多层面因素的影响。因而,基于对产业转型升级空间自相关性的探讨,通过引用空间杜宾模型,进行空间溢出效应研判并作进一步分解分析,更为有效剖析不同层面的因素对产业转型升级的非线性影响关系及其异质性特征,为有效制订科学的产业升级路径提供理论支撑。在第5章,为深入剖析产业转型升级影响因素的作用路径和影响强度,首先将影响因素分为三个部分:内在要求、外在约束和数字化水平,多维度进行了影响机制的实证分析。

第一,内在要求视角下,除资本要素表现出不显著的作用关系外,劳动力水平、技术创新对京津冀产业转型升级具有显著的正向促进作用,且仅技术创新存在显著的空间溢出效应。基于此提出的高技术产业联动发展路径,是立足区域协同发展战略下产业链与创新链有机融合的产业转型升级的有效路径。

第二,数字发展视角下,数字化水平对产业转型升级存在显著的空间溢出效应,且其直接效应与间接效应均显著。因此,不断强化数字技术发展、加快构建数字交易及数字创新等平台的建设、推动数字联动及相互促进的新发展格局对于提升京津冀产业转型升级效果具有重要意义。

第三,外在约束视角下,缩小城乡差距、提升基础设施水平、促进金融发展均有助于促进产业转型升级效果的提升。基于机制剖析,本章进一步明确了推动城乡融合进程、缩小城乡差距,建设现代化金融体系、深化金融体制改革,促进交通一体化发展、强基础设施建设等产业转型升级的外在驱动路径。

4. 产业转型升级的多维路径

本节除对影响机制的探讨外,还从区域协同发展战略的提出与实施层面,对影响产业转型升级的作用路径展开了宏观视角的测度。在第6章,以京津冀区域协同发展战略的提出为准自然实验,以长三角城市群作为对照组,进一步将京津冀13市划分为中部核心功能城市与非中部核心功能城市两个层面,引入双重差分模型通过2014年前后对比分析,探讨区域产业政策对产业转型升级的影响效应。基于多层面影响机制的剖析,本章提出了产业发展视阈下,一方面,提出的高技术产业联动发展路径,是立足区域协同发展战略下产业链与创新链有机融合的有效路径;另一方面,提出了基于数字化产业发展的差异特征的数字化产业竞争力提升路径。此外,对协同政策影响效果进行了城市异质性测度检验和路径探究,最后从加强基础设施建设等方面,进一步提出了外部环境驱动下的发展路径。结果表明:

第一,京津冀区域内,高技术产业联动发展进程呈现出从行业到地区的双重差异特征,行业层面,电子及通信设备制造业的地区联动性最强,是产业联动的关键,也是推动京津冀数字化产业发展的重要行业。地区层面,呈现出"中心强、边缘弱"的非均衡现象,北京的高技术产业联动效果显著高于津冀,但天津增幅显著高于北京。数字化视角下,数字化产业竞争力同样存在地区层面的"京高冀低"的梯度层次特征,且行业层面也表现为显著的差异性,三地数字化服务业的竞争力显著强于数字化制造业,数字化服务业发挥较强的引领机制。

第二,京津冀区域协同发展政策的提出与实施,对京津冀产业转型升级存在显著正向促进作用,但表现为一定的城市异质性,即对于以北京为核心的中部核心功能城市,其正向影响效应不显著。综合两方面结论来看,进一步明确了京津冀区域协同发展战略实施的层次性和精准性。

第二,明确了外部环境助推的发展路径。一方面,构建"乡村–城镇"经济统筹发展的战略支点,为产业转型升级提供基础支撑;另一方面,以现代化金融体系建设为核心,充分发挥资本市场在产业发展中的"链条"效应,为不同需求类型企业提供相匹配的资金和融资支持;与此同时,推动全覆盖、多层次的综合交通网络的形成,强化要素流动和产业对接。

7.2　创新点

本书在借鉴国内外已有研究的基础上,构建了较为完善的产业转型升级效果评价与路径研究体系,并对其影响效果和作用机制进行详细、深入的实证研究,丰富和深化了京津冀区域产业发展领域的研究理论和方法。综合来看,本书的创新点主要体现在以下几个方面:

(1)研究内容的创新。一方面,同时从产业转型升级的测度和评价两个方面构建分析框架,并基于概率密度分布提出了合理、客观的评价方法,全面反映产业转型升级的演变趋势。另一方面,在经济影响效应探究中,本书测算了多维的经济增长质量,并提出了协同背景下的空间联动效应的研究内容,从"质量效应"和"速度效应"双重层面,挖掘了产业转型升级对经济发展的多维影响机制。

(2)研究设计的创新。第一,立足供给侧结构性改革和京津冀协同发展的总体背景,以实际问题为驱动,提炼契合新常态下和新时代背景下的产业转型升级概念和内涵。第二,立足行业深化分工视角,进一步对产业内部细分行业的升级演化进程进行量化和异质性剖析,既能反映地区异质性,又能厘清其内在核心原因。第三,借助有效政策及内外影响因素的剖析,基于京津冀产业转型升级的重点领域,进行多维升级路径探究,以推动科技创新、增强产业发展新动能为目标的高技术产业联动升级、数字驱动等新路径,符合京津冀产业发展的现实要求。第四,应用京津冀省市层面宏观和企业层面微观数据进行实证研究,并与长三角城市群对比,给出了纵深推动京津冀产业向更高质量、更高水平目标转型升级发展的对策建议。

(3)研究方法的综合运用。首先,基于产业结构调整和效率提升两个维度,给出了新的表征京津冀产业转型升级效果的指标体系,并通过模拟分位数,给出产业转型升级效果测度值的4个层次阶段,获得了较为准确的数据分布情况和层次差异特征;同时还基于Coupla函数构建了产业转型升级的辐射效应测度方法,对产业转型升级效果作出进一步评价。其次,设计利用面板平滑转换模型和非参数面板模型测度总体效应与个体效应差异,反映产业转型升级对经济增长质量及区域经济协同联动发展效果的影响特征及非线性作用机理;在此基础上,进一步探究非线性作用效果的"拐点"位置,全面有效评价产业转型升级的发展效果。再次,关于产业转型升级路径的分析,通过改进的空间集聚测度模型,从地区和产业两个维度,给出了刻画高技术产业联动性的方法;并提出了基于规模比较优势和产值潜力测度数字化产业竞争力的新方法,对高技术产业联动、数字化产业竞争力提升等路径进行了量化分析;最后,通过构建相关政策测度模型,并进行区域内部城市层次的划分,给出政策优化及实施的科学选择。

本书对产业转型升级评价及路径的研究,始终以京津冀区域实际问题为驱动,在内容、视角和方法上创新构建了产业转型升级的各方面研究方法,所得研究结论更全面地评估了产业转型升级的实施效果和提升路径,为进一步推进京津冀区域产业转型升级工作的科学性和有效性提供了研究支持,做到统计理论与实际应用有机融合。

7.3　相关建议

1.　加快新旧动能转换

本书对京津冀产业发展的梳理和产业转型升级效果的测度分析可知,优化产业结构与提升产业内部质量均是促进产业转型升级的重要内容和核心动力,以此加快新旧动能转换,并建设现代化的高质高效产业体系是跨越经济增长动力转换关口的迫切要求和关键环节,也是京津冀区域发展的重要领域。基于研究结论,为有效提升各地产业转型升级水平,本书从转型升级内涵视角,提出如下两点建议:

第一,注重结构转换,推动产业向高层次有序演进,这是产业结构调整转型的核心目标。对于河北省内重工业占比较高的城市,采取渐进式的退出与转型机制,给予相应的退出资金支持,以及转型的要素支持,在原有工业基地及资源基础上,有序发展高端制造业,如装备制造业、生物医药制造业等。北京应以"高精尖"产业布局为引领,以"三城一区"❶为重要载体,建立产业目录引导机制及目录动态调整机制,不断完善服务高层次产业的多维管理体系,对于能够有效推进地区产业效益、经济效益、社会效应的企业或行业给予相应的支持力度。并有序统筹建立及加快实施动态评估体系,引导产业不断向高层次演进。

第二,优化要素配置,提高生产要素效率,促进各行业及产业附加值的有效提升。要注重传统产业生产方式的转变,促进生产要素在不同部门间的高效流动和充分利用,对于产品研发、工艺、功能提出新的标准和要求,通过产品升级、制造升级、产业链升级等多体系综合提升传统产业生产效率。同时,应以协同机制为契机,政府及各级组织制订鼓励和引导措施,推动社会资本的有效投入及向津冀的转移,并有序引导向中小微企业,特别是对高技术产业的投资支持。此外,加大对劳动力、高技术人才的培训和支持,各地政府、高校与企业应建立完善的三方产学融合培养及实践基地,促进劳动要素质量提升。还应注重资本和劳动力投入的相对结构和速度,保持科学合理的要素密度,稳步提升要素配置效率。

---

❶ 即中关村科学城、未来科学城、怀柔科学城、北京经济技术开发区。

2. 优化产业空间布局

通过对产业转型升级的层次化差异分析和经济效应测度研究显示,当前各市产业转型升级效果和提升水平存在一定的"梯度差"。因而建议在产业转型升级推进工作中,应以认清各地的产业发展差距为基础,逐步优化区域整体产业空间布局定位,形成多元化的产业转型升级目标设计。优化产业空间布局是推动协同背景下产业转型升级的基本要求和重要前提,具体给出以下两点建议:

第一,明确各地产业功能定位。产业转型升级的核心路径为立足区位特征及产业发展现状和方向,有效明确区域整体及各市的产业功能定位。京津冀区域整体应重视产业转型升级的层次差异性,制订契合本地区特色的产业发展模式,如天津应持续发挥其先进制造业研发及生产等优势,打造以滨海新区为核心的优势产业示范基地。雄安新区的规划建设以形成北京新"两翼"之一为核心目标,河北应依托该机遇,逐步补齐地区产业发展短板,打造具有地域优势的专业化、特色化、现代化产业体系。

第二,促进区域内联动协同发展进程。一方面,在明确各地产业功能定位的基础上,深化产业分工合作,理顺并拓展延伸产业价值链,充分发挥区域产业优势互补机制。以北京技术研发成果转化落地为契机,加快与天津、河北各城市的承接与对接,同时天津和河北各地区政府应提出相应支持和优惠扶持政策,降低产业转移与迁移过程中的交易成本,并给予一定的人才引入鼓励机制,促进先进技术人才的纵向流动,带动河北省内产业转型升级效果较低的地级市,实现高质高效发展。另一方面,应注重产业转型升级与经济发展的协调性,产业发展方向应符合当地的经济发展要求,以协同发展战略为指导方针,加强各地在经济要素、市场等方面的交流与互通,稳步推进公共服务的共建共享进程,并加快"轨道上"的京津冀一体化网络的实现;稳步建立产业与经济的有效链接,提升经济活力。有序形成多向互济、内外联动的合作格局,是促进各地区产业链优势互补、经济高质量发展的有效途径,也是协同进程中把握好"联动"与"疏解"的关键。

第三,增强跨区域联动辐射效应。增强与长三角等城市群的产业联动与技术渗透,强化区域间产业、资源等交流互通。特别是天津应充分发挥国际航运核心区等多重优势,扩大对内对外开放,构建全方位合作的大通道,在吸纳长三角等发达地区先进行业及经验基础上,加强区域行业优势互补,充分发挥跨区域联动辐射效应,突出京津冀各地优势产业的主导地位,为高技术创新发展和高效提升提供高质量平台;同时应深化国际产能合作,提升对外开放层次,通过增强技术的交流和延伸,完善京津冀区域进出口各环节。

3. 增强产业创新能力

技术创新是京津冀各城市产业转型升级的重要驱动要素,也是经济高质量发展的重要维度,通过研究结果可知,技术创新不仅对地区产业转型升级具有直接的促进作用,同时还具有空间溢出效应,对周边地区还具有一定溢出辐射效应。基于此,本节提出增强产业创新能力的建议如下:

一方面,发挥技术溢出,打造产业技术优势。通过打造产业集聚区及加强地区间技术合作等方式,促进企业及产业的技术创新,强化技术创新溢出的正向作用。京津冀各地已逐步建设一大批国家级高新产业园区、国家级大学科技园,以及创新产业特色基地,如中关村科技园区、天津滨海新区等,应充分利用各地区优势产业示范园区,及集聚区域的优势,建设一批新型科技研发机构及产业创新中心,紧抓关键核心技术的突破,促进创新环境的培育和项目交流。同时应以促进高技术产业联动发展为核心路径,根据核心技术空间布局的差异性,加大研发经费投入与政策支持力度,通过信息流动与技术的有机融合,实现区域和产业间的技术变革与效率变革,夯实优势产业发展,并更深层次地打造高技术产业互融互促模式。此外,京津冀各地应重视数字化优势竞争格局的构建,北京市应充分发挥其引领效应,天津应充分发挥其"双核"的优势地位及发达的港口交流窗口,应加强智能港口的建设和升级,布局数字化智慧物流的建设,充分吸纳及承接数字产业核心板块。

另一方面,应持续加速科技成果转化,以"非首都"功能疏解为契机,北京应加快推动高技术产业向津冀迁移和科技成果转化落地,形成紧密合作的分工对接机制,促进产业链的纵向延伸,构建紧密对接、梯度发展的高技术产业联动辐射发展空间格局,激发各地的创新能动性。

4. 深化政策体制改革

本书对政策影响机制的测度研究验证了京津冀区域协同发展政策在产业转

型升级中的正向影响作用,结合研究结论,本节给出以下几点建议:

第一,增强政策支持力度。通过政策导向逐步完善对产业及企业的扶持力度,如给予河北承接产业转移地区一定的税收优惠政策和金融支持,相关政府部门及组织充分资本、金融、法规等有效工具进行鼓励,以政策破除行政壁垒;同时应创新治理模式,以区域协同发展政策、党的二十大精神等为引领,推行多方参与机制,建立各级地方政府与企业或相关机构的对话机制,使政府更加明确了解和识别各地区企业的需求和未来发展方向,并逐步实现公平与效率的兼顾。此外,应依托战略性新兴产业发展规划,明确各地区新兴产业发展重点,以政策为相关产业发展指明方向,稳步推进各地产业高质高效发展方向迈进。

第二,治理同步,各地方政府相关政策制定的目标与核心内容应与中央及京津冀区域政策的发展政策保持一致,有效探索建立产业发展共享机制,实现政府间同步合作。特别是在排污及能耗治理等环境治理等方面保持一致的严格制度和规范,为各地区产业高质高效转型升级提供强劲的政策基础保障。同时,应有序引导各行业、各方组织和群体,在协同治理规划和实施中,保障各方利益主体的最大参与度,既有益于各方的经济效应,又能保证政策的规划和实施得到较大范围的监督。

附录　相关数据

附表1　比较方法的产业转型升级效果

年份	北京	天津	河北	保定	沧州	承德	邯郸
2004	1.2797	0.8130	0.3093	0.3050	0.6772	0.1172	0.2306
2005	1.4288	0.9138	0.3499	0.2804	0.3482	0.1494	0.3268
2006	1.5397	1.0214	0.4035	0.3500	0.5794	0.1891	0.3850
2007	1.7606	1.0662	0.4571	0.4283	0.7019	0.2239	0.2677
2008	1.8787	1.1895	0.5085	0.4584	0.8415	0.3999	0.5574
2009	2.0348	1.3360	0.5633	0.5303	1.0116	0.5439	0.6076
2010	2.1615	1.4324	0.6329	0.6250	1.1542	0.6507	0.6945
2011	2.2744	1.5961	0.6853	0.7078	1.1942	0.7178	0.6185
2012	2.3632	1.7265	0.7226	0.6568	1.2924	0.8692	0.6222
2013	2.4690	1.8438	0.7565	0.7216	1.4373	0.9261	0.6405
2014	2.6231	2.0272	0.8255	0.7710	1.5137	0.9594	0.6202
2015	2.7549	2.2740	0.9131	0.9128	1.6622	1.0417	0.6915
2016	2.8646	2.5674	0.9980	0.9845	1.8497	1.1380	0.7501
2017	3.0081	2.8168	1.0988	1.0958	2.0764	1.2427	0.8273
2018	3.2553	3.0280	1.2146	1.2320	2.3415	1.3839	0.9418
2019	3.5228	3.2550	1.3426	1.3851	2.6404	1.5411	0.9823
2020	3.8123	3.4991	1.4841	1.5573	2.9776	1.7163	1.1205

年份	衡水	廊坊	秦皇岛	石家庄	唐山	邢台	张家口
2004	0.4726	0.3107	0.6232	0.4022	0.5907	0.0899	0.1571
2005	0.3004	0.3630	0.6619	0.2949	0.7397	0.1355	0.0617
2006	0.5751	0.4308	0.7469	0.3999	0.8452	0.1375	0.1951
2007	0.5862	0.5102	0.9528	0.6441	0.9999	0.1896	0.3479
2008	0.6458	0.6289	0.8864	0.7538	1.2426	0.2324	0.4719
2009	0.5623	0.7451	1.0388	0.4481	1.2992	0.1943	0.3979
2010	0.8259	0.8656	1.2320	1.0004	1.5035	0.3117	0.5449
2011	0.7501	1.0592	1.4656	1.2406	1.7970	0.3561	0.6891
2012	0.8185	1.1603	1.4836	1.3929	1.9119	0.3446	0.6905
2013	0.8395	1.2913	1.4487	1.5698	1.9926	0.4238	0.7488
2014	0.9860	1.6514	1.4851	1.5545	2.0701	0.5163	0.8005
2015	1.0353	2.0926	1.6277	1.6401	2.1294	0.6261	0.8210
2016	1.2520	2.3197	1.7993	1.8086	2.2384	0.6886	0.9531
2017	1.2740	2.5625	2.2522	1.8489	2.4433	0.8003	0.9095
2018	1.3661	2.8353	2.8233	1.9938	2.6579	0.9363	0.8893
2019	1.4649	3.1371	3.5392	2.1501	2.8913	1.0954	0.8695
2020	1.5708	3.4711	4.4367	2.3186	3.1453	1.2816	0.8502

附表2 行业视角下2004年与2020年转型升级水平测度值

城市	年份	批发和零售业	交通运输仓储和邮政业	住宿和餐饮业	信息传输、软件和信息技术	金融业	房地产业	租赁和商务服务业	科学研究和技术服务业	水利、环境和公共设施管理业	居民服务、修理和其他服务业	教育	卫生和社会工作	文化、体育和娱乐业	公共管理、社会保障和社会组织
北京	2004	1.145	0.895	1.464	2.616	1.967	1.647	2.518	2.327	1.02	2.635	0.912	1.04	2.345	0.835
	2020	1.115	0.871	1.475	3.090	2.608	1.731	2.635	2.419	0.883	1.946	0.919	1.073	2.437	0.88
天津	2004	1.407	1.083	0.981	0.296	0.732	0.777	0.386	0.465	0.945	0.223	0.828	1.277	0.26	1.028
	2020	1.193	0.905	0.832	1.658	0.381	0.696	0.539	0.538	1.276	1.55	0.686	0.981	0.399	0.682
河北	2004	0.747	1.044	0.677	0.644	0.41	0.621	0.145	0.252	1.006	2.575	1.126	0.87	0.314	1.107
	2020	0.951	1.275	0.826	1.395	0.318	0.753	0.208	0.289	0.957	6.086	1.285	1.051	0.401	1.195
保定	2004	0.569	0.581	0.54	0.789	0.322	0.701	0.183	1.103	0.579	2.427	0.608	1.438	0.524	1.192
	2020	0.868	0.786	1.33	1.073	0.736	1.546	0.433	1.56	0.728	2.835	0.749	1.231	0.429	0.78
沧州	2004	0.651	0.986	0.94	0.752	0.4	0.661	0.281	0.073	0.268	4.726	0.393	0.975	0.185	1.616
	2020	0.872	1.025	1.075	0.628	0.423	0.768	1.79	0.36	0.212	5.943	0.434	1.360	0.422	0.443
承德	2004	0.56	0.9	1.32	0.695	0.289	0.702	0.821	0.2	1.627	1.609	0.724	1.037	0.531	1.079
	2020	0.992	0.892	1.76	1.215	0.982	0.687	0.846	0.824	0.953	3.591	0.614	1.161	1.298	0.577
邯郸	2004	0.935	1.444	0.494	0.453	0.235	0.436	0.565	0.114	0.448	4.500	0.750	1.050	0.146	1.361
	2020	1.065	1.22	1.042	0.761	0.491	0.959	1.031	0.256	0.742	4.735	0.623	1.294	0.79	0.711
衡水	2004	1.156	0.931	1.202	0.546	0.546	0.703	0.262	0.034	0.111	1.866	0.256	0.574	2.079	0.673
	2020	1.306	0.415	0.589	0.914	0.86	0.825	0.806	0.111	0.016	2.752	0.499	0.583	0.451	0.332
廊坊	2004	0.458	0.622	0.979	0.629	0.482	0.987	0.258	1.356	0.229	1.352	0.411	0.553	0.105	0.856
	2020	0.711	0.272	0.668	2.71	1.135	1.518	1.867	2.455	0.23	4.591	0.489	0.805	0.361	0.154
秦皇岛	2004	0.958	2.402	2.127	0.54	0.221	0.786	0.601	0.298	1.064	4.546	0.644	1.137	0.558	0.012
	2020	0.91	1.678	1.812	1.5	0.547	1.034	2.152	0.464	1.28	6.077	0.534	0.957	1.566	0.687
石家庄	2004	0.76	1.299	0.717	0.678	0.349	0.486	1.165	0.545	0.846	1.74	0.427	0.999	0.811	0.889
	2020	1.287	1.261	1.03	0.842	1.214	1.031	1.194	0.561	0.643	4.795	0.538	2.297	1.132	1.024
唐山	2004	1.078	1.544	0.657	0.46	0.308	0.582	0.227	0.072	0.276	2.308	0.337	1.232	0.122	0.416

续表

城市	年份	批发和零售业	交通运输、仓储和邮政业	住宿和餐饮业	信息传输、软件和信息技术	金融业	房地产业	租赁和商务服务业	科学研究和技术服务业	水利、环境和公共设施管理业	居民服务、修理和其他服务业	教育	卫生和社会工作	文化、体育和娱乐业	公共管理、社会保障和社会组织
	2020	1.168	1.844	0.787	0.554	0.42	0.532	0.932	0.178	0.258	4.12	0.207	0.525	0.208	0.374
邢台	2004	0.498	1.011	0.38	0.325	0.296	0.904	0.096	0.058	0.123	0.212	0.457	0.256	0.003	0.527
	2020	1.192	0.6	1.024	0.798	0.577	1.231	0.637	0.276	0.7	1.627	0.592	1.097	0.936	1.038
张家口	2004	1.028	0.781	1.201	0.699	0.411	0.82	0.261	0.156	0.385	5.763	0.874	0.747	0.344	1.324
	2020	1.051	1.166	2.025	1.146	1.05	1.02	0.592	0.221	0.638	4.618	0.7	1.713	0.643	1.219

附表3　2004年空间引力测度值

城市	保定	北京	沧州	承德	邯郸	衡水	廊坊	秦皇岛	石家庄	唐山	天津	邢台	张家口
保定	0	7.1702	5.6606	0.0819	1.3875	1.4492	4.2573	0.0892	6.7862	1.6867	4.5932	3.0578	0.1722
北京	33.723	0	20.235	1.2334	5.7923	2.451	184.76	1.1951	10.123	32.652	101.28	6.0895	1.7306
沧州	9.3671	7.1195	0	0.0992	2.3458	2.2705	5.0157	0.1743	3.6962	4.0724	18.767	2.8021	0.1066
承德	0.0876	0.2806	0.0641	0	0.0365	0.0108	0.1068	0.028	0.0411	0.3354	0.1326	0.0403	0.0076
邯郸	1.8569	1.6482	1.8972	0.0457	0	1.3421	0.8942	0.0593	8.3332	0.8192	1.3544	91.900	0.0715
衡水	1.7853	0.642	1.6903	0.0124	1.2354	0	0.4008	0.0169	1.68	0.2832	0.6191	1.7004	0.0161
廊坊	6.682	61.656	4.7574	0.1567	1.0486	0.5107	0	0.2037	1.7125	5.3264	17.971	1.1767	0.2013
秦皇岛	0.1529	0.4354	0.1805	0.0449	0.0759	0.0235	0.2224	0	0.0834	1.1229	0.4355	0.0779	0.0098
石家庄	12.645	4.0108	4.1621	0.0715	11.602	2.5411	2.0331	0.0906	0	1.4543	2.905	19.944	0.1399
唐山	4.7145	19.404	6.8784	0.876	1.7109	0.6425	9.485	1.8314	2.1814	0	29.587	1.6608	0.2365
天津	17.513	82.114	43.245	0.4723	3.8588	1.9162	43.657	0.969	5.9445	40.364	0	4.1065	0.43
邢台	3.0642	1.2974	1.6968	0.0377	68.812	1.3832	4.1182	0.0456	10.726	0.5954	1.0792	0	0.0587
张家口	0.1709	0.3653	0.0639	0.007	0.0531	0.013	0.1273	0.0057	0.0745	0.084	0.1119	0.0581	0

附表4 2020年空间引力测度值

城市	保定	北京	沧州	承德	邯郸	衡水	廊坊	秦皇岛	石家庄	唐山	天津	邢台	张家口
保定	0	133.02	67.852	1.246	17.847	64.460	103.13	2.759	118.81	21.030	83.612	42.678	2.464
北京	453.19	0	301.84	23.984	93.981	138.19	5589.5	45.884	218.79	487.62	2230.9	108.96	31.763
沧州	112.28	146.61	0	1.726	34.508	115.50	138.96	6.166	74.010	58.067	395.57	44.726	1.744
承德	1.334	7.534	1.116	0	0.682	0.695	3.758	1.258	1.045	6.073	3.509	0.817	0.158
邯郸	23.885	36.920	27.909	0.853	0	73.261	26.583	2.250	179.05	12.535	30.463	1574.1	1.256
衡水	79.411	49.973	85.987	0.800	67.438	0	41.207	2.217	124.82	14.983	48.054	100.71	0.978
廊坊	161.87	2575.2	131.80	5.512	31.176	52.500	0	14.558	69.300	153.49	764.40	37.959	6.658
秦皇岛	4.729	23.080	6.385	2.015	2.881	3.084	15.894	0	4.306	41.308	23.704	3.209	0.412
石家庄	221.39	119.67	83.339	1.819	249.30	188.80	82.273	4.682	0	30.288	89.735	465.00	3.343
唐山	58.779	400.06	98.078	15.861	26.179	33.994	273.32	67.373	45.432	0	659.05	27.573	4.026
天津	364.78	2857.0	1042.9	14.307	99.309	170.18	2124.7	60.348	210.10	1028.7	0	113.90	12.225
邢台	42.767	32.051	27.085	0.765	1178.6	81.928	24.235	1.877	250.07	9.886	26.163	0	1.118
张家口	2.446	9.256	1.046	0.146	0.932	0.788	4.211	0.239	1.781	1.430	2.782	1.107	0

参考文献

[1]薄文广,刘阳.精心打造疏解北京非首都功能的"微中心"[J].前线,2020(4).

[2]曹芳芳,程杰,武拉平,李先德.劳动力流动推进了中国产业升级吗?——来自地级市的经验证据.产业经济研究[J],2020(1).

[3]陈大峰,闫周府,王文鹏.城市人口规模、产业集聚模式与城市创新——来自271个地级及以上城市的经验证据[J].中国人口科学,2020(5).

[4]陈璐.京津冀协同发展报告[M].北京:社会科学文献出版社,2020.

[5]陈晓玲,张毅.金融发展、产业升级与经济增长的动态关系研究——基于省际数据的面板VAR分析[J].财贸研究,2017,28(10).

[6]赤松要.废金货币与国际经济.(日)东洋经济新报社[R].1974.

[7]邓慧慧,杨露鑫,潘雪婷.高铁开通能否助力产业结构升级:事实与机制[J].财经研究,2020(6).

[8]邓向荣,曹红.产业升级路径选择:遵循抑或偏离比较优势——基于产品空间结构的实证分析[J].中国工业经济,2016(2).

[9]丁如曦,倪鹏飞.中国经济空间的新格局:基于城市房地产视角[J].中国工业经济,2017(5).

[10]丁志国,赵宣凯,苏治.中国经济增长的核心动力——基于资源配置效率的产业升级方向与路径选择[J].中国工业经济,2012(9).

[11]董嘉昌,冯涛.金融结构市场化转型对中国经济发展质量的影响研究[J].统计与信息论坛,2020,35(10).

[12]段巍,吴福象,王明.政策偏向、省会首位度与城市规模分布[J].中国工业经济,2020(4).

[13]范庆泉,储成君,高佳宁.环境规制、产业结构升级对经济高质量发展的影响[J].中国人口·资源与环境,2020(6).

[14]方慧,封起扬帆,周亚如.生产要素国际流动与经济增长质量:基于社会资源

禀赋的调节效应[J].世界经济研究2020(7).

[15]冯涛,吴茂光,张美莎.金融发展、产业结构与城乡收入差距——基于金融"脱实向虚"视角的分析[J].经济问题探索,2020(10).

[16]付凌晖.我国产业结构高级化与经济增长关系的实证研究[J].统计研究,2010,27(8).

[17]干春晖,余典范.中国构建动态比较优势的战略研究[J].学术月刊,2013,45(4).

[18]干春晖,郑若谷,余典范.中国产业结构变迁对经济增长和波动的影响[J].经济研究,2011,46(5).

[19]高丽峰,李文芳,于雅倩.美国对外直接投资与产业升级的关系研究[J].经济经纬,2013(6).

[20]辜胜阻.高质量发展要让创新要素活力竞相迸发[J].经济研究,2019(10).

[21]郭凯明,潘珊,颜色.新型基础设施投资与产业结构转型升级[J].中国工业经济,2020(3).

[22]H.钱纳里,S鲁实逊,M赛尔奎因.工业化和经济增长的比较研究[M].上海:上联书店上海分店,1989.

[23]韩晶,陈超凡,冯科.环境规制促进产业升级了吗?——基于产业技术复杂度的视角[J].北京师范大学学报(社会科学版),2014(1).

[24]韩雁,贾绍凤,鲁春霞,吕爱锋.水资源与社会经济发展要素时空匹配特征——以张家口为例[J].自然资源学报,2020,35(6).

[25]何平,陈丹丹,贾喜越.产业结构优化研究[J].统计研究2014,31(7).

[26]胡俊,杜传忠.人工智能推动产业转型升级的机制、路径及对策[J].经济纵横,2020(3).

[27]胡立君,郑艳.中国收入差距与产业结构调整互动关系的实证分析[J].宏观经济研究,2019(11).

[28]黄志华,何毅.基于引力模型的中国与34个"一带一路"沿线国家的本地市场效应研究[J].中国软科学,2020(3).

[29]姬中洋.税收优惠如何影响高技术产业技术效率——基于SFA与中介变量法

的研究[J].中国软科学,2019(7).

[30]简晓彬,仇方道,车冰清.我国制造业价值链攀升效率的区域分异及空间收敛性[J].经济地理,2016,36(11).

[31]蒋殿春,王春宇.外商直接投资与中国制造业产业升级.南开学报(哲学社会科学版),2020(4).

[32]焦敬娟,王姣娥,金凤君,王涵.高速铁路对城市网络结构的影响研究——基于铁路客运班列分析[J].地理学报,2016,71(2).

[33]焦勇.数字经济赋能制造业转型:从价值重塑到价值创造[J].经济学家,2020(6).

[34]解晋.中国分省人力资本错配研究[J].中国人口科学,2019(6).

[35]鞠建东,陈骁.新新经济地理学多地区异质结构的量化分析:文献综述[J].世界经济,2019,42(9).

[36]克拉克.经济进步的条件[M].北京:商务印书馆,1940.

[37]郎丽华,周明生.迈向高质量发展与国家治理现代化——第十二届中国经济增长与周期高峰论坛综述[J].经济研究,2018,53(9).

[38]李蕾.全球视角下制造业升级对经济增长的影响研究——基于带有交互项的动态面板模型[J].经济经纬,2019,36(5).

[39]李世祥,王楠,吴巧生,成金华.贫困地区能源与环境约束下经济增长尾效及其特征——基于中国21个省份200—2017年面板数据的实证研究[J].数量经济技术经济研究,2020,37(11).

[40]李伟庆,聂献忠.产业升级与自主创新:机理分析与实证研究[J].科学学研究,2015,33(7).

[41]李彦,屠年松.交通可达性、边界效应与中国跨境贸易发展——基于沿边地区的空间计量分析[J].财贸经济,2020,41(4).

[42]李永友,严岑.服务业"营改增"能带动制造业升级吗?[J].经济研究,2018,53(4).

[43]刘诚,杨继东.商事制度改革与产业专业化[J].中国工业经济,2020(4).

[44]刘华军,贾文星.中国区域经济增长的空间网络关联及收敛性检验[J].地理

科学,2019,39(5).

[45] 刘强,李泽锦.全要素生产率与区域产业发展质量不平衡——基于京津冀和长三角的实证分析[J].统计与信息论坛,2019,34(9).

[46] 刘强,陆小莉,徐生霞.城市群视角下产业集聚的空间异质性研究[J].数理统计与管理,2020(6).

[47] 刘瑞翔,颜银根,范金.全球空间关联视角下的中国经济增长[J].经济研究,2017,52(5).

[48] 刘守英,杨继东.中国产业升级的演进与政策选择——基于产品空间的视角[J].管理世界,2019,35(6).

[49] 刘淑春.中国数字经济高质量发展的靶向路径与政策供给[J].经济学家,2019(6).

[50] 刘伟,张辉,黄泽华.中国产业结构高度与工业化进程和地区差异的考察[J].经济学动态,2008(11).

[51] 刘向东,刘雨诗,陈成漳.数字经济时代连锁零售商的空间扩张与竞争机制创新[J].中国工业经济,2019(5).

[52] 刘亚雪,田成诗,程立燕.世界经济高质量发展水平的测度及比较[J].经济学家,2020(5).

[53] 刘怡,周凌云,耿纯.京津冀产业协同发展评估:基于区位熵灰色关联度的分析[J].中央财经大学学报,2017(12).

[54] 刘运转,宋宇.不同经济发展水平下城乡劳动力市场扭曲与人力资本积累[J].软科学,2018,32(12).

[55] 罗斯托.经济增长的阶段:非共产党宣言[M].北京:中国社会科学出版社,2001.

[56] 马洪福,郝寿义.产业转型升级水平测度及其对劳动生产率的影响——以长江中游城市群26个城市为例.经济地理[J].2017,37(10).

[57] 孟浩,黄贤金,杨俊,林炳全.淮海经济区城市网络结构及优化发展构想[J].经济地理,2019,39(12).

[58] 牛志伟,邹昭晞.比较优势动态转换与产业升级——基于中国制造业发展指

标的国际比较[J].改革,2020(2).

[59]潘文卿.中国国家价值链:区域关联特征与增加值收益变化[J].统计研究,2018,35(6).

[60]彭宜钟.产业结构理论综述[J].北方经济,2010(24).

[61]邵朝对,苏丹妮.产业集聚与企业出口国内附加值:GVC升级的本地化路径[J].管理世界,2019,35(8).

[62]沈宏亮,张佳,刘玉伟.产业集聚、FDI约束与产业升级——基于中国工业企业数据的实证分析[J].商业研究,2020(2).

[63]沈琼,王少朋.技术创新、制度创新与中部地区产业转型升级效率分析[J].中国软科学,2019(4).

[64]盛广耀.区域经济增长的多重关联效应及其实证检验[J].经济学家,2018(4).

[65]史丹,李鹏.中国工业70年发展质量演进及其现状评价[J].中国工业经济,2019(9).

[66]宋锦,李曦晨.行业投资、劳动力技能偏好与产业转型升级[J].世界经济,2019,42(5).

[67]宋林,张杨.创新驱动下制造业的产业转型升级[J].西安交通大学学报(社会科学版),2020(1).

[68]宋周莺.世界信息化发展空间格局及对中国的启示[J].世界地理研究,2012,21(2).

[69]孙大明,原毅军.空间外溢视角下的协同创新与区域产业升级[J].统计研究,2019,36(10).

[70]孙晓华,郭旭,王昀.产业转移、要素集聚与地区经济发展[J].管理世界,2018,34(5).

[71]孙玉栋,王强.财政应对突发公共卫生事件的制度逻辑及其机制完善[J].改革,2020(4).

[72]孙早,刘李华.资本深化与行业全要素生产率增长——来自中国工业1990—2013年的经验证据[J].经济评论,2019(4).

[73]孙早,席建成.中国式产业政策的实施效果:产业升级还是短期经济增长[J].

中国工业经济,2015(7).

[74]谭晶荣,颜敏霞,邓强,王健.产业转型升级水平测度及劳动生产效率影响因素估测——以长三角地区16个城市为例[J].商业经济与管理,2012(5).

[75]唐锦玥,张维阳,王逸飞.长三角城际日常人口移动网络的格局与影响机制[J].地理研究,2020,39(5).

[76]唐荣,黄抒田.产业政策、资源配置与制造业升级:基于价值链的视角[J].经济学家,2021(1).

[77]唐诗,包群.主导产业政策促进了企业绩效的增长吗?——基于外溢视角的经验分析[J].世界经济研究,2016(9).

[78]田雅娟,刘强,冯亮.中国居民家庭的主观贫困感受研究[J].统计研究,2019,36(1).

[79]田增瑞,田颖,吴晓隽.科技孵化产业协同发展对区域创新的溢出效应[J].科学学研究,2019,37(1).

[80]童健,刘伟,薛景.环境规制、要素投入结构与工业行业转型升级[J].经济研究,2016,51(7).

[81]王必达,苏婧.要素自由流动能实现区域协调发展吗——基于"协调性集聚"的理论假说与实证检验[J].财贸经济,2020,41(4).

[82]王桂军,卢潇潇."一带一路"倡议与中国企业升级[J].中国工业经济,2019(3).

[83]王俊,夏杰长.中国省域旅游经济空间网络结构及其影响因素研究——基于QAP方法的考察[J].旅游学刊,2018,33(9).

[84]王兰平,王昱,刘思钰,逯宇铎,杜小民.金融发展促进产业结构升级的非线性影响[J].科学学研究,2020,38(2).

[85]王敏,李亚非,马树才.智慧城市建设是否促进了产业结构升级[J].财经科学,2020,(12).

[86]王鹏,吴思霖,李彦.国家高新区的设立能否推动城市产业结构优化升级?——基于PSM-DID方法的实证分析[J].经济社会体制比较,2019(4).

[87]王涛,苏雅,王晴晴.中国省际贸易矩阵的估计与应用[J].统计研究,

2019,36(4).

[88]王一鸣.以数字化转型推动创新型经济发展[J].前线,2020,(11).

[89]王一乔,赵鑫.金融集聚、技术创新与产业结构升级——基于中介效应模型的实证研究[J].经济问题,2020(5).

[90]王振华,李萌萌,江金启.交通可达性对城市经济高质量发展的异质性影响[J].经济与管理研究,2020,41(2).

[91]魏敏,李书昊.新时代中国经济高质量发展水平的测度研究[J].数量经济技术经济研究,2018,35(11).

[92]吴翌琳.国家数字竞争力指数构建与国际比较研究[J].统计研究,2019,36(11).

[93]武力超,张馨月.行业结构优化的测度及影响因素分析[J].统计研究,2019,36(5).

[94]武晓霞.省际产业结构升级的异质性及影响因素——基于1998—2010年28个省区的空间面板计量分析[J].经济经纬,2014,31(1).

[95]肖金成,李博雅.京津冀协同:聚焦三大都市圈[J].前线,2020(8).

[96]肖琬君,冼国明,杨芸.外资进入与产业结构升级:来自中国城市层面的经验证据[J].世界经济研究,2020(3).

[97]辛大楞.我国服务业企业升级的影响因素分析——基于世界银行2012年调研数据的实证研究[J].管理评论,2020,32(3).

[98]熊鹰,孙维筠,汪敏,彭志龙,崔珍珍.长株潭城市群水资源与经济发展要素的时空匹配[J].经济地理,2019(1).

[99]徐鹏杰,马中东,王金河.金融去杠杆、污染防治与中国制造业转型升级[J].经济体制改革,2019(6).

[100]徐秋艳,房胜飞,马琳琳.新型城镇化、产业结构升级与中国经济增长——基于空间溢出及门槛效应的实证研究[J].系统工程理论与实践,2019,39(6).

[101]徐生霞,刘强,姜玉英.全要素生产率与区域经济发展不平衡——基于资本存量再测算的视角[J].经济与管理研究,2020,41(5).

[102]许培源,刘雅芳."一带一路"沿线国家恐怖活动对旅游业发展的影响[J].经

济地理,2020,40(3).

[103]许宪春,张美慧.中国数字经济规模测算研究——基于国际比较的视角[J].中国工业经济,2020(5).

[104]闫海洲.长三角地区产业结构高级化及影响因素[J].财经科学,2010(12).

[105]姚常成,吴康.多中心空间结构促进了城市群协调发展吗?——基于形态与知识多中心视角的再审视[J].经济地理,2020,40(3).

[106]姚常成,吴康.多中心空间结构促进了城市群协调发展吗?——基于形态与知识多中心视角的再审视[J].经济地理,2020,40(3).

[107]姚星,蒲岳,吴钢,王博,王磊.中国在"一带一路"沿线的产业融合程度及地位:行业比较、地区差异及关联因素[J].经济研究,2019,54(9).

[108]姚战琪.数字贸易、产业结构升级与出口技术复杂度——基于结构方程模型的多重中介效应[J].改革,2021(1).

[109]易宪容,陈颖颖,位玉双.数字经济中的几个重大理论问题研究——基于现代经济学的一般性分析[J].经济学家,2019,7(7).

[110]袁航,朱承亮.国家高新区推动了中国产业结构转型升级吗[J].中国工业经济,2018(8).

[111]袁嘉琪,卜伟,杨玉霞.如何突破京津冀"双重低端锁定"?——基于区域价值链的产业升级和经济增长效应研究[J].产业经济研究,2019(5).

[112]张翠菊,张宗益.中国省域产业结构升级影响因素的空间计量分析[J].统计研究,2015,32(10).

[113]张建华,郑冯忆.服务业结构升级能够推动产业发展吗?——基于有效结构变化指数(ESC)的实证分析,改革,2020,(1).

[114]张曦,郭淑芬.中国工业技术创新效率空间关联及其影响因素[J].科学学研究,2020,38(3).

[115]张亚鹏.关系重构:京津冀产业协同的新向度[J].前线,2018(4).

[116]张永恒,郝寿义.高质量发展阶段新旧动力转换的产业优化升级路径[J].改革,2018(11).

[117]张志强,鲁达非.前沿技术、吸收能力与中国区域产业的协同发展[J].经济理

论与经济管理,2015(7).

[118]章文光,王耀辉.哪些因素影响了产业升级？——基于定性比较分析方法的研究[J].北京师范大学学报(社会科学版),2018,(1).

[119]赵欣娜,丁月.FDI全要素生产率区域分布差异与投资区位选择[J].科研管理,2020,41(3).

[120]郑万腾,赵红岩,范宏.数字金融发展对区域创新的激励效应研究[J].科研管理,2021,42(4).

[121]郑玉雯,薛伟贤.丝绸之路经济带沿线国家协同发展的驱动因素——基于哈肯模型的分阶段研究[J].中国软科学,2019(2).

[122]中国社会科学院宏观经济研究中心课题组,李雪松,陆旸,汪红驹,冯明,娄峰,张彬斌,李双双未来15年中国经济增长潜力与"十四五"时期经济社会发展主要目标及指标研究[J].中国工业经济,2020(4):5-22.

[123]钟业喜,冯兴华,文玉钊.长江经济带经济网络结构演变及其驱动机制研究[J].地理科学,2016,36(1).

[124]周慧玲,王甫园.基于修正引力模型的中国省际旅游者流空间网络结构特征[J].地理研究,2020,39(3).

[125]朱凤慧,刘立峰.我国产业结构升级与经济高质量发展——基于地级及以上城市经验数据[J].云南财经大学学报,2020,36(6).

[126]朱紫雯,徐梦雨.中国经济结构变迁与高质量发展——首届中国发展经济学学者论坛综述[J].经济研究,2019,54(3).

[127]祝尔娟.推进京津冀区域协同发展的思路与重点[J].经济与管理,2014,28(3).

[128]左鹏飞,姜奇平,陈静.互联网发展、城镇化与我国产业结构转型升级[J].数量经济技术经济研究,2020,37(7).

[129]AGHION P,CAI J,DEWATRIPONT M,et al. Industrial policy and competition [J]. American economic journal:macroeconomics,2015,7(4).

[130]AUTIO E,NAMBISAN S,LEWELLYN D W,et al. Digital affordances,Spatial Affordancesand the Genesis of Entrepreneurial Ecosystems[J]. Strategic Entrepre-

neurship Journal,2018,12(1).

[131]BALASSA B. Trade liberalization and revealed comparative advantage[J]. Manchester School,1965,33(2).

[132] BARRIENTOS S, GEREFFI G, ROSSI A. Economic and Social Upgrading in Global Production Networks: A New Paradigm for a Changing World[J]. International Labour Review,2011,150(4).

[133]BECK T. Financial development and international trade: Is there a link?[J]. Journal of International Economics,2002,57(1).

[134]Benoit Desmarchelier, Paulo José Regis, Nimesh Salike. Product Space and the Development of Nations: A Model of Product Diversification[J]. Journal of Economic Behavior and Organization,2018,145(1).

[135]BRÜLHART M, TRAEGER R. An account of geographic concentration patterns in Europe[J]. Regional Science & Urban Economics,2005,35(6).

[136]BYGSTAD B, AANBY H P. ICT infrastructure for innovation: A case study of the enterprise service bus approach[J]. Information Systems Frontiers,2010,12(3).

[137]CHEN C,SUN Y W,QING X L,et al. Impacts of industrial agglomeration on pollution and ecological effifficiency-A spatial econometric analysis based on a big panel dataset of China's 259 cities[J]. Journal of Cleaner Production,2020(2).

[138]CHATNOZ P,LELARGE C,TREVIEN C.Communication Costs and the Internal Organisation of Multi-Plant Businesses: Evidence from the Impact of the French High-Speed Rail[J]. The Economic Journal,2018,128(10).

[139]CHEN J D,SHEN L Y,SHI Q,et al. The effect of Production Structure on the Total CO2 Emissions Intensity in the Chinese Construction Industry[J]. Journal of Cleaner Production,2019,213(10).

[140]OLIVETTI C. Barbara Petrongolo. Gender Gaps Across Countries and Skills: Demand, Supply and the Industry Structure[J]. Review of Economic Dynamics, 2014,17(10).

[141]CONNELL J,KRIZ A,THORPE M. Industry clusters: An antidote for knowledge

sharing and collaborative innovation? [J]. Journal of knowledge management, 2014,18(3).

[142] DONG B, Ma X J, ZHANG Z L, et al. Carbon Emissions, the Industrial Structure and Economic Growth: Evidence from Heterogeneous Industries in China[J]. Environmental Pollution, 2020(7).

[143] DUARTE M, RESTUCCIA D. The role of the structural transformation in aggregate productivity[J]. The Quarterly Journal of Economics, 2010, 125(1).

[144] EBERHARDT M, TEAL F. Structural Change and Cross-Country Growth Empirics[J]. The World Bank Economic Review, 2013, 27(2).

[145] Erman L, Kaat D L. Inequality and Growth: Industry-Level evidence[J]. Journal of Economic Growth, 2019, 24(5).

[146] FISHER A G B. The Crash of Progress and Security[M]. Londin: Macnillan, 1935.

[147] FISHER R A. Statistical Methods, Experimental Design and Scientific Inference [M]. New York: Oxford University Press, 1990.

[148] FRANK M. H. NEFFKE A O, HIDALGO C. The Mobility of Displaced Workers: How the Local Industry Mix Affects Job Search[J]. Journal of Urban Economics, 2018, 108(11).

[149] GALOR O, MOAV O. From physical to Human Capital Accumulation: Inequality and the Process Of Develop-ment[J]. Review of Economic Studies, 2004, 71(4).

[150] GENEST C, RIVEST L P. Statistical Inference Procedures for Bivariate archimedean copula. Journal of the American Statistical Association[J]. 1993, 88(3).

[151] GEREFFI G, HUMPHREY J, STURGEON T. The governance of global value chains[J]. Review of International Political Economy, 2005(1).

[152] GEREFFI G, LEE J. Economic and Social Upgrading in Global Value Chains and Industrial Clusters: WhyGovernance Matters [J]. Journal of Business Ethics, 2016, 133(1).

[153] GEREFFI G. International Trade and Industrial Upgrading in the Apparel Commodity Chain[J]. Journal of international economic, 1999, 48(1).

［154］GLAESER E L, GOTTLIEB J D. The Economics of Place-making Policies［J］. Brookings papers on economic activity, 2008(1).

［155］GONZALEZ A, TERASVIRTA T, DIJK D V. Panel smooth transition regression models［R］. Quantitative Finance Research Centre, 2005.

［156］HAMPHRE Y. Predicting the Emergence of Innovation from Technoligical Covergence: Lessons from the Twentieth Century［J］. Journal of Macro-marketing, 2000, 28(2).

［157］HANSEN B E. Threshold Effects in Non-Dynamic Panels: Estimation, Testing and Inference［J］. Journal of Econometrics, 1999, 93(2).

［158］HAUSMANN R, KLINGER B. The Structural of the Product Space and the Evolution of Comparative Advantage［R］. CID Working Paper, 2007.

［159］HORI T, MIZUTANI N, UCHION T. Endogenous Structural Change, Aggregate Balanced Growth, and Optimality［J］. Economic Theory, 2018, 65(1).

［160］HUANG J B, LAI Y L, HU H L. The effect of technological factors and structural change on China's energy Intensity: Evidence from dynamic panel models［J］. China Economic Review, 2020, 64(10).

［161］HUMPHREY J, SCHMITZ H. How Does Insertion in Global Value Chains Affect Upgrading in Industrial Clusters?［J］. Regional Studies, 2002, 36(9).

［162］JAAKKO S, RAULI S, ARTTI J. Specialization and Diversity as Drivers of Economic Growth: Evidence from High-tech Industries［J］. Regional Science, 2015, 94(2).

［163］Jae-Yong Choung, Hye-Ran Hwang. Institutional Capabilities and Technology Upgrading: The Case of the Nuclear Industry in Korea［J］. Technological Forecasting and Social Change, 2019, 145(8).

［164］DRUCKER J, FESER E. Regional industrial structure and agglomeration economies: An analysis of productivity in three manufacturing industries［J］. Regional Science and Urban Economics, 2012, 42(1).

［165］KHAN M, AFZAL U. The Diversification and Sophistication of Pakistan's Ex-

ports: The Need for Structural Transformation[J]. The Lahore Journal of Econom-
ics, 2016, 21(9).

[166] KNICKREHM M, BERTHON B, DAUGHERTY P. Digital Disruption: The
Growth Multiplier[R]. Accenture Strategy Report, 2016.

[167] Kuznets S. Modern economic growth: findings and reflections[J]. The American
Economic Review, 1973, 63(3).

[168] LAM D, BOYMAL J, MARTIN B. Internet diffusion in vietnam[J]. Technology in
Society, 2004(26): 39-50.

[169] LESAGE J P. What Regional Scientists Need to Know About Spatial Econometrics
[J]. The Review of Regional Studies, 2014(1).

[170] LESAGE J M. Spatial growth regressions: model specification estimation and inter-
pretation[J]. Spatial Economic Analysis, 2008(3).

[171] LEWIS W A. Economic development with unlimited supplies of labour[J]. The
Manchester School, 1954, 22(2).

[172] LOREN B. ERIC T. Constructing a Ladder for Growth: Policy, Markets, and Indus-
trial Upgrading in China[J]. World Development, 2016, 80(1).

[173] MEI L, CHEN Z. The Convergence Analysis of Regional Growth Difference in
China: The Perspectiva of the Quality of Economic Growth[J]. Journal of Service
Science and Management, 2016(9).

[174] NGAI L R, PISSARIDES C A. Structural change in a multisector model of growth
[J]. The American Economic Review, 2007, 97(1).

[175] PAUL K. Geography and Trade[M]. Cambridge, MA: MIT Press, 1991.

[176] LIU Q, XU S X, LU X L. Imbalance measurement of regional economic quality de-
velopment: evidence from China [J]. The Annals of Regional Science,
2020, 65(3).

[177] ROBERTO M S, JULIANA Y S. Productivity Growth and Structural Transforma-
tion[J]. Review of Economic Dynamics, 2013(12).

[178] WANG S, CHEN B. Energy-water Nexus of Urban Agglomeration Based on Multi-

regional Inputoutput Tables and Ecological Network Analysis: A case Study of the Beijing-Tianjin-Hebei Region[J]. Applied Energy,2016,178(9).

[179]KERGROACH S. National Innovation Policies for Technology Upgrading Through GVCs: A CrossCountry Comparison [J]. Technological Forecasting and Social Change,2019,145(8).

[180]SKLAR A. Fonctions de Répartition àn Dimensionset Leurs Marges[J]. Publications de l'Institut de Statistique de L'Université de Paris1959(8):229-231.

[181]SHI T,YANG S Y,ZHAN G W. Coupling coordination degree measurement and spatiotemporal heterogeneity between economic development and ecological environment—Empirical evidence from tropical and subtropical regions of China[J]. Journal of Cleaner Production,2020,(4).

[182]THEIL H. Economics and InformtationTheory [M]. Amsterdam: North Holland Publishing Company,1967.

[183]THOMPSON C A,SAXBER G K,LEGGAD J,et al. A cumulative gravity model for inter-urban spatial interaction at different scales[J]. Journal of Transport Geography,2019,79(6).

[184]TIMMER P M,SZIRMAI A. Productivity Growth in Asian Manufacturing: the Structural Bonus Hypothesis Examined[J]. Structural Change and Economic Dynamics,2000,(11).

[185]VOIGTLANDER N,VOTH H. Why England? Demographic Factors,Structural Change and Physical Capital Accumulation During the Industrial Revolution[J]. Journal of Economic Growth,2006,11(4).

[186]WEI W,ZHANG W L,WEN J,et al. TFP Growth in Chinese Cities: The Role of Factor-Intensity and Industrial Agglomeration [J]. Economic Modelling, 2019(12).

[187]WUNNAVA P V,LEITER D B. Determinants of intercountry internet diffusion rates[J]. American Journal of Economics and Sociology,2009,68(2).

[188]LI X F,SUN M H. Policy spillover and regional linkage characteristics of the real

estate market in China's urban agglomerations [J]. Journal of Management Science and Engineering, 2019, 4(9).

[189] LIU X P, AADITYA M, WANG Z, et al. Services development and comparative advantage in manufacturing [J]. Journal of Development Economics, 2020, 144(5).

[190] CHEN Y, WANG M Y, FENG C P. Total factor energy efficiency in Chinese manufacturing industry under industry and regional heterogeneities [J]. Resources Conservation and Recycling, 2020(11).

[191] TIAN Y, SUN C W. A spatial differentiation study on comprehensive carrying capacity of the urban agglomeration in the Yangtze River Economic Belt [J]. Regional Science and Urban Economics, 2018, 68(1).

[192] ZHANGN W, DERUDDER B, WANG J, et al. Regionalization in the Yangtze River Delta, China, from the perspective of intercity daily mobility [J]. Regional Studies, 2018, 52(4).

[193] ZHOU M, WU G, XU H L. Structure and Formation of Top Networks in International Trade 2001—2010 [J]. Social Networks, 2016(44).

[194] ZHOU Y, KONG Y, SHA J, et al, The role of industrial structure upgrades in eco-efficiency evolution: Spatial correlation and spillover effects [J]. Science of The Total Environment. 2019, 687(10).